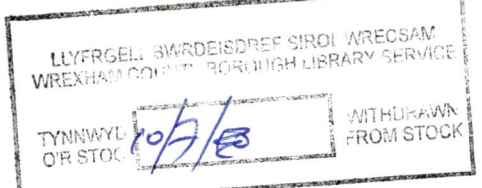
DERI O'N DAEAR NI

Rhai o gewri bro Eisteddfod
Llanbedr Pont Steffan a'r Cylch

Golygydd:
D. J. GORONWY EVANS

GWASG GOMER
1984

Argraffiad Cyntaf—Awst 1984

ISBN 0 86383 185 0

© D. J. Goronwy Evans

Y mae hawlfraint pob ysgrif yn eiddo i'w hawdur

*Argraffwyd gan J. D. Lewis a'i Feibion Cyf.
Gwasg Gomer, Llandysul, Dyfed*

Cynnwys

Rhagair

Mae Bro Eisteddfod Genedlaethol 1984 yn gyfoethog mewn beirdd, llenorion a cherddorion, yn wir gellid yn hawdd ddyblu nifer yr enwogion a geir o fewn cloriau'r gyfrol hon.

Dymunaf ddiolch i'r cyfranwyr am eu hysgrifau cyfoethog ar y gwahanol gewri yma. Cefais oriau diddan yn darllen y gwaith a ddaeth i law. Does ond gobeithio y caiff eraill yr un diddanwch.

Y mae un eithriad yn y gyfrol, dim ond un sydd ar dir y byw, mae'r lleill yn y cwmwl tystion i gyd. Teimlais fod cyfraniad yr un sydd gyda ni o hyd yn llawn haeddu ei le ac y dylid ei chynnwys gyda chewri Bro'r Eisteddfod.

Pleser a braint yw cael cyflwyno i'ch sylw *Deri o'n Daear Ni*. Dymunaf ddiolch i'r bonwr Glyn Ifans, Gwynon, Llanbed am ddarllen y proflenni ac i Wasg Gomer am waith glân a graenus ac am ymgymryd â chyhoeddi'r gyfrol.

Awst 1984   *D. J. Goronwy Evans*

Teulu'r Cilie 1888-1978

Wele, dyma fi eto unwaith yn ysgrifennu am fy nhylwyth fy hun! Dipyn o hanes 'cymeriadau' teulu'r Cilie, o genhedlaeth fy nhad yn bennaf, sydd gennyf yma.

Rhag ofn y bydd rhywrai'n darllen hyn o lith heb lawer o syniad am fferm y Cilie'n ddaearyddol, dyma air ar y mater hwnnw'n gyntaf. Ffermdy eang ydyw—y tŷ presennol wedi ei godi tua 1936 —ar y ffordd sy'n codi a gostwng am ryw bum milltir o draeth Cwmtydu hyd draeth Llangrannog yn ne Ceredigion (y ffordd gul nesaf at y môr). Wedi dringo i'r de am ryw hanner milltir o draeth Cwmtydu y mae'r ffordd yn mynd trwy ganol y tiroedd, a'r ffermdy ei hun ar ryw wastadle tua milltir a hanner i fyny. Fferm o ryw dri chan erw ydyw yn rhan o ystad rhyw Ddoctor Jones a adawodd ei diroedd yn nwylo ymddiriedolwyr tua Hwlffordd a Doc Penfro—a phob elw o'r 'stad i fod er budd rhyw 'dlodion' arbennig yng ngwaelod Dyfed.

Y mae stori 'Teulu'r Cilie' y mae a wnelo ni â hi yn rhyw fath o ddechrau pan gymerodd fy nhaid, Jeremeia Jones, denantiaeth y fferm ym 1888. Gof a'i efail ei hun ganddo ydoedd y pryd hwnnw, ym Mlaencelyn (Banc Elusendy yn y dyddiau hynny) heb fod nepell o Gapel-y-wig ym mhlwyf Llangrannog. Buasai yno'n of ac yn ŵr priod er 1877, ac yn ystod yr un flwyddyn ar ddeg hynny ganed iddynt wyth o blant sef wrth eu henwau ac yn nhrefn eu hymddangos i gyfaneddu'r ddaear: Frederick, 1877; Margaret, 1878; Thomas, 1880; David, 1881; John, 1883; Ann, 1884; Esther, 1886; Myfanwy, 1888.

Mary oedd enw'r fam, Mary George yn hanu o un o gang-hennau'r teulu mawr hwnnw sy'n dwyn y cyfenw hwn yn Nyfed. Daethai hi'n eneth ifanc iawn i wasanaethu gyda modryb ac ewythr iddi yn ardal de-orllewin Ceredigion; 'Heol-las' oedd enw'r lle, heb fod nepell o hen eglwys y Mwnt. Bu'r Jeremeia ifanc yn gweithio fel gof y pryd hwnnw yn efail Blaenannerch ac yn y Ferwig, a hynny a ddug y ddeuddyn i olwg ei gilydd. O glywed am 'natur wyllt, ddi-gymrodedd, anturus a di-ofn' fy nhaid, Jeremeia, hawdd deall nad hir y bu cyn mynd yn briodas rhyng-ddynt yng nghapel y Methodistiaid ym Mlaencefn, a mynd gyda'i gilydd wedyn yng nghwanwyn 1877 i gadw'r efail ym Mlaencelyn.

Hanai Jeremeia o deulu o ofaint; roedd ei dad Frederick yn of ym Mhen-y-bryn ger Cilgerran ac yno y dysgodd Jeremeia a'i frodyr y grefft i ddechrau cyn mentro allan ar eu liwt eu hunain.

Ofer, i bwrpas y llith hwn, yw dilyn y llwybrau sy'n ymestyn ymhellach yn ôl na hyn, felly awn yn ôl at y teulu ifanc, sef y gof a'i briod a'r wyth plentyn yn symud o efail Blaencelyn draw am y 'Continent', chwedl Jeremeia'r gof, yr ehangle o fferm y Cilie. Y mae'r trydydd mab, David—'Isfoel'—wedi croniclo hyn am y garreg-filltir hon yn hanes y teulu:

> Cyfyng iawn, fel y dywedwyd, oedd ein byd yn nhŷ'r gof ym Mlaencelyn, er na sylweddolem ni fawr ar y pryd o'r amgylchiadau, y tŷ ar ben y ffordd yn llythrennol, tŷ bychan un drws, a gŵr a gwraig ac wyth o blant yn llurgunio byw yn gymhleth ynddo a'r cyfyngder yn gwasgu yn dynnach arnom, dyma wireddu'r ddihareb—'Angen yw mam pob dyfais', a hwnnw a'n gwthiodd allan o'r diwedd!
>
> A phan oeddwn i yn wyth mlwydd oed dyma ni yn codi allan yn dorf gariadus, ynghyd â'n tipyn eiddo gyda ni, ac yn bwrw am y 'Continent' y soniwyd amdano uchod. Llwyth gambo o ddodrefn, dau wely, cwpwrth, sgiw, nob, tair neu bedair o stolau, tegil a thebot, buddai gnoc, basgedaid o lestri a rhyw fân bethau eraill. Buwch a chaseg ac ebolyn, mochyn, hanner dwsin o ieir. Dyma ein holl arfogaeth i ddechrau stocio fferm fawr! Prynai fy nhad wartheg a cheffylau, defaid a moch, yn yr ocsiynau yn y wlad ac yn fuan iawn fe lanwodd yr ystabl, y beudy a'r tylcau, ac yn fuan yr oedd angen cant a mil o bethau eraill i wneud y stoc yn gyflawn . . .
>
> Nid oedd fy nhad yn gyfarwydd â gwaith fferm, ac eithrio tipyn ar y cynaeafu . . . Siencyn Lewis a drefnai a rheoli'r gwaith allan; [deiliad tyddyn ar y tir a'r un a fuasai'n cyfarwyddo'r hogyn hynaf Ffred eisoes yn llawer o ddirgelion y tir cyn i lwyth Abram gyrraedd y Ganan hon!] Efe Siencyn Lewis, Ffred a William y gwas oedd yn dilyn y ceffylau, ond daeth Tomos fy mrawd yn fuan i wthio'r gwas allan, a datblygodd pethau. Fy mam a'm chwaer hynaf a ofalai am waith y tŷ, y godro, y moch a'r ieir etc., a'm tad a minnau am y defaid a'r da.
>
> Torrodd iechyd fy nhad, a bu yn dihoeni am gryn saith mlynedd, ond daliai i reoli a bargeinio, prynu a gwerthu hyd o fewn ychydig i'w dranc yn 47 oed yn 1902.

Pan fu farw Jeremeia yr oedd y bechgyn hynaf wedi dysgu gorchwylion y fferm yn o lew ac yr oedd Isfoel, yn ôl ei gyfaddefiad ei hun: 'yn grefftwr abl hefyd fel gof ac yn abl i atgyweirio offer y tir a phedoli ceffylau a dynion'!

Aethai'r hynaf, Ffred, ychydig flynyddoedd ynghynt i ddechrau ei gwrs at fod yn bregethwr a gweinidog. Priododd

'Ffred'

'S. B.'

'Shors'

'Isfoel'

'Alun'

Margaret, y ferch hynaf, a'r ail fab, Tom hefyd, ac aeth John dros y dŵr i America. Felly, Dai (Isfoel) oedd gyda Mam-gu (Mary Jones) yn gofalu a threfnu pethau ar y fferm. Yn raddol daeth pethau i drefn er bod deuddeg o blant erbyn hyn, gan i Mary Hannah ddod ym 1890; Evan George ym 1892; Simon Bartholomew ym 1894 ac Alun Jeremeia ym 1878.

Y mae'n rhaid cyfeirio at y ferch ail hynaf a oedd â'i dylanwad yn drwm ar fywyd y fferm, holl aelodau'r teulu, a'r ardal yn siŵr, sef Ann. Fel y mwyafrif o'i chyfoeswyr gadael yr ysgol yn ddeuddeg oed fu ei hanes, eithr yr oedd Ann wedi ei donio â phersonoliaeth go arbennig â thalentau amlwg. Yr oedd amryw o'r plant yn gerddorion naturiol; efallai mai trwy eu mam y cawsant y ddawn oherwydd ewythr i Mary, fy mam-gu, oedd Bartholomew (Mathla) George—un o athrawon crwydrol John Curwen a gyflwynai'r nodiant sol-ffa yn Nyfed ac athro cerdd cyntaf John Thomas, Llanwrtyd (ond o Blaencefn, de Ceredigion yn wreiddiol). Beth bynnag, yr oedd Ann wedi ei disgyblu ei hunan i ganu'r harmoniwm a'r piano a dysgodd amryw o ferched Capel y Wig i wneud yr un peth fel nad oedd prinder cyfeilyddion yno. Bu ganddi gôr yn paratoi at eisteddfodau'r ardal hefyd a chafwyd cryn hwyl ar un adeg pan gododd ei brawd, Seimon B., gôr yn ei herbyn! Gyda llaw, cofiaf glywed Evan George (Shors) a Seimon yn canu'r harmoniwm yn y Cilie, hwythau hefyd wedi eu dysgu eu hunain.

Ond cafodd Ann ddamwain gydag un o'r gwartheg, a hithau wedi croesi'r pymtheg ar hugain oed; clafychodd a bu farw ym 1921 yn 37 mlwydd oed. Daeth un o'i chwiorydd iau, Mary Hannah, a oedd yn athrawes ysgol yn Sir Forgannwg adref i'r Cilie yn ei lle i orchwylio gwaith y tŷ gyda'i mam a oedd erbyn hyn yn dechrau heneiddio.

Ffermio i fyw oedd arfer bywyd yn y Cilie ac yn y byw hwnnw nid oedd fawr o le i ymorchestu mewn anifeiliaid crand a llwyddiannus 'sioe'. Yr oedd hobïau bywyd, yn arbennig canu, adrodd, barddoni a llenydda bob amser, hyd yn oed o ddyddiau cynnar y cyfyngder mawr, yn rhan go bwysig o'r byd hwnnw. Yr oedd dau o'r rhai hŷn—ar wahân i Ann—sef Tom a Dai yn lleiswyr da ac yn eu dyddiau cynnar yn amlwg fel unawdwyr mewn anthemau yng Nghapel y Wig. A bu'r brodyr iau yn nes ymlaen, Seimon, Ifan Siôr ac Alun yn lleiswyr digon atebol. Bu Alun yn arweinydd y gân yn y Wig am flynyddoedd. Eithr ym myd barddoni yr oedd y diddordeb pennaf. Gwrandawn ar air gan Isfoel ei hun eto ar y pwnc hwn:

Eisteddfota . . . dyma glefyd neu glawri a afaelodd ynof fi a'm brodyr hefyd yn fore iawn, braidd er pan y cynhaliwyd y cyfarfodydd cystadleuol cyntaf yn y parthau hyn. Dywedodd y Parch. J. Hawen Rees wrthyf ei fod ef a 'nhad yn y pwyllgor cyntaf yn trefnu cael cwrdd cystadleuol yn yr ardal. Roedd hyn tua 1886. Yn ddiamau fe fu'r cyfarfodydd hyn yn sefydliad teilwng ac yn hyfforddiant i'r bobol yn enwedig yr ieuenctid i ymddiddori mewn llên, cân ac adrodd . . . a da yw tystio fod y gannwyll a gynheuwyd y pryd hwnnw byth ynghynn yn y fro. Fe dyfodd yr awydd yn gryf iawn ynom yn y Cilie a'n cyfeillion i fwrw i mewn i'r adloniant hyn a geid yn y cwrdd adrodd, dadlau ac areithio etc., nes dod i deimlo'n hollol gartrefol a disymach wrth y gwaith.

Yr oeddem fel brodyr a chwiorydd yn cael digon o ymarfer ar yr aelwyd . . . Ni phasiai eisteddfod yn unman o fewn ugain milltir na fyddai gennym 'rywbeth i mewn' yn y cystadleuthau, ac os byddai dwy eisteddfod yn digwydd yr un noson byddem yn cynrychioli ein gilydd i wrando'r beirniad yn traethu ei farn ar ein gwaith. Ond ni wyddai y naill fod y llall i mewn tan y funud olaf pryd y cyfnewidiem ein ffugenwau â'n gilydd. Dyma un enghraifft:

Yr oedd eisteddfod ym Mlaenannerch ac un arall yn Llandysul ar yr un noson, ac wedi trosglwyddo'r ffugenwau euthum i Flaenannerch ac aeth Jac fy mrawd i Landysul,—ac nid oedd dim ond cerdded amdani yn niwedd y ganrif ddiwethaf. Sarnicol oedd yn beirniadu llên yn Llandysul a Brynach ym Mlaenannerch. Wrth gwrs yr oedd yn bell ymlaen yn oriau mân y bore arnom yn cyrraedd adre. Yr oeddwn yn cysgu'n drwm pan ddeffrowyd fi gan ysgytwad drwsgl,—Jac wedi cyrraedd ac wedi colli ar yr englyn i'r Bidog ac yn fy nghyhuddo ar gam fy mod wedi dwyn ei syniadau ef yn fy englyn. Nid oedd wiw iddo godi ei lais gan fod 'nhad am y pared â ni, a phan ddwedais ei fod ef yn fuddugol ym Mlaenannerch i'r Peiriant Torri Gwair, lleddfodd hynny ef yn foddhaol iawn.

Dywedai Isfoel y byddai'r gof yn pregethu'n hallt eu bod yn aros allan mor hwyr, ond ar yr un pryd yn rhoi ei ffugenw yntau i ryw un ohonynt oni byddai ef yn gallu mynd i'r eisteddfod arbennig honno! 'Y strôc fwyaf a wnaeth,' medd Isfoel, 'oedd ennill ar y gân "Tair erw a buwch" yn eisteddfod Llanarth y Groglith, 1886.' Cân wedi ei chyfansoddi ar fesur 'Robin yn Swil' ydoedd, ac y mae'n debyg mai gwobr a roddid gan Dr Pan Jones oedd y wobr, ac uchafbwynt yr eisteddfod honno yn ôl yr hanes oedd clywed y gof yn canu'r penillion i gyd oddi ar y llwyfan a'r gynulleidfa'n uno yn y gytgan:

Tair erw a buwch,
Tair erw a buwch
Y ddaear i'r bobol
Tair erw a buwch.

Stori arall sy'n rhan o saga'r dyddiau cynnar yw honno am Jeremeia'n anfon cân i mewn i Eisteddfod Glynarthen ym 1900 tan feirniadaeth y Parchedig E. Keri Evans. Y testun oedd 'Cwrw Ocsiwn', a phwy a aeth lan i gael ei wobrwyo ond mab hynaf y gof sef, Ffred, ar y pryd yn fyfyriwr yn y Coleg ym Mangor.

Ef, Jeremeia, a ddechreuodd y traddodiad yn y parthau hyn o sgrifennu caneuon baledol i bersonau a digwyddiadau anghyff-redin, yn arbennig i gyhoeddi ar led ryw droeon trwstan, ac nid oedd hynny wrth fodd rhai o'r gwrthrychau y cenid amdanynt.

Parhaodd hyn yn rhan o gynnyrch 'Bois y Cilie' trwy'r blynydd-oedd ond gellir dweud i'r olaf o'r genhedlaeth—Alun Jeremeia—fod yn wir fardd i'w gymdeithas mewn dull go gaboledig. Mae'n siŵr gen i fod hynny'n un o'r prif rhesymau paham yr anrhydedd-wyd ef â Gwobr Griffith John Williams gan yr Academi Gymreig am ei gyfrol *Cerddi Alun Cilie*.

A gaf fi fentro yn awr â dweud ychydig o'r stori sydd yn dod o fewn cof yr ysgrifennwr presennol? O tua'r flwyddyn 1920 ymlaen y bydd hyn a theulu'r Cilie y pryd hwn oedd—Mam-gu (Mary Jones); Mary Hannah, y ferch a ddaethai adref ar ôl marw Ann; Dai (Isfoel); Ifan Siôr, (Wncwl Shors) ac Alun—y cyw melyn olaf. Gyda hwy yr oedd morwyn hŷn a morwyn fach, gwas mawr a gwas bach. A dyna ddigon o griw i unrhyw benteulu edrych ar ei ôl!

Yn reit aml byddai un o'r gweision yn Sais, wedi dod o ryw sefydliad o 'Gartref'—tua Llundain fel arfer. Yr oedd amryw byd o'r bechgyn hyn ar ffermydd y bröydd. Dysgai rhai ohonynt barablu Cymraeg, o ryw fath, ond deuent oll i ddeall yr hyn a ddywedid wrthynt yn Gymraeg. Câi y rhain wir gartref yn y Cilie. Gwelais Mam-gu yn golchi ac yn cywiro sanau a chrysau Harry Pinner (enw un o'r rhai a gofiaf orau) gyda'r un gofal ag a wnâi â dillad ei meibion ei hunan.

Gan i mi dreulio cyfnodau yn y Cilie, un sbelen o bron i flwydd-yn heb sôn am wyliau o chwech wythnos i dri mis ar y tro adeg ysgol a choleg, dylwn efallai roi rhyw ddarlun o rai o *dramatis personae* llwyfan y Cilie, y rhai na ddaeth pobl yn gyffredinol i'w hadnabod cystal â'r gweddill.

Wrth gwrs, yn y cyfnod y soniaf fi amdano, Isfoel oedd 'fforman' y lle—gyda Mam-gu wrth reswm. A buasai felly oddi ar marw Jeremeia ym 1902, ac yr oedd dipyn yn hŷn wrth gwrs na bechgyn olaf y teulu. Cefais dipyn o ffafrau ganddo fe a mynd gydag ef ar ei feic-modur—ac wedyn yn ei gar—y 'Cowley' a ddaeth mor adnabyddus yng ngwaelod Ceredigion ym mlynydd-oedd ei ogoniant.

> Nid aiff cath ac nid aiff ci
> Heibio i calap y Cowley.

meddai Isfoel mewn englyn a ddanfonodd at frawd imi!

Fel y dywedwyd eisoes yr oedd Isfoel yn grefftwr galluog at iws fferm. Cynnyrch syfrdanol cyntaf ei law a gofiaf i oedd *trailer* a wnaeth allan o gorff un o'r ddau gar-poni a feddent yn y Cilie. Torri'r shafftiau i ffwrdd a byrddio ochrau'r trap a rhoi echel a dwy olwyn hen ffordyn odano a bachyn a *spring* tu ôl i'r 'Cowley', a bant â ni â llwyth o berchyll i Fart Castellnewy'! Tua chanol yr ugeiniau yr oedd hyn. Os oedd penillion ac englynion Dai Cilie wedi ei wneud yn enwog mewn rhai cylchoedd fe yrrodd ar *drailer* y 'Cowley' i fod yn destun sgwrs ac edmygedd ffermwyr gwlad Dyfed i gyd.

Cyn dyddiau'r 'Cowley', ar feic-modur o wneuthuriad 'James' y chwyrnellai Isfoel hyd y wlad. Rhoesai fenthyg y 'James' i Seimon B. ryw noson, (pan oedd y pregethwr gartref o'r Coleg am seibiant). Chlywodd neb y 'James' yn cyrraedd yn ôl. Ac yn y bore â Seimon o hyd yng nghwsg yn 'storws y bois', canfu Isfoel nad oedd 'James' yn ei wely—shed fach a godasai Isfoel yn sownd wrth yr efail. Cafwyd y newyddion cyn hir fod S. B. wedi mynd â 'James' i'r clawdd ryw dair milltir i ffwrdd a'i gefn wedi torri'n ddwy!

Daethpwyd â'r cel haearn adre—mewn gambo!—a chyn pen rhai oriau yr oedd Isfoel wedi gweithio asgwrn cefn newydd i'r beic—dros y tanc petrol, yn bachu'r fforch flaen wrth y fforch ôl, a chwyrnellodd am amser hir ar ôl hynny.

Pan ddaeth Harry Pinner i'r Cilie yr oedd, medde fe, yn gallu marchogaeth beic-modur. Yr oedd y 'Cowley' yn rhyw dair oed pryt'ny a'r 'James' mewn angof llwyr tan sachau a llwch a thrangwns amrywiol. Archodd Isfoel i Pinner a minnau ei dynnu allan a'i frwsio'n lân o bob llwch. Yna aethpwyd ag ef i fyny i un o'r storwsiau uwchben y beudy a bûm yno gydag Isfoel yn datgymalu 'James'—datod pob nuten a bollten a sgriw ac a feddai

15

heb sôn am ddirgelion ei grombil. A'm gwaith wedyn oedd golchi pob bripsyn yn lân mewn paraffîn a'i sychu'n loyw. Yna gwylio Isfoel yn gosod y cyfan yn ôl, am dridiau fwy neu lai, ac yn rhoi paent ac enamel ac olew i sgleinio'r ceffyl 'newydd'. A bu Pinner yn chwyrnellu fel petai yn rasys Ynys Manaw ar gefn y 'James' atgyfodedig am rai blynyddoedd.

Am fy modryb Mary Hannah y bwriadwn i sôn cyn i atgofion am Isfoel fynd â'm bryd eto! Fel y dywedwyd athrawes ysgol oedd Mary Hannah, wedi bod wrth y gwaith am rai blynyddoedd ym Mhontardawe, Felindre a Maesteg. Y tro cyntaf y bûm i'n pregethu yn Nebo, Felindre, yr oedd rhai yno yn ei chofio'n dda a chanddynt air uchel iddi. Ond y peth hynotaf a gofient amdani oedd ei gweithred ddewr—medden nhw: yn un o'r eisteddfodau blynyddol a gynhelid yn y capel aeth darn o'r lle ar dân, a phed enynnai'n gyflym siawns wan oedd gan rai'r pen blaen i gael eu hachub. Neidiodd Mary Hannah i ben silff un o'r ffenestri mawr a thorri gwydrau a darn o'r fframyn â'i thraed ac arwain nifer ohonynt allan y ffordd honno!

Mae'n rhyfedd dweud, efallai, yn wyneb y nodwedd allblyg a oedd mor amlwg yn nodweddu amryw o blant y Cilie, ac yn arbennig y tad Jeremeia a Tom ac Isfoel, ac Esther o blith y merched, fod haen gref o swildod yn y teulu hefyd. Yr wyf fi'n rhyw gredu mai iawn o ryw fath oedd llawer o'r sŵn mawr a'r chwerthin uchel i guddio'r swildod cynhenid, yn wir, swildod a oedd ag elfen o ofn yn gysylltiedig ag ef.

Rwy'n cofio Mary Hannah, a hithau'n cael ychydig seibiant o'r Cilie ar ymweliad â ffrind iddi tua Phontardawe, yn dod i fyny'n hollol ddirybudd i Frynaman lle'r oeddwn i a'm priod a dechrau teulu ifanc yn byw. Es innau i agor prif ddrws y tŷ ar ganiad y gloch a dyma lle'r oedd Mary Hannah yn sefyll, ryw ddwylath o'r trothwy, a hanner gwên ddireidus yn ei llygaid; 'Helô,' meddai, fel 'tae hi ar ryw berwyl amheus, 'a oes ots 'da chi 'mod i wedi galw i'ch gweld?' Rwy'n credu'n siŵr ein bod ni, blant ei brawd hynaf, yn ystyried 'Anty Mary Hannah' fel yr anwylaf o blant y Cilie. Ie hi, y byddai cathod a chŵn y Cilie, os oedden nhw'n prowla o gwmpas y llaethdy neu rywle cysegredig arall ar y fferm, yn sgathru i bob cyfeiriad pan gaent achlust o sŵn ei chlocs yn dod i'w cyfeiriad.

Tawel a difynegiant oedd unrhyw edmygedd o'i gilydd ymysg teulu'r Cilie. Yr oedd Mary Hannah â chryn dipyn o feddwl o allu'r bois wrth iddynt ddod yn adnabyddus fel englynwyr, cywyddwyr ac ati ond ni chymerai'r byd am ddangos hynny!

Cofiaf yr adeg pan enillodd Seimon B. y Goron yn Eisteddfod Genedlaethol yr Wyddgrug am ei bryddest 'Rownd yr Horn'. Ysgrifennodd Wil Ifan lith hir o'r Eisteddfod am yr orchest, ac am S. B., a theulu'r Cilie. Yn y blynyddoedd hynny yr oedd gan Wil Ifan lith dyddiol ym mhapur Caerdydd, 'O faes yr Eisteddfod'. A'r wythnos honno yn Awst 1933 nid yn unig llith am deulu'r Cilie a gafwyd ond cartŵn o'r bois yn mynd trwy eu campau corfforol ar glos y fferm ar ôl cinio. (Yr oedd Wil Ifan, fel y cofia rhai efallai, yn alluog gyda phensil a brws paent ar gynfas.) Yn y cartŵn, gwelid un yn codi pwysau, rhyw ddau yn tynnu codwm tîn, ac un arall yn sefyll ar ei ben tra cydiai ddau '56' mawr â'i ddwy law! Yr oedd Wil Ifan yn ymwelydd aml â'r Cilie—oni fu'n gyd-fyfyriwr â Ffred yng ngholegau Bangor—a'i dad, Dr Dan Evans, yn weinidog Hawen a Bryngwenith gerllaw.

Daethwn i i'r tŷ yn y Cilie ar ryw berwyl a gofynnais i modryb Mary Hannah:

'Ddarllenasoch chi lith Wil Ifan yn y papur, modryb?'

'Pyh, do,' meddai yn ddigon sychlyd. 'Roedd yr hen 'Bet' [llys-enw S. B. ymysg y teulu;—yr oedd gan bob un ohonynt lys-enw] yn ddigon bras o'r bl'an; be ddaw ohono fe nawr dwy i ddim yn gwybod.'

Mi geisiais i achub ei gam rywfaint, ond:

'Pyh,' atebodd Mary Hannah wedyn, 'odych chi'n meddwl fod rhywbeth ots i'r cyffredin yn yr hen fois 'ma 'te?' ag esgus o wawd yn ei llais. Chwerthin, braf wedyn, a—'Chware teg i'r hen Wil Ifan; ond *mae* e'n gallu ffalstio!'

Y mae sôn am Wil Ifan yn arwain at ddarlun arall sy'n aros yn y cof ac yn cyfleu ychydig o'r bywyd a oedd yn estyniad o fywyd y teulu. Dauddegau'r ganrif hon yw'r cyfnod, ac yr oedd yn gysylltiedig ag un o'r prynhawniau 'gwledda' ar draeth Cwmtydu.

Yr oedd i draethau de-orllewin Ceredigion eu 'Dydd Iau Mowr' —Aber-porth, Llangrannog—a 'Dydd Iau Mowr Cwmtydu'. Rhyw brynhawn rhwng dau gynhaeaf ydoedd, efallai, ar y cyntaf, a ffermwyr yr ardaloedd cylchynol yn dod i'r traeth yn eu ceirt a'u camboid. Doedd neb yn eu cyhoeddi ymlaen llaw; dirgelwch yn wir oedd bod llawer o drigolion Pen-y-bont ar Fothe, Capel y Wig, Nanternis, Llwyndafydd a'r Castell (Caerwedros) yn crynhoi gyda'u danteithion bwyd ac ati yr un prynhawn ar draeth Cwm Tydu. Ar un o'r prynhawniau hynny, rwy'n credu'n siŵr, roedd yna lieiniau wedi eu taenu ar 'lawntiau' Pen yr Odyn Galch 'ta beth! Ac yr oedd rhyw fath o gwrdd siarad wedyn.

Yr oedd fy nhad, Ffred ac Isfoel a rhai o'r brodyr eraill yno, ond y dieithriaid pwysig oedd y diddordeb, sef: Wil Ifan, Sarnicol, a Charadar. A. D. Smith oedd enw priod Caradar, mab i ysgolfeistr o Gernyw ydoedd, ac ar ôl bod yng Nghymru gyda'i dad ar wyliau penderfynodd ddysgu Cymraeg, a daeth yn gynganeddwr yn ein hiaith. Fe gofia rhai, rwy'n siŵr, am y gwerslyfrau bychain a sgrifennodd Caradar i gynorthwyo estroniaid i ddysgu siarad Cymraeg, *Welsh Made Easy*. Credaf mai efe a gychwynnodd y ffasiwn o droi allan lyfrynnau o'r math hwn.

Tybed a wyf yn iawn wrth feddwl mai Wil Ifan yn wir a gychwynnodd y campau cynganeddu ar y radio? Efe yn siŵr a gafodd Isfoel a Dewi Aeron ac eraill mewn cystadleuaeth o'r stiwdio—ac yr oedd y beirdd yn gorfod ateb y dasg ar y pryd! Rwy'n credu'n siŵr mai yn hwnnw y cydiodd Sam Jones a'i ddatblygu'n gystadleuaeth timau mor llwyddiannus. Mae rhai o gwpledi'r rhaglenni cyntaf hynny'n aros yn y cof:

> Ateb y llinell: Os epa yw dada dyn,
> Yr ateb a gafwyd: Pwy ydyw papa wedyn.

Beth bynnag, Wil Ifan a drefnodd gyntaf raglenni cynganeddu i beri i Fois y Cilie ddod ynghyd i greu ychydig o ddifyrrwch i'r gwrandawyr ar y radio. Yr oedd hyn gryn dipyn o amser cyn i John Griffiths, Abertawe, drefnu i Jacob Davies a minnau gario gwaith cyffelyb ymlaen, yn ddiweddarach.

Yr oedd gan Wil Ifan hanesyn a'i gogleisiai'n fawr ynglŷn â'r campau hyn. Yr oedd wedi llwyddo i gael addewid gan Ffred, Seimon B., Isfoel ac Alun i gyfrannu i raglen, am eu gwaith a'u diddordebau, ond yn ei fyw ni allai ddarbwyllo Sioronwy—Evan George—i ddod. Un swil yn caru'r encilion fu Wncwl Shors erioed.

'O, dewch wir, George,' erfyniai Wil Ifan arno.

'Na, dim tro 'ma c'l'o, byddai'n well gyda fi beidio. Gadwch i'r lleill fynd gyda chi.—byddan nhw'n eitha digon. Maen nhw'n leico cael 'u gweld, felly bant â nhw.'

Ie—'leico cael 'u gweld!'—ac yr oedd hyn flynyddoedd cyn i'r teledu ddod i gartrefi'r wlad!

Yr un fath oedd Sioronwy pan fu Jacob Davies a minnau'n trefnu rhaglenni wedi eu sylfaenu ar waith y 'Bois'. Eithr fe roddai delynegion ac englynion a darnau cywydd inni at y rhaglen a mawr

18

oedd ei ganmol wedyn am inni eu darllen 'yn dda ac yn synhwyrol ac yn eglur'.

Eto mi gofiaf Sioronwy yn cystadlu ar adrodd mewn eisteddfod bentre' ym Mhontgarreg yn ugeiniau'r ganrif hon. Nid oedd yr 'adrodd i rai mewn oed' yn cael rhyw lawer o barch yn y dyddiau hynny. Yr oedd yn cystadlu ag anerchiad y cadeirydd i yrru'r rhai difater allan i gael smôc! Ond cofiaf imi synnu beth pan adroddai Shors y rhan ddisgrifiadol o'r deml ar dân allan o 'Dinistr Jerwsalem':

> Moria'n yr awyr mor wyn â'r ewyn,

nes i bawb aflonyddu a gwrando'n astud. Yr oedd yn tynnu at ei ddeugain oed y pryd hwnnw ac nid wy'n tybied iddo wneud ymddangosiadau cyhoeddus ar ôl hynny, dim mwy nag ambell i 'acsion' (ocsiwn), a mynd i lawr i ymdrochi ar draeth Cwmtydu ambell brynhawn o haf. Annwyl iawn ydoedd gennym ni'r plant yn arbennig.

Wrth gwrs, Alun Jeremeia ddaeth yn fwyaf adnabyddus nesaf at Isfoel, ar wahân i ddau bregethwr y teulu, efallai. Ac yr wyf yn fwy amharod i ddweud llawer amdano fe na neb, am ddau reswm. Yn gyntaf cafodd eisoes ei le'n haeddiannol fel bardd arbennig o dda a gwerthfawr i'r gymdeithas ac yn ail, wrth fynd yn hŷn deuthum i deimlo perthynas frawdol a thadol yn tyfu rhyngom, a chefais fod yn was priodas iddo! Nid oedd ond rhyw naw mlynedd yn hŷn na'r Capten Jac Alun a minnau. Daeth yn berthynas 'ti a thithe' rhwng Jac Alun ag ef a galwai ef yn 'Alun', eithr 'Wncwl Alun' ydoedd i mi a pharodd y 'chi' parchus yn ddolen rhyngom hyd y diwedd, ond ei fod ef yn galw 'ti' arnaf fi.

Yr oedd yna gryn rialtwch rhwng aelodau'r teulu pan fyddai'r gwyliau ac ati wedi eu galw at ei gilydd,—a gorau oll os byddai rhyw gyfaill neu ddau yn y cwmni. Ar dywydd gwlyb yn yr haf, er enghraifft, cloncan am wŷr a gwragedd a ddaeth yn adnabyddus ym mywyd Cymru fyddai'r drefn—yn arbennig am rai ym myd llên. Darllen beirniadaethau pobol eraill—rhai a gyhoeddid yn *Y Faner* 'slawer dydd—a chael hwyl am ben gosodiadau oraclaidd a safonau nad oedd wrth eu bodd.

Un chwarae a'u boddhaent yn aml oedd, pan ymestynnai Isfoel am hen gyfrolau o awdlau neu gywyddau o hen lyfrau cyfansoddiadau eisteddfodol. Fe fyddai efe Isfoel yn darllen darnau wedyn ac yn sydyn yn peidio yng nghanol llinell a disgwyl i un o'r cwmni ei gorffen yn ôl y gofynion cynganeddol. Troai at *Orchestion Beirdd*

Cymru yn aml a mynd at rai o gywyddau Dafydd ap Gwilym neu Ddafydd Nanmor. Cofiaf un tro—cywyddau Goronwy Owen oedd ganddo:

Adroddodd: 'Wrth ei faint groywber gantawr
               gesyd ei gorn . . .'
Ateb—(fel bollt): ' . . . mingorn mawr.'

Adrodd: 'Corn anfeidrol ei ddolef.
          Corn ffraeth . . .'
Ateb syth: ' . . . o saerniaeth nef.'

'Twt, twt,' meddai Isfoel. 'I be' rwy'n gwastraffu amser, on'd wyt ti Ffred a Seimon yn gw'bod y rhain i gyd ar eich cof! Jawch, ma'n biti na ches i ddim mynd i'r Coleg! Dyna lwcus y' chi. Dim slafo rhagor wedyn!'

A chwerthin aflywodraethus dros y lle; a Mam-gu ar y sgiw yn corco o chwerthin yng nghanol ei chywion llawen.

Gerallt Jones

Cledlyn

Plwy Gwenog! Pa le gwynnach?—A pha blwy'
A phobl well neu ffeinach?
Ambell gawr, ambell gorrach,
Gwŷr o nod, a gwerin iach!

Dyna fel y canodd Cledlyn am ei blwy', a phentref bychan yng nghanol y plwy' hwnnw yw Cwrtnewydd lle ganwyd David Rhys Davies—Cledlyn—ar 6 Chwefror 1875. Plannwyd ei wreiddiau yn ddwfn yn yr ardal. Yr oedd ei dad-cu ar ochr ei dad, sef David Davies (Deio), yn byw mewn bwthyn bychan o'r enw Ty'n Dŵr ar lannau'r afonig Cledlyn a'i fab ef, Evan Davies neu Ifan Go' Neiler, oedd tad y bardd. Gelwid ei dad yn Ifan Go' Neiler am ei fod yn arbenigo yn y grefft o wneud hoelion yn y pentref. Ef oedd ym meddwl y bardd pan gyfansoddodd englyn ar y testun 'Y Gof' a enillodd yn Eisteddfod Pencader, Nadolig 1907.

Cyhyrog dad cledd a phladur—yw'r gof,
Arwr gefail brysur;
Llyw yw ef ym myd Llafur,—
Hen deyrn da haearn a dur.

Saer coed yn byw ar fferm fechan o'r enw Llety'r Wennol, rhyw chwarter milltir o'r pentref oedd ei dad-cu arall, a'i ferch ef Elizabeth neu Leisa oedd mam Cledlyn. Rhieni diwyd a gweithgar oedd Ifan a Leisa Go' ac mae sôn am Ifan, pan oedd yn llanc, yn cerdded fwy nag unwaith fel un o gwmni o fedelwyr i Sir Henffordd. Aeth Leisa hefyd gyda nifer o ferched eraill rhwng 1850 a 1860 i ardal Clarach i fedi'r cynhaeaf. Dywedodd y bardd amdanynt, na 'flinodd diogi erioed mo 'mam na 'nhad,' a chyfansoddodd yr englyn a ganlyn i'w fam:

Am Leisa Go', melys i gyd—yw'r cof,
Henwraig gall a diwyd;
Einioes hir hon a sieryd
O eigion bedd; gwyn ei byd.

Pan oedd dau fab Ifan a Leisa Go' yn blant ifanc roedd yna gyffro mawr ym myd addysg yng Nghymru a dechreuwyd sefydlu ysgolion bron ym mhob pentref ac agorwyd ysgol yng Nghwrtnewydd ym 1878. Penderfynodd y ddau roi gwell siawns i'w

21

meibion nag a gawsant hwy ac anfonwyd Daniel a Cledlyn i'r ysgol. Nid oedd atgofion Cledlyn o'r dyddiau cynnar hynny yn yr ysgol yn rhai hapus i gyd a hynny yn bennaf oherwydd ei ddillad. Bu rhaid iddo fynd i'r ysgol hyd nes oedd yn saith oed mewn 'pais a ffroc' a lled-awgrymai nad oedd honno'n arfer gyffredin ymysg y bechgyn.

Bu'n ddisgybl gweithgar a chyson yn yr ysgol a phenderfynodd yn fuan yr hoffai wneud y gorau o'r siawns a roddwyd iddo. Erbyn 1887, pan ddaeth nifer o dirfesurwyr Seisnig i'r ardal er mwyn gwneud map ordnans newydd, yr oedd Cledlyn yn ddigon o Sais i gael ei gyflogi ganddynt fel 'gwas twt' am wyth swllt yr wythnos i gyfieithu rhyngddynt a Chymry uniaith yr ardal.

Am gyfnodau byr o'r flwyddyn yn unig yr âi y rhan fwyaf o'r plant i'r ysgol yr adeg honno am fod angen eu gwasanaeth ar eu rhieni a'u cyflog i gynnal y teulu. Fodd bynnag, am fod Cledlyn yn ddisgybl mor addawol, cafodd fynychu'n gyson a chaniatawyd iddo aros ymlaen yn yr ysgol. Erbyn hyn, hefyd, yr oedd y ddawn arbennig honno a ddaeth ag ef i gymaint amlygrwydd yn ei oes yn dechrau datblygu a dywedodd amdano'i hunan fel hyn: 'Yr oedd gennyf grap dda ar y gynghanedd Gymraeg pan oeddwn yn biwpil titsher gynt.' Canlyniad ymweliadau mynych â gweithdy llengarol Jagop y Gwehydd, Cwrtnewydd oedd hyn. Ymddengys mai mesur yr englyn oedd wedi denu ei ddiddordeb yn bennaf a chafodd hwyl wrth gyfansoddi. Sylweddolodd y bardd Gwarnant mor addawol oedd a chyfarchodd ef fel hyn:

> Rhywiog a doeth ŵr go dyn—yn drylwyr
> A feistrolodd englyn;
> O awen gref, un o gryn
> Huawdledd yw'r bardd Cledlyn.

Atebodd y bardd ifanc:

> Rhoist ormod o glod, mae'n glir,—i wannaidd
> Englynwr anghywir;
> Un mulaidd ni chanmolir
> Na neb heb wên Awen wir.

Dau englyn olaf Gwarnant yn y cyfarchiad oedd:

> Tyfaist fel Gwarnant, Dafydd,—yn hogyn
> Yn awel Cwrtnewydd;
> Yn ara deg, ers llawer dydd,
> Gwenais wrth weld dy gynnydd.

22

Yn odiaeth, mwy, ymgadwa—rhag gweniaith;
    Rho'r cynnig i symldra;
    Iaith rheswm fyth na threisia;
    I nawn d'oes rho gychwyn da.

Yr oedd yn ardal gyfoethog yn rhif ei beirdd lleol a hoffai Cledlyn sôn am nifer ohonynt ac yn eu plith Gwilym Gwenog am mai 'efe i mi ydyw bardd fy mebyd'.

Yn y cyfamser datblygu'n ddisglair wnâi gyrfa ysgol y bardd ac ym 1893, pan oedd yn ddeunaw oed, enillodd un o'r tair ysgoloriaeth o £25 y flwyddyn a gynigid i'r tri myfyriwr normalaidd gorau yng Ngholeg Aberystwyth. Coron yr wythnos oedd pris ei lety yn William Street yr adeg honno ac felly yr oedd y £25 y flwyddyn a enillasai yn talu am ei gadw yn Aberystwyth ac nid oedd angen gofyn am ragor oddi wrth ei rieni.

Fel llawer i un arall oedd wedi symud i ffwrdd oddi cartref ac 'o olwg y mwg' am y tro cyntaf erioed, cododd hiraeth ar y bardd a phan ddeuai diwedd wythnos cerddai ef a'i gyfaill, Tom, o Ddihewyd adref. Cerddent adref ar ddydd Sadwrn a dywedai nad oedd y 'ffwt-woc' trwy Lanrhystud a thros Drichrug yn mennu dim arno. Dychwelent i Aberystwyth ar y Sul ac, am eu bod yn llanciau iachus a chryf, llwyddent i gerdded pob milltir mewn chwarter awr. Cyn cyfarfod Tom yn Nhal-sarn, cerddai Cledlyn un filltir, sef yr un rhwng Ffynnon-oer a Thempl Bar mewn deuddeng munud ond yna ychwanegai gyda gwên, nad oedd yn credu ei bod yn filltir lawn.

Mae'n hawdd dychmygu'r cyffro a'r paratoi oedd yng Nglanrhyd cyn i Ddafydd y mab fynd i'r Coleg am y tro cyntaf. Hoffai Cledlyn adrodd yr hanes am ei fam yn danfon deuddeg crys glân yn ei bac a'r sioc a gafodd pan welodd y crys yr oedd ei mab yn ei wisgo pan ddaeth yn ôl diwedd y tymor. Dywedodd mewn syndod, 'Dafydd bach!—dwyt ti ddim wedi newid dy grys ers pan est ti-o 'ma.' Chwarddai gan esbonio fod y crys a wisgai wedi dod rownd i'w ail dro.

Adroddai hefyd am y tro hwnnw yr aeth ef a ffrind arall iddo, sef Dan Jones, am dro ryw brynhawn Sul i gyfeiriad Blaen-plwyf. Penderfynodd y ddau fynd i weld Ogof y Mynach a cherdded i mewn iddi ond nid oeddynt wedi sylweddoli bod y teid yn dod i mewn a phan aethant allan i'r genau gwelsant mai'r unig obaith i ddianc oedd dringo'r graig serth tu cefn iddynt. Buont yn dringo i fyny'n araf am amser hir cyn cyrraedd y lan yn ddiogel.

24

Ni chlywodd nemor un Cledlyn yn canu erioed a chyfaddefai na fedrai 'ganu nodyn' ond sylweddolodd yn gynnar, er hynny, pa mor fuddiol fyddai cymhwyster mewn cerddoriaeth i athro. Felly pan oedd yn y Coleg bu'n dilyn cwrs hyfforddiant mewn Cerddoriaeth ond heb sylweddoli y byddai'n rhaid iddo sefyll prawf a rhyw fath o elfen ymarferol ynddo ar ei ddiwedd. Llwyddodd yn iawn yn y theori ond cafodd yr arholwr gymaint o syndod a sioc yn y prawf ymarferol pan glywodd ef yn 'canu' sol-ffa nes iddo ei basio yn y prawf hwnnw hefyd. Llwyddodd yn yr arholiadau eraill gan ennill y Dosbarth Cyntaf ynddynt i gyd. Pan adawodd y Coleg aeth yn ysgolfeistr i Moelfre, Llansilin ger Croesoswallt.

Ym 1898 cafodd ei benodi'n brifathro Ysgol Cofadail ac yn ystod ei arhosiad yno bu'n cystadlu ac yn ennill yn gyson ar gystadleuaeth yr englyn yn eisteddfodau'r Berth (Nadolig 1900); Swyddffynnon (Gŵyl Ddewi 1901); Llannon (Mawrth 1901); Aberaeron (1900) ac Aberystwyth (1901).

Ym 1902 symudodd yn ôl i fod yn brifathro yn ei hen ysgol yng Nghwrtnewydd. Erbyn hyn yr oedd wedi priodi Elizabeth Thomas o Gwrtnewydd ac yr oedd ganddynt dair merch sef Bronwen, Esther a Marguerite. Ganwyd mab, Emrys, iddynt ym 1905. Cyfrifai Cledlyn ei hun yn ffodus i gael bod yn athro a thrwy'r blynyddoedd bu'n ceisio trwytho meddyliau ei ddisgyblion 'â'r ddwy rinwedd bennaf yn eu byd hwy, sef geirwiredd a gonestrwydd'. Mae nifer o'i gyn-ddisgyblion yn dal i fyw yn ardal Cwrtnewydd a soniant o hyd gyda pharch ac edmygedd am 'mishtir'. Er bod rhai ohonynt dros eu trigain a deg erbyn hyn clywir nifer ohonynt yn cloi trafodaeth neu ddadl o hyd gyda'r geiriau, 'fel 'na o'dd mishtir yn dweud wrthon ni'.

Tystia'r un rhai bod y gwersi a ddysgid iddynt yn yr ysgol ganddo yn ddiddorol a bod maes yr astudiaeth yn eang iawn. Ymddiddorai Cledlyn mewn cymaint o wahanol feysydd ei hunan fel y gellir credu'n hawdd fod cryn amrywiaeth yn y gwersi a bod safon addysg yr ysgol yn uchel iawn. Yn wir, ystyria ei gyn-ddisgyblion eu bod yn ffodus iawn mai ef a'u dysgodd. Mae yna duedd ymysg pobl i edrych yn ôl ar y gorffennol fel 'oes aur' ond gan fod cymaint o'r cyn-ddisgyblion yn dal i sôn am safon addysg a disgyblaeth yn ysgol Cledlyn, mae'n deg i barchu eu barn. Mae un rhiant wrth edrych trwy lyfrau ei blentyn, sydd mewn ysgol uwchradd, yn dal i ddweud: 'Roe'n ni'n gwneud 'na yn yr ysgol 'da mishtir.' Ni fydd yn hir cyn ein hatgoffa hefyd bod yr wyth a eisteddodd yr hen *scholarship* un flwyddyn i Ysgol Ramadeg

Llandysul o Ysgol Cwrtnewydd dan Cledlyn wedi llwyddo, 'a chofia di'r holl ysgolion oedd â phlant yn eistedd a chyn lleied o lefydd o'dd i gâl.'

Hyd yn oed yn yr ysgol nid oedd y bardd yn esgeuluso'r awen a sonia'r un hen ddisgyblion fel y byddai'n cyfansoddi weithiau ar ganol y gwersi gan lithro o fyd yr ysgrifennu a'r syms yn ddisymwth i lafarganu'n ddistaw yng nghornel yr ystafell. Yr oedd eisteddfodau gwledig yn eu bri yn y cyfnod hwnnw a bwriodd Cledlyn ati gydag awch i gystadlu ynddynt. Enillodd yn eisteddfod Capel-y-groes ym 1903; Pantydefaid (1903); Llandysul (1903); Llannarth (1903); Pennant (1903); Llanbedr (1903) ac eisteddfodau Cribyn a Bronant ym 1904. Un eisteddfod a fu mewn bri mawr rhwng 1910 a 1920 oedd Eisteddfod Mydroilyn a gynhelid adeg y Nadolig. Testun cystadleuaeth yr englyn un flwyddyn oedd 'Y Pren Crin' a'r beirniad oedd y Prifardd Sarnicol. Darllenodd y beirniad yr englyn buddugol i'r gynulleid-fa ond mynnodd y dorf *encore* a'i glywed yn cael ei ddarllen deirgwaith. Daeth yr englyn, wrth gwrs, yn englyn mwyaf adna-byddus Cledlyn:

> Pren crin: pren wedi blino—ar ei draed,
> > Ei rwysg wedi cilio;
> Di-raen gyff, druan ag o!
> Mwy, pa gamp yw ei gwympo?

Ym 1907 enillodd gadair am bryddest ar y testun 'Fy Mebyd' yn Eisteddfod Pencader ac erbyn hyn, yn sgîl ei lwyddiant, câi ei wahodd i feirniadu mewn nifer o eisteddfodau hefyd. Dysgodd yn fuan, er hynny, pa mor wir yw'r hen ddihareb, 'Gwyn y gwêl y frân ei chyw'. Cwynodd gwraig fod ei mab wedi colli ar yr adrodd-iad mewn eisteddfod leol ac yr oedd wrth gwrs wedi colli ar gam. Pan ofynnwyd iddi pwy oedd y beirniad, atebodd: 'O rhyw damed o sgwlyn o 'n agos i Lanybydder, rwle. Ceglyn ôn nhw'n 'i alw fe—a cheglyn o feirniad oedd e hefyd, ne fe fyse wedi gweld mai Dai ni oedd yr adroddwr gore o ddigon.' Yn fuan ar ôl hynny enillodd y 'Ceglyn' gadair dderw hardd, wedi ei cherfio'n gelfydd yn Eisteddfod Gadeiriol Llanddarog ym 1909.

Blwyddyn drist iawn yn hanes y bardd fu 1908 oherwydd ar 12 Chwefror bu farw ei wraig Elizabeth gan adael pedwar o blant ifanc ar ei hôl. Yr oedd yr hynaf yn dair ar ddeg oed a'r ieuaf yn ddwy flwydd a hanner. Ym 1910 bu farw ei dad ond bu'r teulu bach yn ffodus i gael gofal tyner eu mam-gu a bu hi gyda hwynt nes cyrraedd ei phedwar ugain a deg ym 1932.

Bu gofalu am ei deulu ac ymroddi i'w brif ddiddordeb, barddoni, yn help i leddfu poen ei golled fawr i'r bardd. Cipiodd gadeiriau a gwobrau mewn eisteddfodau lleol a chymaint oedd ei awydd i berffeithio ei grefft nes iddo ddysgu 'Gramadeg' John Morris Jones ar ei gof. Ym 1916 cafodd hanner y wobr am y 'Fugeilgerdd' yn Eisteddfod Aberystwyth ac ym 1918 enillodd y wobr am 'gywydd i'r Enfys' yn Eisteddfod Castell-nedd gyda chanmoliaeth uchel gan y beirniad—John Morris Jones. Chwap ar ôl y fuddugoliaeth honno, cyfarfu Cledlyn â'i hen gyfaill Sarnicol yn Aberystwyth a chafodd ei annog ganddo i fyned ati ar unwaith gyda thestun Eisteddfod Genedlaethol Corwen, sef 'Y Proffwyd'. 'Chi biau'r gadair Cledlyn os dechreuwch ar y gwaith o ddifri yn awr—*go in and win*,' oedd ei gyngor.

Derbyniwyd y cyngor a bu Cledlyn wrthi'n ddyfal drwy'r hydref hwnnw yn cyfansoddi. Yn ystod y gaeaf daeth y ffliw fawr i'r wlad ac yn ei thro i bentref Cwrtnewydd. Ni ddeuai plentyn i'r ysgol at y bardd ac yno, yn y tawelwch diddosbarth, y bu'n cyfansoddi. Yr oedd wedi cwpla cyfansoddi tri chwarter yr awdl cyn y Nadolig a phan ddangosodd y gwaith i Sarnicol yn Ionawr 1919 ei farn ef ydoedd, 'Ewch ymlaen, gyfaill, mae tair o goesau Cadair Corwen yn eich gafael eisoes; mynnwch afael yn y bedwaredd.' Ym mis Awst dyfarnwyd ei awdl i'r 'Proffwyd' yn fuddugol ac enillodd y gadair hardd. Wedi ei cherfio'n ddwfn ac ar ran uchaf cefn y gadair mae draig sy'n dal yn ei chrafangau ruban ac arno'r neges, 'Calon Wrth Galon'. Yn is i lawr ar gefn y gadair hed colomen gyda brigyn olewydd yn ei phig ac oddi tani mae'r geiriau, 'Blwyddyn Heddwch Corwen'.

Daeth yr wybodaeth am lwyddiant y bardd â llawenydd mawr i'w deulu a'i ffrindiau a phlant yr ysgol ac aeth torf o'r pentref a'r cylch i'w gyfarfod yn stesion Llanybydder pan ddychwelodd. Aeth trap a merlyn i gyrchu'r bardd a'i gadair yn ôl ond cyn cyrraedd Cwrtnewydd mynnodd y gwŷr ieuanc yn y cwmni gorfoleddus dynnu'r merlyn allan o'r siafftiau er mwyn iddynt hwy gael tywys y prifardd adref. Yn y pentref chwifiai baneri ac addurniadau eraill i'w groesawu a pharhaodd y dathlu hyd oriau mân y bore.

Bedair blynedd yn ddiweddarach bu'r prifardd yn llwyddiannus yr eilwaith pan gipiodd Gadair Genedlaethol yr Wyddgrug. Testun yr awdl y tro hwn oedd 'Dychweliad Arthur'.

Ni phrofodd y bardd yr un llwyddiant yn Abertawe ym 1926 pan ddyfarnwyd ei awdl yno yn ail orau. Calonogwyd Cledlyn yn fawr er hynny pan alwyd ef gan un o'r beirniaid 'y Cymreigydd gorau yn y gystadleuaeth' honno ac ymfalchïai yn yr hyn a ddywedodd beirniad arall sef R. Williams Parry: 'Ganddo ef y mae'r Cymraeg glanaf a'r gwydnaf o'r ymgeiswyr oll.'

Y farn gyffredin yw, a chytunai Cledlyn ei hunan, bod ei awdlau cenedlaethol ar y cyfan yn ysgolheigaidd a thrwm. Dywedodd ei gyfaill Sarnicol ym Medi 1919:

> Efallai na ddarllenir Awdl Cledlyn i'r 'Proffwyd' gan lawer o bobl ei Sir, yn wir rhaid cael un wedi derbyn addysg uchel mewn Cymraeg i werthfawrogi y cyfansoddiad arobryn . . . Nac anghofied ei ardal y proffwyd a fagodd.

Dychwelwn yn awr at yr ysgolfeistr a gwelwn yr ochr arall i fardd y canu caeth. Cyfansoddai ddarnau llithrig ac ystorïol ar gyfer plant ei ysgol, darnau y medrent eu dysgu'n hawdd a'u hadrodd mewn eisteddfodau. Yn wir, mae nifer o'r darnau hynny wedi bod yn boblogaidd fel adroddiadau i blant siroedd y De drwy'r blynyddoedd. Cyhoeddwyd *Tusw o Flodau* sef 'Cerddi at Wasanaeth ysgolion Cymru' ym 1925 ac ynddo cawn y gemau bach hynny o'i eiddo—'Mr Pigog', 'Y Gwningen' a'r 'Gneuen Feddal Wen'.

Y GWNINGEN

Un sionc yw'r gwningen, bywiog a thwt;
Llwyd yw ei siaced, a gwyn ei chwt.

Hir yw ei chlust, a dyna dric
Yw dala Miss Pws,—y mae'n clywed mor gwic!

Awn gyda'n gilydd i'w gweld; ond ust!
Rhaid cerdded yn gynnil,—main yw ei chlust.
 (Wow! Wow!)
Dyna! fe gyfarthodd Mos, y ci!
A'r gwningen hithau,—i ffwrdd â hi!

Mi rêd fel y gwynt trwy'r borfa las,
A Mos wrth ei sodlau. Dyma hi'n ras!

Am y cyntaf yr ânt at dwll yn y clawdd;
Ha ha! y mae Pws yn cario'n hawdd.

Fe gyrraedd y gota ei chartre'n iach,—
Ond i Mos y ci, y mae'r drws yn rhy fach.

Pwy sy'n euro â briallu
  Eto lawr y cwm
  Gynnau oedd mor llwm?
Pwy yn hael fel hyn sy'n gallu
Sbario aur i hau briallu
  Ar holl lawr y cwm?

Pwy sy'n gwasgar gemau'r lili
  Yma'n ffri heb ffrost?
  A heb falio'r gost
Berlau aur y dai-dwm-dili?
Pwy sy'n gwasgar gemau'r lili
  Yma'n ffri, heb ffrost?

Sylltau gwyn a sofrod melyn,
  Pwy sy'n hael o'r rhain?
  Pwy sy'n adfer sain
Gwynfa i wlad oedd fud ei thelyn?
Sylltau gwyn a sofrod melyn,
  Pwy sy'n hael o'r rhain?

Ha! y Gwanwyn sy'n dwyn y gemau
  Aur ac arian oll;
  A daw â nodau coll
Côr y wig i'w bêr anthemau;
Ha! y Gwanwyn sy'n dwyn y gemau
  Aur ac arian oll.

Ym 1914 ailbriododd Cledlyn â Z. S. Owen a ddaethai'n brif-
athrawes Ysgol y Blaenau, Gors-goch. Bu'r ddau yn ddiwyd yn eu
'pentrefi' yn cynorthwyo efo Eisteddfod Cwrtnewydd, cyng-
herddau, partïon drama a phartïon canu. Bu Cledlyn hefyd yn
cynnal ysgol nos boblogaidd i oedolion am nifer o flynyddoedd.
  Soniwyd eisoes fel yr arferai Cledlyn gerdded adref o'r Coleg
pan oedd yn fyfyriwr yno ond, gyda dyfodiad y beic i boblog-
rwydd, gwelodd siawns i deithio'n hwylusach ar gefn hwnnw.
Mynnodd ef a'i wraig feic yr un a bu'r ddau yn treulio'u gwyliau
yn seiclo drwy siroedd Cymru bob yn un. Âi'r ddau ar eu gwyliau i
wahanol fannau yn Lloegr hefyd ac unwaith temtiwyd ef i hwylio i
Ffrainc. Bu mor sâl ar y llong ar y môr garw nes cafwyd cryn
drafferth i'w berswadio i wynebu'r siwrnai'n ôl o gwbl! Parhaodd

ei hoffter o seiclo am flynyddoedd a gwelwyd ef yn seiclo i fyny i Lanbed i 'hôl neges' pan oedd yn ei saithdegau cynnar.

Yn y tridegau cynnar, pan oedd moduro'n dyfod yn fwy poblogaidd, denwyd sylw Cledlyn at fodur—'Morris Minor' i fod yn fanwl gywir—a phrynodd un newydd ym 1932. Os car, pam nad garej? Bwriodd y bardd—cynlluniwr gofalus yr awdlau cenedlaethol—ati i lunio cartref i'w gar newydd. Codwyd yr adeilad a gyrrwyd y car gyda balchder i mewn i'r cynhesrwydd clyd am y tro cyntaf. Do, ond sut oedd dod allan ohono? Rhyw ychydig yn fwy na lled y car oedd y garej ac ni fedrai'r gyrrwr agor y drws i ddod allan o'i gerbyd tu mewn i'r adeilad. Baciwyd yn ôl, ond heb fawr rhagor o ffws llwyddodd i ddatrys y broblem drwy dorri drws yn sinc y garej yn union gyferbyn â drws y car pan oedd y tu mewn iddi!

Ni ellir ychwaith ddweud fod ei feddwl yn troi'n rhwydd at faterion technegol, ac os bu 'gyrrwr Sul' erioed ef oedd hwnnw. Mae hanes amdano'n mynd ar siwrnai fer a methu â ffeindio ei sbectol. Pan stopiodd y car ar ôl cyrraedd adre' beth oedd yn edrych i lawr arno o dop y car ond ei sbectol! Gellwch dybio felly mai gyrrwr lled araf ydoedd o gofio cyflwr yr heolydd yr adeg honno. Yr oedd ei chwaer-yng-nghyfraith yn byw yn Aberdeen ar y pryd a derbyniodd ef a'i wraig wahoddiad oddi wrthi i fynd i'w gweld. Pa well ffordd i fynd nag yn y 'Morris' bach—a dyna fel y bu. Arhoswyd mewn nifer o westai ar y daith a'i ateb i broblem y traffig oedd cychwyn yn fore—yn fore iawn sef tua phedwar o'r gloch—a gorffwys ganol dydd pan oedd y traffig drymaf cyn ailgychwyn yn yr hwyrddydd. Cwblhawyd y siwrnai i fyny ac yn ôl heb un anhap!

Tua'r adeg yma hefyd trodd ei feddyliau ef a'i briod at ymddeol ac aethant ati i godi bynglo ar lannau afon Cledlyn, nid nepell o'r man lle safai Ty'n Dŵr flynyddoedd cyn hynny. Ym 1935, ar ôl dysgu yn Ysgol Cwrtnewydd am 33 mlynedd ymddeolodd ac er cael cynnig tysteb teimlai, 'y dylai'r pensiwn a gawn fod yn ddigon i'm cynnal ac felly y bu.'

Ers rhai blynyddoedd yr oedd Cledlyn a'i briod wedi bod yn brysur yn casglu gwybodaeth am hanes eu plwyf a'i bobl a gwelwyd ffrwyth eu hymchwil yn ddiweddarach pan gyhoeddwyd *Hanes Plwyf Llanwenog* ym 1939. Y mae'n llyfr diddorol a darllenadwy iawn ac yng ngeiriau'r diweddar Barch. D. Jacob Davies, 'yn glasur o'i fath'. Cyfeirir ynddo at hanes cynnar y plwy' a Chaer Rhuddlan, lle dywed traddodiad y safai Llys

Pryderi, brenin chwedlonol *Pedair Cainc y Mabinogi*. Cawn ddisgrifiad o ddaearyddiaeth y plwy', hanes datblygiad addysg yno, a thrafod ar lenorion, hen gymeriadau a hen arferion ein cyndeidiau. Gwelodd Cledlyn ei blwy' fel 'drych y wlad' a dywed:

> pe chwilid trwy Gymru o ben-bwy-gilydd ni ddeuid o hyd i unparth, hwyrach, sy'n decach drych o'r wlad i gyd nag ydyw Plwy Gwenog. Mewn moes ac arfer hefyd fe ddelweddir cymdeithas Cymru Wledig oll ym mywyd pobl ein plwyf . . . Ynglŷn â chrefydd, wedyn, y mae yma gymaint o amrywiaeth barn ac opiniwn ag a geir mewn unrhyw gwr o'r wlad, onid oes rhagor . . . fe geir yma Eglwyswyr a Chapelwyr, Trindodiaid ac Undodiaid,—yr uniongred o bob gradd, a'r anuniongred hefyd . . . Ym mater yr iaith, fodd bynnag, nid drych yn gymaint o Gymru fel y mae ydyw Plwyf Llanwenog, eithr yn hytrach darlun y byddai yn dda i'r hollwlad ymdebygu eilwaith iddo. Yma, y mae'r awyrgylch yn hollol Gymreig ac fe drwythir pawb a phopeth gan yr Iaith. Yn ôl cyfrifiad 1931, fe all chwech o bob deg o bobl y Plwyf siarad Cymraeg a Saesneg, ac ni siaredir gan y pedwar ereill ond heniaith Cymru yn unig . . .

Ysgrifennwyd y geiriau yma ym 1939. Mor wahanol yw'r plwy' heddiw.

Un nodwedd a hoffai Cledlyn yn fawr mewn pobl oedd hiwmor ac nid oedd dim yn well ganddo na gwrando ar stori wedi ei lliwio ag 'ambell sblash o ddoniolwch yr hen bobl gynt'. Dyma hanesyn ganddo am un o gymeriadau lliwgar ei ardal yn *Hanes Plwyf Llanwenog:*

> Yr oedd tiroedd Abertegan a'r Dolau Bach yn ffinio â'i gilydd, a chan nad oedd 'wire', o unrhyw fath, chwaethach un bigog, i'w chael y prytynny, fe fyddai anifeiliaid y naill le yn tresmasu ar y llall yn aml. Yn anffodus fe ddaeth teirw y ddau le ar draws ei gilydd un tro, ac yn yr ormes a fu rhyngddynt, fe laddwyd tarw Abertegan. Daeth Jac i wybod am y peth o flaen yr Hen Fajer, ac fe ofidiai yn dost am yr anffawd, oherwydd fe ofnai na châi ddim iawn am y golled gan ei feistr. Ond un cwic a chyfrwys oedd Jac, a gwnaeth ei feddwl i fyny ar unwaith pa sut i wneud. Brysiodd i'r Plas, a phan ddangoswyd ef i mewn at yr yswain, ebe hwnnw—'Be ti ishe gweld fi, Jac?'
>
> 'Wel, Syr,' meddai Jac, 'dw i ddim yn dyall y gyfreth fel yr ych chi, Syr, ag yr w i am ofyn un peth i chi.'
>
> 'Beth yw hwnnw,' ebe'r Yswain.
>
> 'Pe bai fy nharw i yn ymladd â'ch tarw chi, ac yn ei ladd e, shwt byddai hi i fod wedyn?'
>
> 'O! gweda i wrthot ti,' ebe'r Hen Fajer, 'fe fyddai raid i ti dalu yn llawn i fi amdano fe.'

'Reit, mistir,' meddai Jac, 'eich tarw chi sy wedi lladd fy nharw i, a hynny ers awr yn ôl, ac yr wy'n falch i ddyall yn awr y ca' i nhalu'n llawn gyda chi amdano fe.'

Drwy'r blynyddoedd, o ddechrau'r ganrif hyd at rifyn olaf y papur wythnosol y *Welsh Gazette*, bu Cledlyn yn cyfrannu erthyglau Cymraeg yn gyson iddo. Ysgrifennai ryddiaith fywiog yn llawn afiaith y cymeriadau a'r sefyllfaoedd a ddisgrifid. Ymddangosodd ei erthyglau a barddoniaeth o'i waith yn y *Western Mail* a'r *Genhinen* hefyd.

Ym mis Mehefin 1936 bu farw Emrys, unig fab Cledlyn, a chafodd ei gladdu ym mynwent Capel-y-bryn. Drwy'r blynyddoedd yr oedd y bardd wedi bod yn aelod selog yn y capel hwnnw, yn ysgrifennydd o 1910 hyd 1931 ac yn athro yn yr Ysgol Sul. Bu hefyd yn llywydd Cymdeithas Undodaidd Deheudir Cymru. Cyfansoddodd nifer o emynau a gwelir hwynt yn *Perlau Moliant* sef llyfr emynau'r Undodiaid. O'r tridegau ymlaen ymwrthododd â chrefydda cyhoeddus ac ym mlynyddoedd olaf ei fywyd trodd i fod yn ddyneiddiwr syml oedd â'i bwys ar reswm fel y gwelir yn ei sylwadau ar angladdau yn un o'i lyfrau:

Onid oes yna ryw wagedd a rhagrith rhyfeddol ynglŷn ag angladdau o hyd yng Nghymru? Gadewir i'r Teimlad orthrechu rheswm a gwae'r bobloedd a gwae'r gwledydd na bo Rheswm yn llywodraethu eu cwrs.

Ar ôl ymddeol symudodd Cledlyn a'i briod o Dŷ'r Ysgol i fyw yn eu bynglo newydd, Dôl-ardd, a gwelid y ddau yn brysur yn y gwanwyn a'r haf yn gofalu am y blodau a'r llwyni a dyfai yn brydferth o amgylch y lle. Erbyn y pedwardegau rhoesant heibio fyned i ffwrdd ar wyliau ac yr oedd yn well ganddynt 'wâc ar y bws' i Gastellnewydd, Llanbed neu Aberaeron. Cymerent ddiddordeb byw iawn yn y byd o'u cwmpas, a chan eu bod yn Sosialwyr pybyr, cefnogent y mudiad hwnnw'n frwdfrydig iawn yn y sir. Bu Cledlyn yn areithio'n aml ar lwyfan yr ymgeiswyr Llafur yn yr ardal a daeth llwyddiant a chynnydd y Blaid Lafur, ar ôl y rhyfel, â llawer o lawenydd iddo.

Nid oes raid i bawb i weld
Be sy tu ôl i lestri'r seld

oedd un cwpled adnabyddus a gyfansoddodd y bardd ac fel yr awgrymir ynddo un swil ac annibynnol ydoedd ef ei hun. Hoffai dawelwch ei aelwyd ac ni welid ef yn mynychu cyfarfodydd yn aml nac yn chwennych cwmni tyrfaoedd. Roedd yn well o lawer ganddo grwydro heolydd a lonydd cul ei ardal. Fe'i gwelech weithiau mewn man tawel ger yr afon neu dro arall yn pwyso ar glwyd rhyw gae. Weithiau fe allai eich pasio heb eich gweld, nid o bwrpas, ond am ei fod yn darllen ac yn mwmian wrtho'i hunan wrth gerdded.

Yr oedd bob amser yn hael at 'achosion da' a byddai pob un a ddeuai at ei ddrws i ofyn cymwynas yn sicr o'i chael. Ato ef y trôi ei hen ddisgyblion os byddai angen pennill neu englyn arnynt ar achlysur arbennig ac ato ef hefyd y deuai rhai ohonynt i lanw ffurflen neu i ofyn am gyngor. 'Mishtir' fu iddynt trwy gydol ei oes.

Daliodd ati i farddoni ac ym 1952 bu ei gywydd i'r 'Porthladd Segur' yn gyd-fuddugol yn Eisteddfod Genedlaethol Aberystwyth. Egyr y cywydd fel hyn:

Troes haul haf o'n teg hafan,
Hêd i'w hynt ar lwybr o dân;
A chyrch tesog ddiog ddydd
I loyw orwel Iwerydd.

Heno, treftad hwyaden
Yw merddwr ein harbwr hen;
Eithr amhersain sain yw'n siŵr
Gwae eurbig o wag harbwr.

Eisteddai'r hen forwr, Siôn, yno bob dydd—

Gwybu'r gŵr, a'n harbwr ni,
Oer fyd yr araf edwi;
Heno, ill dau, henllwyd ŷnt,—
Olion hynafol helynt.

Cu, felly, eu cyfeillach,
Pwy o'r mawrfyd i'n byd bach
Fu'n llywiwr ail Siôn Beilat?
Gwylio porthle'r dre fu'i drat.

Daliai Siôn i freuddwydio a gobeithio—

Yna, ein peilat henoed,
O wylfan y capstan coed,
A dry'r olwg draw eilwaith
At lwyd oror y môr maith.

Er ofer ddisgwyl hwyliau
Ei hen serch i ymnesáu
Yn dres hir dros Iwerydd,—
Ym mryd Siôn, fe ddôn, ryw ddydd!

Ym mis Mai 1958 enillodd ei gadair olaf yng Ngŵyl Fawr Aberteifi am ei awdl 'Y Lord Rhys'.

Ym 1963 cyhoeddwyd trydydd llyfr Cledlyn sef *Chwedlau ac Odlau*. Yn hytrach na sôn llawer amdano'i hunan, cawn ganddo yn rhan gyntaf y llyfr chwedlau a dywediadau doniol hen gymeriadau'r ardal. Un ohonynt oedd yr hen weithiwr crwydrol Twm Dyrnwr a dyma un o'r hanesion amdano.

Aeth Twm ryw dro i geisio twrn o waith gan yr Yswain Hughes ym mhlas Neuadd Fawr. Deallodd yr Yswain Hughes nad oedd Twm yn gwybod ei bader ac aeth ati i ddysgu ei bader iddo.

"Nawr, Twm!' meddai. 'Gwed ar f'ôl i—Ein Tad,—'

Twm—'Eich Tad,—'

Yr Yswain—'Nid ''eich'' Tad, ond ''ein'' Tad. Fe yw'n Tad ni'n dau.'

Twm—'Odi chi a finne, 'te, yn ddau frawd, syr? Wel, wel!'

Tudalennau diddorol hawdd eu darllen yw hanner cant cyntaf y gyfrol ac yna, trwy'r bennod 'Cwstwm ac Arfer' sy'n dilyn, aiff yr awdur â ni yn ôl at ddefodau sydd wedi hen ddarfod erbyn hyn. Er bod plant yn dal i hel calennig yn y plwy' nid yw'r mamau mor dlawd yn awr fel bod rhaid iddynt hwy hel bara a chaws ar ddydd Calan na mynd i 'wlana' ar lethrau mynyddoedd Llanybydder a Llanllwni. Cynhaliwyd y 'neithior' olaf, achlysur pan ddeuai'r ardalwyr o bell ac agos i 'dalu pwyth neu i dynnu i'r pâr ifanc a chydyfed i'w hiechyd a'u llwydd', tua'r flwyddyn 1890. Pan ddeuai'r frech wen i'r ardal a phan ddigwyddai'r haint fod yn weddol ysgafn, adroddir fel yr arferid mynd â phlant i gysgu am noswaith i dŷ lle y byddai twymyn felly, er mwyn iddynt gael y frech. Sonnir am hen ddull o hysbysebu mewn dyfyniad o ddyddiadur amaethwr.

Rhagfyr 6ed 1849, erchais i Ddeio Tŷ'n Dŵr grio ffair goed yn Ffosffald nawn Gwener wythnos nesaf.

Yn yr adran olaf ceir yr odlau gyda darnau fel 'Y Rhosyn Gwyllt':

Dacw rosyn gwyllt yn dringo
Perth, ag eirin arni'n pyngo;—
  Dring, i weld yr haul;
Mae ei ffordd i'r lan yn arw,
Ond o'r c'udd y dring, rhag marw;
  Dring, heb falio'r draul.

34

Caiff ym mreichiau'r drysni pigog
Fri i gopa'r dewberth frigog,
  Nerth i'r lan i'w ddwyn;
Wedi esgyn trwy rigolau
Dreinach blin, a chyrchu'r golau,—
  Chwardd, ar frig y llwyn!

ac eto,

Y DDEILEN GRIN

O holl ferched y coed
Ni bu 'i thlysach erioed,
  Ond heddiw, fe'i gwelais,—yn farw;
A chofiais ei hynt
Er pan aned hi gynt,
Ym Mawrth, ar ryw fore garw.

Yn ei mebyd gwan,
Ychydig i'w rhan
  A fu'r sylw a dalodd y byd;
Ond fe'i gwelais yn agor
Yn brydferth, a rhagor
  O degwch oedd iddi o hyd.

Bu'n dawnsio trwy'r haf,
Heb fod awr yn glaf,
  Na gwybod am ofid blin;
Yna, ddiwedd mis Medi,
Daeth gwyntoedd caledi;
  Hithau syrthiodd,—yn ddeilen grin!

Cyfansoddodd y bardd nifer mawr o englynion yn ystod ei oes a
dyma rai o'i ffefrynnau ef ei hun:

MEINCIAU EGLWYS LLANWENOG

I gyd mewn coed, meinciau ydynt—â llun
  A lliw y Plwy arnynt;
Yn wir, adroddir drwyddynt
Straeon, swrn; historians ŷnt.

35

CLO

Nid tŷ byw clyd, heb y clo; trwy ein hoes,
  Tarian yw; rhaid wrtho;
Rhyw gefn fyth rhag ofn, efô,—
Tawel hedd tu ôl iddo.

GWYBEDYN

Er ei fychander, hyf a chyndyn—gnaf,
  Frig nos, yw'r gwybedyn;
Neges y bychanigyn
O byrth y diawl,—brathu dyn!

DIGON SY DDIGON

Digon sydd ddigon; swyddogaeth—da'r byd
  Yw rhoi i bawb luniaeth;
O chawn hwyl a chynhaliaeth
Yn ein byw, yna, ba waeth?

PWY?

Yn un ac un y'n ganed,—a'r un wedd,
  Hwyr ein hoes, ein myned;
Pwy, wedyn, pa ddyn a ddwêd
Hwnt i angau, ein tynged?

Casglodd hanes Plwy' Llanwnnen ond ni chyhoeddwyd ef ar wahân i rai erthyglau yn y *Welsh Gazette*. Dyma'r englyn oedd ar ddechrau'r Hanes:

Llanwnnen: llain yw o wenith,—a cheirch,
  A haidd, a thir llefrith;
Bro ddisgleirwen, dan fendith
Heulwen ffawd; bro blawd, a blith.

Byw a difyr yw ei ddisgrifiad o'r corgi:

Credwch fi, mae'r corgi call
Yn curo pob ci arall;
Gwas twt, a chrwt iach a rhad
Yw i'n teulu, at alwad.

At y plant, pwy o'i ail o,
Ar aelwyd pan yw'n rholio
O flaen tân fel oen tyner?
Beth ydyw? 'Byw dedi bêr!'

36

Ond rhwng plant, fel sant os yw,
Sawdiwr ar ben drws ydyw;
Doed clamp o dramp at y drws,
Neu ryw stŵr draw o'r storws
Bydd ein corgi ni'n troi'n arth,
Ond cofiwch,—dim ond cyfarth;
Waeth pasiffist yw Bisto
Ni thry'r ddadl yn badl lle bo.

Corgi gwâr! Er nad barwn
Na diwc ef, ym myd y cŵn,
Yn driw y dwêd ei rawd o
Nad bastard ydyw Bisto;
Er na chwyd ei fri'n ddiau
Hyd lein y pwdl yn ein pau,
Gwna'i wadd i neuadd o nod
Fwrw i hwn rhyw fri hynod;
Y ddoe agorwyd y ddôr
Iddo i wenswydd yn Winsor!

Pan oedd Cledlyn yn 87 mlwydd oed cyfansoddodd yr englyn 'Myfyr Henwr':

Yr wy'n hen; o ran hynny—y mae awr
    Fy myw 'mron i fyny;
  Hafn fud, sorth fy nifod sy
  Yn fy aros yfory.

Dywedodd ym 1964: 'Cyrhaeddais y bedwar ugain a nawfed mlwydd o'm hoedran ar 6 Chwefror 1964, ac yr ydwyf, hyd yn hyn, wedi mwynhau iechyd syndod o dda trwy fy oes, yn gorfforol.' Yn ystod misoedd cyntaf 1964 bu'r tywydd yn oer iawn a bu'n rhaid i Cledlyn, fel nifer o bobl oedrannus eraill, aros yn gaeth yn ei dŷ. I un a fu mor fywiog, nid oedd yn hawdd dygymod ag eistedd yn y gegin ac yn ystod y gwanwyn hwnnw dirywiodd iechyd y bardd. Collodd ei briod ar 24 Rhagfyr y flwyddyn honno a bu yntau farw bedwar diwrnod yn ddiweddarach ar 29 Rhagfyr yn 89 mlwydd oed. Dyma ran o deyrnged y diweddar Barch. D. Jacob Davies i Cledlyn:

Cofiwn yn dyner am ysgolfeistr gwych, cymeriad ffein a bardd y bydd ei enw'n annwyl i'r neb a ddaeth i'w adnabod yn iawn.

Bifan Prys Morgan

Miss Cassie Davies

'Sut hwyl sydd ar Miss Cassie Davies y dyddiau hyn?'—dyna gwestiwn yr wyf wedi ceisio ei ateb gannoedd o weithiau yn ystod y deng mlynedd olaf, fel bugail Capel Blaencaron ac un o'i hedmygwyr pennaf. Nid yw'n rhyfedd 'chwaith fod yna gymaint o holi yn ei chylch, o gofio ei swydd fel Arolygwr Ysgolion, a'i chyfraniadau cyfoethog fel ffefryn y cyfryngau, a'i hysbryd afieithus yn llonni'r lle ple bynnag a phryd bynnag y gwelid hi. Ni all trigolion Cymru benbaladr a ddeil i ymddiddori yn y 'pethe' feddwl am Dregaron heb i'w hwyneb hithau neidio i'r darlun. Pe gwesgid arnaf i roi yn gryno y cyfan sy'n cyfrif ac wedi costio iddi hi buaswn yn dweud mai pethau ynglŷn â gwreiddiau'n cenedl oeddynt. Ni chredaf fod yna air pwysicach yn yr iaith iddi hi na 'gwreiddiau' a bydd ei chlywed hi'n ynganu'r gair yn gyhoeddus ar lwyfan gerbron y byd, neu mewn sgwrs dawel ar ei haelwyd yn cyffwrdd yn ddi-feth â rhyw nerf yn f'ymwybyddiaeth.

Yng Nghwm Blaencaron, neu Gwm Croes fel y gelwir ef weithiau, y cafodd hi y fraint o fwrw ei gwreiddiau yn un o ddeg o blant a fagwyd ar aelwyd Cae Tudur. Bu farw un chwaer fach iddi yn bump oed rai blynyddoedd cyn ei geni hi, ond ni fyddid, meddai, byth yn sôn amdani, fel pe bai'r gofid o'i cholli mor ifanc yn ei gwneud hi'n rhy boenus i yngan ei henw, ac fel un o ddeg y bydd hi yn meddwl amdani ei hun. Cyfeiria'n fynych at gyfoeth yr hapusrwydd o dyfu i fyny ymhlith y plant eraill, ac fel y byddent yn mynd ati i wneud gorchwylion cyffredin y cyfnod ar ôl dod o'r ysgol: casglu brigau coed tân, cyrchu'r mawn o'r sied yn nhalcen y tŷ, cario dŵr o'r pistyll ger y tŷ neu o'r ffynnon yng Nghae'r Odyn, neu fwydo'r ieir a'r cywion a'u cael i glydwch cyn nos. Nôl y gwartheg wedyn i'w godro a rhoi help llaw gyda'r ail odro, sef y 'ticial' fel y'i gelwid ar lafar yr ardal. Casglu wyau a helpu gyda'r corddi, a llawer o bethau eraill yn ôl y galw: dyna oedd dyletswydd a difyrrwch plant pob fferm yn y cyfnod hwnnw, meddai hi.

Clywais hi'n adrodd droeon fel y daeth ei mam i ardal Blaencaron o Bontrhydfendigaid. Trowyd y teulu allan o fferm Cefn Gaer oherwydd i'w thad-cu fod yn ddigon mentrus a beiddgar i bleidleisio yn erbyn y Torïaid yn Etholiad 1868. Teimla falchder cyfiawn yn y rhuddin a berthynai i'w theulu yn gwrthod plygu i

ormes meistri anghyfiawn. Ceir nodyn o falchder gwahanol yn ei llais pan fydd yn sôn am y Parchedig Morgan Evans a fu'n weinidog ar Fwlch-gwynt a Blaencaron, gŵr oedd yn hanner brawd i'w mam: medrai hwnnw wagu tafarnau'r dre drwy gerdded i mewn ac allan ohonynt, a hynny heb ddweud gair o'i ben, dim ond gadael i ddylanwad ei bersonoliaeth serio cydwybod y llymeitwyr.

Roedd ei thad, John Davies, yn hanfod o Gwm Blaencaron, ac yn fab Cae Tudur, a thystia Miss Davies fod ei theulu yn mynd yn ôl yn o bell fel teulu Cae Tudur. Gwyddys y byddai Williams Pantycelyn yn galw yno ar ei ffordd i Langeitho i gynorthwyo Daniel Rowland i weinyddu'r Cymundeb i'r cannoedd a ddôi yno bob pen mis. Gŵyr pawb yn ei chynefin fod Miss Cassie Davies yn hanfod o deulu tra cherddorol ac fe'i breintiwyd hithau â'r ddawn honno. Byddaf yn rhyfeddu fel y llwydda i ddringo rhai nodau pur uchel ar brynhawn Sul yn y capel bach a hithau, fel y cydnebydd weithiau, ddim mor ifanc ag y bu hi! Ei thad fyddai'n codi canu yn y capel; lleisiwr da a hyfforddwr tan gamp, a châi'r ifanc eu hymarfer ar y *modulator*, dysgu sain clust, canu sol-ffa ar yr olwg gyntaf a thrawsgyfeirio yn ôl y gofyn. Arferent gystadlu fel teulu yn eisteddfodau'r cylch ac anodd iawn fyddai curo pedwarawd neu wythawd Cae Tudur.

Cafodd ei haddysg gynnar yn ysgol fach Blaencaron, ac er cydnabod iddi ddysgu yno ofynion y 'tair R' yn bur foddhaol, condemnia'n llym Seisnigrwydd y drefn addysg ar y pryd. Ni thrwythid y disgyblion yn hanes cyfoethog y fro, heb sôn am Gymru a'i phobl. Mae min ar ei geiriau wrth gyfeirio yn *Hwb i'r Galon* at *High Roads of History* fel yr unig lyfr hanes yn yr ysgol, 'ac nid oedd Cymru'n cyfrif ar y ffordd fawr honno'.

Ar ôl pasio i'r 'Cownti Sgŵl', chwedl hithau, yn un ar ddeg oed fe wellodd pethau ac y mae'n hael iawn ei chlod i'r prifathro, G. T. Lewis ac S. M. Powell, un o'r athrawon. Dywed fod y prifathro yn ddysgwr Mathemateg heb ei well a llwyddai'n hwylus i wneud yr anodd yn ddiddorol a dealladwy. Tystia eto i fedr S. M. Powell i ddysgu Hanes mewn ffordd gwbl unigryw a dywed ei fod o leiaf hanner can mlynedd o flaen ei oes. Ni swynwyd hi erioed gan y gred bod cydio maes wrth faes mewn unrhyw fyd yn fendith gyflawn a dadleuodd yn chwyrn dros gadw ysgolion cynradd cefn gwlad ac ysgolion uwchradd o faint rhesymol, lle gellir gwreiddio'r plant yn naear eu bröydd eu hunain a chadw'r Gymraeg ar eu gwefusau a rhoi i'r iaith urddas swyddogol drwy ei defnyddio fel cyfrwng cyflwyno addysg ym mhob pwnc o fewn y cwricwlwm. Difyr odiaeth fu gwrando arni droeon dros baned o de ar ôl yr oedfa ym Mlaencaron yn sôn am ei dyddiau cynnar yn yr ysgol uwchradd. Cerddai y tair milltir yn ôl ac ymlaen bob dydd a dysgu ar ei chof ddarnau helaeth o waith Wordsworth, Keats, Shelley, Milton ac eraill ar ei ffordd adref gan fesur y pellter o lidiart i lidiart â llinyn mesur y beirdd, a marchogaeth y darnau, fel petai, o fwlch i fwlch nes cyrraedd Cae Tudur. Saesneg fu ei dewis bwnc yng Ngholeg y Brifysgol Aberystwyth a graddiodd ynddo gydag anrhydedd, ond drwy ddylanwad y prifathro J. H. Davies ar ei thad cafodd fynd yn ôl i wneud cwrs anrhydedd yn y Gymraeg a dyna bennu llwybr ei bywyd o hynny ymlaen er bendith, mae'n sicr, i Gymru gyfan. Pwy sydd wedi porthi diymgeledd a digynefin breiddiau ein cenedl yn ffyddlonach na hi? A fu erioed ymhlith pobl ei chyfnod un a fu yn fwy ysig ac ymroddgar er lles iaith a diwylliant cenedl fechan na hi? Y Nefoedd yn unig a ŵyr gymaint y mae wedi ymhŵedd ar Gymry ym mhobman i ddeffro ac achub ein treftadaeth cyn yr elo'n rhy hwyr. Wrth ddilyn y cwrs Cymraeg daeth o dan ddylanwad T. Gwynn Jones a T. H. Parry Williams a byth ers hynny ni all sôn am y cyfnod hwnnw heb dalu'r wrogaeth uchaf i'r ddau.

Cychwynnodd ar ei gyrfa fel athrawes yn Ysgol Ramadeg Caerfyrddin, ond, rywsut, ni allodd hoffi'r ysgol honno ac yn fuan gwelwyd hi'n troi am Goleg Hyfforddi y Barri fel darlithydd mewn Cymraeg pan ddyrchafwyd Miss Ellen Evans, a ddaliai'r swydd, i fod yn brifathrawes. Daeth hi a'r brifathrawes yn ffrindiau mynwesol, er ei bod o'r farn fod Miss Evans yn 'dal y ffrwyn yn rhy dynn ar war merched ifainc y Coleg a'u cadw'n glyd yn niogelwch yr adeilad rhag ofn,' meddai, 'yr haint a gerddai liw nos ar ffurf bechgyn colegau Caerdydd.' Clywais hi droeon yn adrodd cyngor Ellen Evans i'r merched, a chwerthin ei hochor hi wrth lefaru: 'Don't let the men get *ewn* on you, and don't allow yourself to be stroked in public.' Yna fe ychwanega yn ei llyfr:

Druan ohoni! beth pe bai wedi byw i weld y Coleg mawr cymysg yn y Barri heddiw, a'r olwg ar rai o'r merched a'r bechgyn yma fel mewn colegau eraill, a'u hymddygiad gyda'i gilydd yn yr oes annioddefol oddefol sydd ohoni.

Does dim rhithyn o amheuaeth na fu cyfnod y Barri wrth fodd ei chalon. Câi roi pwyslais ar waith llafar a chyflwyno barddoniaeth a chwedlau ar ddull drama, a châi gyfle i adnabod ei disgyblion yn bersonol a gwerthfawrogi eu doniau. Byddai cyd-drafod y deunydd wrth gwrs yn gloywi profiad y dysgwyr, a byddai actio baled neu ddarn o nofel ar lwyfan wrth fodd yr athrawes. Tystia'n frwdfrydig hyd y dydd hwn i'r fendith a ddôi i'w rhan hi ei hun ac ni chyll y cyfle i argymell y dull hwn o gyflwyno neges ein llên i athrawon heddiw.

Bwriad y math hwn o gwrs iddi hi oedd peri i ferched ifainc Cymru gael blas ar brofiadau llenorion a beirdd eu cenedl a thrwy hynny fwrw eu gwreiddiau yn ddyfnach yn naear y pethe. Gobeithiai y byddent hwythau, yn eu tro, gyda'r fath arfogaeth gyfoethog yn cydio plant Cymru wrth yr un ddaear.

Bydd wrth ei bodd yn adrodd un stori arbennig, yn ei herbyn ei hun, am gystadleuaeth côr adrodd yn Eisteddfod Genedlaethol Caerdydd ym 1938. Er mwyn cael cystadleuaeth deilwng pwysodd ar eraill i gystadlu yn ei herbyn ac yn eu plith barti merched o Dregaron o dan arweiniad ei chwaer, Miss Neli Davies. Côr Tregaron a chôr y Barri a gafodd ymddangos ar y llwyfan, a Thregaron a orfu er mawr syndod i athrawes y Coleg Hyfforddi. Ond yn dawel bach byddaf yn synhwyro ei bod yn falch o'r gurfa gan fod Neli yn annwyl iawn yn ei golwg; doedd neb fel Neli.

Haedda Miss Cassie Davies glod arbennig am ei gwaith cenhadol dros y 'pethe', a hynny ar hyd ei hoes. Credai i graidd ei henaid mai ei chyfrifoldeb pennaf fel athrawes oedd creu ym mhob disgybl a fu o dan ei llaw archwaeth at yr iaith Gymraeg a'r diwylliant Cymreig ar bob lefel. Yn ddiweddarach, bwriodd ei rhwyd dros rannau helaeth o Gymru, a gwn gymaint a gostiodd yr ysfa genhadol yma iddi y blynyddoedd olaf hyn, a mynych y gwelais hi'n galw yma a disgyn i gadair wedi blino'n lân. Yna ymhen ennyd dywedai yng ngeiriau rhyw ffrind iddi tua Chwm Tawe, 'Wel, wel rwy i wedi pennu.' Anodd amgyffred nifer y sgyrsiau a roddodd dros y blynyddoedd i ganghennau gwledig o Ferched y Wawr neu Blaid Cymru, neu nifer y cyrddau cystadleuol a'r mân eisteddfodau y bu hi yn beirniadu'r canu neu'r adrodd ynddynt. Nid yw'r rhyfedd i rywun ddweud wrthi, 'Ma' 'na ryw dân rhyfedd o dan ych carne chi.' Ni fedrodd erioed wrthod cymwynas na sefyll o'r neilltu pan oedd angen rhywun yn y bwlch. Ni wn am neb a boenodd fwy am Gymru a'i hiaith a'i diwylliant na Cassie Davies, ac nid rhyw boeni meudwyaidd, di-wasanaeth oedd hwnnw, ond y math ar boen a bair ymysgwyd, protestio a llafurio diarbed. Cofiaf gael sgwrs gyda hi yn y car adeg

y refferendwm bondigrybwyll ac awgrymu iddi mai ffugio brwd-
frydedd a wnâi mwyafrif aelodau'r Blaid Lafur, a 'mod i'n ofni
mai colli'r frwydr fyddai'r hanes. Nid oedd o'r un farn meddai hi,
'ond fe gawn wybod gyda hyn'. Gelwais i'w gweld drannoeth y
drin ac nid ar chwarae bach yr anghofiaf y syndod a'r siom a
gronnai yn ei llygaid; gwyddai i'r genedl wrthod cyfle na ddaw
eto at ei drws dro, os byth. Byddaf yn gofyn o ddifrif calon i mi fy
hun, pan sylweddolaf ambell dro cyn lleied sydd yn poeni am
Gymru, pwy fydd yma i warchod y winllan ar ôl iddi hi a rhai
tebyg iddi gilio o'n plith dros y ffin? Bu'r traddodiad cyflawn yn
fwyd ac yn ddiod i Cassie Davies, a gwn nad oedd yn croesawu y
deffro unochrog, anghyflawn a amlygir ym mywyd llawer o rai
ifainc heddiw. Iddi hi mae'r capel a'r grefydd yn rhan bwysig ac
annatod o'r gwir ddiwylliant Cymreig. Cofiaf un digwyddiad rai
blynyddoedd yn ôl a achosodd gryn benbleth imi ar y funud.
Diwrnod Eisteddfod Tregaron oedd hi, a chyfarfod y prynhawn
yn dirwyn yn ddigon hwyliog pan ddaeth nodyn o gyfeiriad y gyn-
ulleidfa i gefn y llwyfan, nodyn yn protestio'n chwyrn yn erbyn y
beirniad canu a fynnai roi ei beirniadaeth yn Saesneg, a gorchym-
yn i roi pen ar y peth ar unwaith. Hi oedd yn gwrthdystio, ac er na
ellid gwneud rhyw lawer ynghylch y mater y dwthwn hwnnw, fe
sicrhawyd na châi hynny fyth ddigwydd wedyn. Un tro, pan oedd
yn Arolygwr Ysgolion, methodd ymatal rhag rhegi un prifathro
ysgol diddychymyg a di-hid am ei esgeulustod affwysol ynglŷn â
chyflwyno hanes bro dra chyfoethog i'r plant fel rhan o'u
cynhysgaeth ar daith bywyd.

Hi gychwynnodd gangen o Blaid Cymru yn y Barri, a gellir bod
yn siŵr y dylid priodoli llwyddiant y Blaid mewn llawer cylch i'w
dycnwch a'i ffyddlondeb. Dyma fel y daeth i adnabod Gwynfor
Evans ac ni fu neb yn ffyddlonach iddo na hi, a gwn na ddaw
Gwynfor byth ar gyfyl yr ardal heb alw i'w gweld. Ystyriai gychwyn
y gangen o'r Blaid yn y Barri yn un o freintiau ei bywyd a chawn
flasu'r llawenydd a'r balchder yn ei geiriau ei hun:

A dyma'r pryd y dechreuodd dyn ifanc hynod olygus o'r Barri, yn
gwisgo *blazer* Coleg Aberystwyth alw i'm gweld er mwyn cael siarad
am y Blaid newydd hon a gofyn am gael ymuno â hi. Testun ymffrost
a llawenydd bythol i mi yw 'mod i wedi cael y fraint o dderbyn
Gwynfor Evans yn aelod o'r Blaid yn y flwyddyn 1934 ac mai gyda mi
y siaradodd e gynta yn un o'i chyfarfodydd a hynny yng Nglyn Nedd.
Rwy'n cofio amdanom ni'n mynd yn ei gar dros fynydd y Rhigos, yn
canu alawon gwerin ac emynau bob cam o'r daith. Ychydig iawn a

feddyliais i bryd hynny y byddai Gwynfor yn dod i chwarae rhan mor flaenllaw a thyngedfennol bwysig ym mywyd Cymru ac y gwelwn i'r dydd gorfoleddus y dewisid ef gan Sir Gaerfyrddin yn aelod seneddol cyntaf Plaid Cymru.

Cyfeiria at 1926 fel blwyddyn arbennig yn ei hanes, blwyddyn Ysgol Haf gyntaf y Blaid Genedlaethol yn hen Senedd-dy Owain Glyndŵr ym Machynlleth. Yno y cyfarfu â rhai o brif gymeriadau'n cenedl—Saunders Lewis, Lewis Williams, Kate Roberts, D. J. Williams, Moses Gruffydd, Mai Roberts, Ambrose Bebb, G. J. Williams ac H. R. Jones, Deiniolen. Mae'n wir ei bod yn adnabod rhai ohonynt eisoes, ond yn awr yr oeddent gyda'i gilydd a'r tân yn eu calonnau am wared Cymru rhag gormes llywodraeth estron na feddai yr un rhithyn o gydymdeimlad â'n hiaith, na'n diwylliant na'n ffyniant economaidd. Gadawodd y cyfarfod protest ar sgwâr Pwllheli argraff annileadwy arni, meddai hi, a phenderfynodd dreulio gweddill ei dyddiau yn gwrthwynebu a darostwng grym trais imperialaidd ar war ein cenedl.

Rhaid ychwanegu cyfeiriad at un cyfarfod a adawodd ar Miss Davies argraff ddyfnach fyth: cyfarfod Pafiliwn Caernarfon, i groesawu Saunders Lewis, Lewis Valentine a D. J. Williams o'r carchar. Bydd cof am y cyfarfod hwnnw tra deil ychydig ohonom i siarad am ddiwylliant, iaith a chrefydd y genedl, ac ysgrifennodd hithau:

Er fy mod i yn y Pethe ers rhai blynyddoedd fe brofais ryw ail-ailenedigaeth ym Mhafiliwn Caernarfon: Digwyddodd rhywbeth y tu mewn i mi na allaf mo'i esbonio. Daeth grym llywodraethol i 'mywyd i na allaf byth bythoedd ddianc rhagddo. Fe wn i beth yw diwygiad. Cydiodd mor ddiollwng ynof fel nad oedd dim amdani bellach ond tystio gyda Prosser Rhys o'r Mynydd Bach,

Deued a ddêl, rhaid i mi mwy
Sefyll neu syrthio gyda hwy.

Cyfnod cyfoethog a ffrwythlon yn ei hanes fu ei chyfnod fel Arolygwr Ysgolion. Ni fu hwnnw heb ei bryderon er hynny, a hwyrach mai'r llyffethair mwyaf oedd colli'r rhyddid i roi gwasanaeth amlwg i unrhyw blaid wleidyddol. Nid heb ymgynghori'n ddwys â ffrindiau cywir y penderfynodd newid ei llwybr. Ofnai y tybid gan rai ei bod yn anffyddlon i'w chyfeillion ym Mhlaid Cymru a hefyd i'w hargyhoeddiad ei hun. Eto, gwelodd gyfle unigryw i sicrhau y câi plant Cymru eu gwreiddio yn iaith a diwylliant eu cenedl. Ymgynghorodd â Mr Saunders Lewis a bu ei arweiniad diogel ef yn gymorth iddi wneud ei phenderfyniad.

44

Dangosodd ef iddi o'r newydd bwysigrwydd allweddol y Gyfun-drefn Addysg yn y frwydr dros gadw Cymru'n genedl. Derbyn-iodd y swydd fel sialens a'r tir fel maes cenhadol. Cychwynnodd ar ei gwaith yn Nwyrain Morgannwg gyda'r gobaith o wireddu ei breuddwyd o Gymru Cymraeg ei hiaith drwy bwyso ar brif-athrawon i gydio gwaith yr ysgol wrth fywyd y fro a thrwytho'r plant yn nhraddodiadau cyfoethocaf eu hardaloedd, yn farddoniaeth, hanesion a hen chwedlau, ac yna estyn y ffin i gynnwys Cymru gyfan. Dyna'r ffordd i roi iddynt etifeddiaeth a werthfawrogid ganddynt weddill eu hoes. Ni chred y ceir llawer iawn o fudd wrth ddysgu'r Gymraeg fel ail-iaith na 'chwaith bod ei dysgu fel pwnc academaidd yn ddigonol. Cred yn angerddol y dylid cysylltu'r iaith â'r gwaith i gyd a chreu patrwm crwn cyfan o addysg gyfoethog a ffrwythlon. Ni welodd neb yn gliriach na hi fel y bu i aml ysgol dlodi plant ein gwlad o'u mamiaith. Digwyddodd hyn mewn ysgolion lle y ceid lleiafrif o blant o gartrefi Cymraeg. Cyn pen fawr o dro roedd y mwyafrif di-Gymraeg wedi mygu y lleiafrif Cymraeg a'u troi'n Saeson uniaith. Mewn ambell ysgol fe rennid y plant yn ddwy garfan a gosod arnynt y labeli 'Welsh Children' ac 'English Children'. Mynn mai dyma'r ffordd ddigamsyniol o greu mewn plentyn yr israddoldeb sydd mor nodweddiadol o lawer Cymro. Peth enbyd yn ei golwg oedd gweld magu Cymry na fynnent arddel eu gwreiddiau eu hunaain.

O Ddwyrain Morgannwg symudodd i Sir Fynwy ac oddi yno i fro gryn dipyn mwy cydnaws â'i natur, sef Sir Feirionnydd:

lle roedd bri ar englyn a thelyn a thant a goludog aelwydydd, bro lle roedd pobl yn tyfu o'u gwreiddiau, gyda chapel ac eisteddfod a chymdeithas o werinwyr diwylliedig yn asio bywyd yn undod crwn cyfan.

Hawdd iawn i un fel hi, ar gyfrif y tân oedd yn ei chalon at Gymru a'i hetifeddiaeth, oedd colli arni ei hun ar brydiau. Un tro yn Eisteddfod yr Urdd yng Nghorwen roedd parti bach o ysgol Capel Celyn yn cydadrodd ac yn cael hwyl anghyffredin, a'r diweddar, annwyl Meic Parry oedd wrth y llyw. Gofynnodd, ar ôl hysbysu'r gynulleidfa fod pob plentyn yn ysgol Capel Celyn ar y llwyfan, 'A ydych yn credu y dylid cau ysgolion bach fel hyn?' a gwaeddodd Miss Davies dros y lle, 'Na ddylid,' a phan syweddol-odd nad oedd neb arall wedi agor ei big aeth iddi braidd. Stori arall a adroddai'n bur aml pan fyddai'r criw iawn gyda'i gilydd oedd stori'r noddedigion, yr *evacuees*. Daeth nifer ohonynt i ardal

45

Maentwrog, i blas Tan-y-bwlch, o Birkenhead, ac wrth gwrs aent i'r ysgol leol. Peidiodd y bomio dros dro ac aeth nifer ohonynt yn ôl gan adael rhyw weddill bach yn Nhan-y-bwlch. Yna bu cyrchoedd ffyrnig o fomio eto a daeth nifer o blant Lerpwl i Dan-y-bwlch ac i'r ysgol. Un diwrnod aeth yn frwydr ffyrnig ar yr iard rhwng plant Lerpwl, sef y newydd-ddyfodiaid, a phlant Birkenhead, a oedd bellach wedi bwrw eu gwreiddiau yn y lle. Yng ngwres y sgarmes clywodd y prifathro waedd unfrydol 'plant Penbedw' yn diasbedain dros yr iard, 'Go home, you bloody foreigners'.

Cafodd Cassie Davies gyfnodau pellach fel Arolygwr ym Maldwyn, Penfro, Rhondda a Gorllewin Morgannwg. Wrth edrych yn ôl dros erwau ei gwasanaeth mawr, gwn mai ei gofid parhaus oedd y diwreiddio a'r Seisnigo ar ddarnau helaeth o Gymru, a rywsut nid oedd gweledigaeth yn y tir, dim ond ambell i fref unig hwnt ac yma—dyna ddagrau pethau. Erbyn hyn, fel y gwyddys, meddiannwyd yn y cylch hwn nifer o dyddynnod gan 'gywion Alis', a chododd canran y Saeson yn ein hysgolion yn frawychus o sydyn. Gwn un peth wrth ysgrifennu'r sylwadau hyn: mai dim ond tra pery pobl fel Miss Cassie Davies i lafurio'n ddiarbed a phoeni am y pethe a dioddef drostynt, y mae yna unrhyw obaith am ddyfodol i Gymru a'i phlant.

Soniais eisoes am ddawn gerddorol y teulu a gŵyr y rhai fu'n selog gyda chanu gwerin fod Miss Cassie Davies yn awdurdod yn y maes hwnnw. Digwyddwn fod wrth ei hymyl un tro mewn eisteddfod nid nepell o Dregaron yma, a'r beirniad yn traethu ei feirniadaeth ar y gân werin. Ceisiodd roi'r argraff ei fod yn hyddysg dros ben yn ei faes, ond ni allai dwyllo un oedd yn hen law ar ofynion cystadleuaeth o'r fath. Trodd ataf a dweud braidd yn uchel 'Fydde hwnna ddim yn nabod cân werin 'tae e'n 'i chael hi ar blât o flaen ei lyged.' Gwn y gall ganu heddiw nifer o alawon o'i chof a gweithiodd yn galed yn y gorffennol i baratoi llyfrynnau blynyddol o alawon gwerin ac emynau a gyhoeddid gan Swyddfa'r Urdd, Aberystwyth. Erbyn hyn, fel y gŵyr y cyfarwydd, y mae'r llyfrynnau hyn yn drysorau gwerthfawr dros ben.

Un nodwedd arbennig ar ei chymeriad yw ei hiwmor, fel y cofia gwrandawyr y gyfres radio *Penigamp*, 'slawer dydd. Yr wyf yn ddyledus i Mrs Mari James, un o aelodau'r tîm, a ffrind cywir i Cassie Davies, am y sylwadau hyn. Bu'r ddwy lawer iawn yng nghwmni ei gilydd wrth deithio i nosweithiau *Penigamp*. Mrs

James fyddai'n gyrru ar y siwrneion hyn a Miss Davies yn siarad yn ddi-stop, yn chwerthin ac yn adrodd hanesion di-rif. Ambell dro byddai'n adrodd darnau helaeth o farddoniaeth a chanu rhibidirês o benillion o waith Idwal Jones ac eraill. Dic Jones a Tydfor, fel y cofir, oedd aelodau eraill y tîm a'r Parchedig Jacob Davies yn arweinydd. Galw heibio Jacob Davies un noswaith a Chymry ifainc wedi bod dan lach yr awdurdodau am weithredu dros yr iaith. Geiriau cyntaf Jacob oedd, 'Ma' nhw wedi bod yn gas i ni 'nawr 'to, Casi fach,' a hithau yn ei sicrhau mai dyna'r ffordd y dôi yfory gwell.

Un noson roeddent yn recordio rhaglen yn Rhydaman a chyn-ulleidfa fawr wedi dod ynghyd i'r difyrrwch ond 'doedd dim sôn am Dic a Thydfor. Er nad oedd prydlondeb yn un o'u rhinweddau pennaf dechreuodd Teleri Bifan, y cynhyrchydd, gael traed oer a ffonio i holi eu hynt, a chael ar ddeall mai newydd gychwyn o Flaenannerch yr oedd y ddau gan fod un ohonynt wedi meddwl mai'r noson wedyn oedd noson Rhydaman. Sut oedd cadw'r gynulleidfa yn hapus tra disgwylient y ddau arall? Jacob a Cassie Davies cyn pen dim ar eu huchelfannau, a'r olaf yn rhaffu penillion, clymau tafod a phosau. Cofiai'r hen bosau a chyfan-soddai rai newydd yn ôl y galw. Dyma ddau:

Beth sy'n offeryn cerdd, ond yn rhwystr i gerdded?

Corn, wrth gwrs.

Rwy i fel Jac y Do yn iste ar y to,
Yn dal i smoco heb flewyn o faco.

Ie siŵr, corn simdde.

Gŵyr pawb sy'n adnabod Cassie Davies yn dda nad oes ganddi, er iddi deithio Cymru benbaladr, fawr o lefeleth am gyfeiriad y daith. Os na fydde gyrrwr y modur ar deithiau *Peni-gamp* yn gwybod y ffordd cymerai'r cyd-deithydd at y gorchwyl o gyfarwyddo'r gyrrwr gan ei bod hi *bob amser* yn gwybod am y lle. Gan amlaf cyrhaeddent ryw le tebyg, ond heb fod yr un, a'i hateb amddiffynnol fyddai, 'Ma'r lle wedi symud ers pan fues i yma o'r bla'n', ac yna ymollwng i chwerthin yn ddilywodraeth am allan o hydion. Teithient ill dwy o Myddfai yn hwyr un noson ac anghofio troi ar y dde yn Llanwrda. 'Peidiwch becso,' meddai Cassie Davies, 'fe awn am Lansadwrn; rwy'n gyfarwydd iawn iawn â Llansadwrn.' Hwyrach ei bod yng ngolau dydd ond stori arall oedd hi ar noson dywyll o aeaf. Aethant o gwmpas y pentre rai troeon ac yna penderfynu ar ba ffordd i fynd ohono. Ymhen tipyn daethant i ddarn o wlad anghyfannedd, llawn lonydd culion a heb syniad lle roeddent. Gwelsant olau mewn beudy ac yno roedd rhyw Sais yn gwylied buwch yn dod â llo. Rhoddodd ef hwynt ar ben y ffordd, ac meddai'r gyrrwr ar ôl ailgychwyn, 'Casi fach, fe fydd sôn amdanom allan mor hwyr.' 'Peidiwch becso,' meddai hithau, 'aiff hi ddim yn hwyrach heddi,' (roedd hi newydd droi hanner nos), 'a waeth inni foddi mewn dŵr mawr na dŵr bach.'

Bu ei dawn i chwerthin yn help aruthrol i'w chadw rhag suro yn wyneb amgylchiadau digon anodd, ac aml siom mewn pobl a phethau. Medd stoc dda o ymadroddion cefn gwlad a bydd yn eu defnyddio'n hollol naturiol wrth siarad. Soniai un tro am ryw ddynes a'i gŵr wedi ei gadael, ac meddai, 'Does dim rhyfedd gyda fi hefyd, achos ma' rhyw hen rem-rem gyda hi o hyd.' Ni fyddid yn disgwyl iddi fod yn gymwys i farnu bywyd priodasol ei chydnabod, ond yn rhyfedd iawn medd athroniaeth ddigon diddorol am ail briodas. 'Sylwch chi,' meddai, 'fod pobl sydd wedi bod yn hapus yn eu priodas gyntaf yn ailbriodi'n gloi.'

Pan fyddai'n cyfansoddi darnau ar gyfer *Penigamp*, byddai'n gwau hen hanes a hanes heddiw i'r darnau ac yn eu clymu gydag elfen o hiwmor. Dyma ddarn i bentref Dôl-sarn, gan gofio fod Dylan Thomas wedi bod yn byw yma am gyfnod byr mewn lle o'r enw Gelli.

> Breuddwydiais fod Dylan a Lleian Llan Llŷr
> Ar gefn 'Nans o'r Glyn' yn carlamu drwy'r tir,
> A'r gof Mr Preis yn gwneud gatie harn
> I'w rhoi o fla'n tŷ i Lisa Dôl-sarn,
> A Cherngoch a'i gwmni yn canu hen alaw
> Wrth odro Jerseys yr Arglwydd Raglaw.

Tydfor a Cassie Davies oedd y partneriaid yn *Penigamp* a byddai llawer o bryfocio arnynt. Daeth dydd priodas Tydfor ac Ann, a'r tîm, wrth reswm, yno'n gryno. Yna pan oedd Miss Davies wrthi yn llongyfarch y pâr ifanc, meddai mam Tydfor mewn hwyl, 'Roeddwn i wedi meddwl mai gyda chi yng Nghae Tudur y bydde fe,' a hithau'n ateb mewn chwinciad, 'Wel os aiff rhywbeth yn rong fe fydd croeso iddo fe 'to.' Soniai Mari James am un noson gofiadwy ar *Penigamp* , pan ofynnwyd am frawddeg gyda phob gair yn cychwyn gyda'r llythyren C, ac nid oedd neb yn chwerthin mwy na hi pan glywyd brawddegau Tydfor a Dic.

48

Cafodd Casi'r ciwrad; cyrhaeddodd cwads, cweit comffortabl. Tydfor.

Car Casi'n cwpla cath ciwrad Cellan, cychwyn cynnau, Casi'n colli control, colbo'r ciwrad, canu Cwmrag, Cwrt Cardigan, cysgu'n cwb. Dic.

Chwith meddwl nad yw Jacob na Tydfor gyda ni bellach er mawr golled o'r digrif a'r difrif.

Daeth llawer o anrhydeddau i ran Cassie Davies dros y blynyddoedd ond rwy'n siŵr na werthfawrogid ganddi yr un yn fwy na chael ei hethol yn flaenor yng Nghapel Blaencaron ym 1975. Buasai wedi cael ei dewis flynyddoedd cyn hynny pe baent wedi mynd ynghyd â'r gwaith da. Hi hefyd yw ysgrifennydd yr eglwys. Ni allwch fod yn ei chwmni'n hir cyn daw capel neu allor y teulu i mewn i'r sgwrs ac y mae i'r Achos ran bwysicach na dim arall yn ei phrofiad o gyfoeth traddodiad y fro. Dyma ddywedodd ar achlysur canmlwyddiant y capel ym 1976:

Nid pwy fydd yma 'mhen can mlynedd yw ein consyrn am y tro, ond pwy fu yma am dros ganrif gyfan yn llafurio i godi ac i gadw 'tŷ cwrdd' a'i wneud yn ganolfan i fywyd crefyddol a diwylliannol a chymdeithasol yr ardal hon. A'r cofio hwnnw sy'n cadw ein gwreiddiau'n sownd ac yn peri i ni ddal ati i'w meithrin a'u datblygu yn nannedd pob drycin a fu neu eto ddaw ar ein bro ni fel ar fröydd gwledig yn gyffredinol.

Poenai yr adeg honno fel heddiw am y newid a ddaeth i'r cwm, ond nid mewnlifiad Seisnig sydd yno yn gymaint â chydio maes wrth faes gan adael tai a fu'n gartrefi yn fagwyrydd ar drugaredd y gwyntoedd a'r curlaw.

Newidiodd ansawdd bywyd y gymdeithas a disodlodd peiriannau modern yr angen i nifer o ddwylo ddod at ei gilydd i gyflawni gorchwylion arbennig. Dyfynnaf eto o'r *Hen Dderwen*, llyfryn bychan a gyhoeddwyd adeg y canmlwyddiant:

Mae'n ddigon caled ar weithgareddau capeli mewn trefi lled boblog. Faint mwy mewn ardaloedd a ddiboblogwyd i'r fath raddau ac a sigwyd yn eu gwraidd. At hyn daeth teledu i bob aelwyd, gyda'i ddifyrrwch a'i iaith estron bron yn gyfangwbl. Does dim cymaint o gymhelliad i fynd fel cynt i dŷ cymydog i gael sgwrs am ddoe a heddiw yn y fro. Eto fyth, mae gan bob teulu gar sy'n gyfleus i fynd i ryw ganolfan allan o'r ardal fin nos ac ar y Sul. Dyna rai o'r cyfryngau sydd wedi tanseilio a chwalu cymdeithas fechan glòs a siglo'r gwraidd a glymai pobl gynt wrth eu bro a'u bywyd traddodiadol. Mae'n stori drist, ac yn anffodus mae'n stori gyffredin am gefn gwlad Cymru.

49

Fe ddywed y paragraff uchod lawer iawn am yr hyn sydd wedi ei phoeni ers rhai blynyddoedd. Ni all oddef y newid sy'n ysbeilio cymdeithas o'i henaid ei hun, a gadael y cwm yn amddifad o'r consérn a'r agosatrwydd a gydiai bobl wrth ei gilydd. Nid oes arni ronyn o ofn y newydd os oes yna obaith am wefr gwanwynol yn y bywyd cyflawn, fel y gellir casglu oddi wrth ei sylwadau ynglŷn ag oedfaon:

> Mor hyfryd fyddai gweld y rhod yn troi eto a'r ardal fechan hon yn cael ei phoblogi gan deuluoedd ifainc a'r rheiny'n cryfhau'r gymdeithas ac yn nerth i'r capel.
>
> Nid yn dilyn yr un rhigolau o raid ond yn torri tir newydd mewn gwasanaethau crefyddol yn yr idiom fodern, gan fanteisio ar yr holl gyfryngau a'r cyfarpar diddorol sydd ar gael bellach ac sydd mor boblogaidd ymhlith pobl ifainc heddiw.

Yr hyn a'm synnodd fwyaf pan ddeuthum i'w hadnabod yn well fel ei gweinidog oedd dyfnder ei dwyster ar brydiau. Yr ydym wedi cael llawer o hwyl yn enwedig pan ddôi yn un o lwyth i'r cyfarfod misol. Byddai wrth ei bodd yno gan y câi gyfarfod â Miss Margaret Jenkins a'r ddiweddar Miss Mary Jones o Bennant a nifer o rai eraill. Nid oedd ganddi rhyw lawer iawn o ddiddordeb yn yr agenda yn ystod y cyfarfod, ond dewch ati pan fyddem yn cyrraedd y bwrdd amser te. Ar dro caech ei chlywed yn chwerthin dros y lle, yn enwedig os byddai'r diweddar B. T. Hopkins wrth law, un o feirdd y Mynydd Bach a ffrind agos iddi hithau. Yn ei gofal hi yn swyddogol y mae'r 'llyfr bach' ac nid yw'n fodlon i'r drws fod ar gau ar unrhyw gyfrif ar brynhawn Sul, ac os na lwyddir i gael pregethwr fe'n dysgwyd i fyw ar ein bloneg, a chynnal oedfa raenus.

Byddwn wrth fy modd yn mynd i Gwm Tudur, ni fu neb erioed mwy croesawgar. Byddai'n rhaid cael paned i gychwyn ac yna sgwrsio am wahanol bethau ac, ambell dro, anghytuno, ond ni wnâi hynny ronyn o wahaniaeth i'n cyfeillgarwch. Nid oes ynddi na rhith na thwyll, ac un o freintiau fy mywyd fu dod yma yn weinidog a chael ei hadnabod yn iawn. Er cymaint ei hafiaith daw i'w rhan hithau ambell awr ddigalon a gwn iddi frwydro llawer y blynyddoedd olaf hyn mewn heldrin a hiraeth. Cofiaf un tro arbennig i mi fynd yno mewn ymateb i gais ar y ffôn. Yn y gwely yr oedd er nad oedd yn sâl. Eisteddais ar erchwyn y gwely a gwrando arni yn mynd yn ôl dros ei dyddiau cynnar. Roedd hi wedi bod ers rhai oriau, mae'n debyg, yn cribino meddyliau ac yn chwilio am rywun i wrando. Gwrandewais. Roedd lleithder yn ei llygaid gloyw, a gwn i bob aelod o'r teulu ddod i'r stafell y noson honno, fel petai wedi trefnu oed â hwy rhag blaen. Dyna un o'r ychydig droeon yn wir, os nad yr unig dro, i mi fod mewn Cymundeb heb y Bwrdd a heb yr Elfennau, dim ond y Presenoldeb. Ni wn am ba hyd y bûm yno ond euthum allan ar flaenau fy nhraed a sibrwd 'Nos da'.

Credaf fod y geiriau hyn o eiddo Simone Weil a gyfieithwyd gan y diweddar Athro J. R. Jones yn crynhoi athroniaeth ei bywyd hithau:

Bod yn wreiddiedig yw angen dyfnaf dyn; eto hwn, o'i holl reidiau, yw'r un a ystyrir leiaf wrth gynllunio ar ei gyfer. Gwreiddiwn drwy gyfranogi'n naturiol ym mywyd bychanfyd sydd yn rhychwantu'r oesoedd am ei fod ar yr un pryd yn llestr diogelu rhyw ddarn arbennig o drysor y gorffennol ac yn wynebu'r dyfodol gyda gwaddol o ddisgwyliadau arbennig. Mae arnom angen ein gwreiddio mewn nifer o fychanfydau naturiol—ein cymdogaeth a'n gwlad, y mannau lle siaredir ein hiaith, a'r mannau lle ceir rhyw ddiwylliant neu orffennol hanesyddol yr ydym yn gyfrannog ynddo. Ysgeler yw popeth a ddiwreiddia ddyn neu a'i rhwystra rhag dod yn wreiddiedig.

Ddoe roeddem yn cyd-deithio i'r oedfa brynhawn Sul ym Mlaencaron (6 Mai), prynhawn braf heulog a Cassie Davies hithau yn dotio ar degwch y fro. Cyfeiriodd at y drain duon yn dryfrith o flodau gwynion, ac yn y tŷ capel cyn esgyn i'r oedfa fe adroddodd delyneg Eifion Wyn i Fis Mai,

> Gwn ei ddyfod, fis y mêl,
> Gyda'i firi yn yr helyg,
> Gyda'i flodau fel y barrug—
> Gwyn fy myd bob tro y dêl.

Dyma i gloi gywydd teyrnged B. T. Hopkins iddi ar achlysur ei hanrhydeddu yn Neuadd Tregaron ym 1977.

Wyn Edwards

TEYRNGED I MISS CASSIE DAVIES MA

Y ferch lew sy'n fawr ei chlod
Merch abl y parabl parod,
Dewr ei bryd, bu'n driw i'w bro
Yn nyddiau'r paganeiddio.

Daeth o ddaear Blaencaron
Lawer 'hwb' i galon hon.

Y dderwen gref ddiwyro
Hynod braff sy'n glod i'w bro.
Mae yng nghudd yn ei rhuddin
Rym a saif mewn stormus hin.

Mynnodd merch y Mynydd Mawr
Loywaf yrfa lafurfawr.

O blaid ei Phlaid mae yna fflam
O dân, i'w herwau dinam
Ni fyn wahodd eofn haid
O ryw anwar estroniaid.

Gweld Gwynfor yn blaenori
Yn ein tir, dyna'i nod hi,
A noddi hen wareiddiad
A fu'n glwm wrth 'gefen gwlad'.

Ym mrwydyr bybyr ei byw,
Nodedig o frwd ydyw.
Enaid dewr a anturia
Yn daer dros y 'doniau da'.

Aros o hyd heb oeri
Fo'r tân sy'n ei hanian hi,
Ferch ddyfal sy'n dal fel dur.
Hir oes i un mor brysur.

Beth gwell a fyn hi bellach
Na 'mroi i fyw dros Gymru fach.

Ionawr 1977

B. T. Hopkins

D. Jacob Davies

Bûm yn hir cyn gosod pensil ar bapur i ddechrau'r ysgrif hon ar y diweddar Barchedig D. Jacob Davies, nid o ddiffyg dim i'w ddweud amdano eithr am na wyddwn yn iawn ym mhle roedd dechrau.

Yn wir, gellid llenwi rhai tudalennau'n hawdd â ffeithiau moel ynglŷn â'i fywyd llawn a disglair a llwyddiannus, gan gynnwys rhestr faith o'r swyddi pwysig y bu'n gwasanaethu ynddynt, y rhaglenni y bu yn eu hysgrifennu a'u cyflwyno, y mudiadau a sefydlodd ac a hybodd, a'r llyfrau a gyhoeddodd, ynghyd â'r anrhydeddau a dderbyniodd am ei gyfraniad gwerthfawr i grefydd a diwylliant, i gymdeithas a chenedl.

Wrth fwrw golwg dros ei gamre cynnar bron na ellid dweud fod amgylchiadau a ffawd wedi cynllwynio'n eironig i raglunio bywyd y rhyddfrydwr a'r rhesymolwr ifanc. Bu'r dwymyn gwynegon, a'i rhwystrodd rhag dechrau'r ysgol nes ei fod yn chwech oed, yn fwy o her nag o rwystr i'r bychan talentog, a thebyg y buasai wedi tyfu'n wyddonydd medrus oni bai iddo dorri ei fraich dde ar gae rygbi cyn eistedd ei Dystysgrif Uwch mewn Ffiseg, Cemeg a Mathemateg; byddai wedi mynd yn beilot oni bai i'w goesau ddigwydd bod yn rhy fyr, neu i'r gwasanaeth sifil oni bai iddo ddigwydd cyfarfod â Jenkins y Llwyn a'i cynghorodd i droi i lwybr y weinidogaeth.

Fodd bynnag, gwyddom fod y gwir ffactorau a foldiodd ei fywyd yn llawer dyfnach na hap a siawns amgylchiadau. Ymestyn ei wreiddiau ymhell i'r gorffennol, ac er mai ef oedd y cyntaf o'r hen deulu i fentro i'r weinidogaeth, ymfalchïai yr âi ei draddodiad Undodaidd yn ôl dros chwe chenhedlaeth. Ar ochr ei fam yr oedd haen fonheddig a cheidwadol, eithr o du ei dad gellir olrhain elfen fwy radical. Ei hen dad-cu o ochr ei dad oedd Benjamin Jones, Cwmgeist, un o'r ffermwyr a drowyd allan o'i dyddyn a'i dir, wedi Lecsiwn Fawr 1868, am iddo fod yn ddigon gonest i bleidleisio yn ôl ei gydwybod yn hytrach nag ufuddhau i wasgfa sgriw sgweier yr ystad.

Nid rhyfedd, felly, i Jacob gymryd cymaint o ddiddordeb yn 'helynt' Troad Allan y Llwyn, 1876, gan fod y ddrama fawr dyngedfennol honno yn drobwynt yn hanes y frwydr dros ryddid yng Ngheredigion a Chymru. A chyda llyfr cownt ocsiwn ei hen dad-cu o Gwmgeist yn drysor herfeiddiol yn ei boced, a Chapel y Llwyn yn ganolbwynt gweithgarwch ei Ysmotyn Du, cysegrodd ei fywyd yn llwyr i barhau brwydr ei hynafiaid gan bledio beunydd achos y 'lleiafrif llethol', boed y rheini'n Sosiniaid neu'n sipsiwn.

Sugnai nerth parhaus o'i wreiddiau, ac nid oedd dim gwell ganddo na chael tramwy'r hen lwybrau yng nghwmni'r ifanc a rhannu â hwy wybodaeth gyfoethog o'r gorffennol. Pwy all anghofio'r pererindodau hynny yn ei gwmni i barthau Bryn-llywarch, i glos Castell Hywel ac i adfeilion Cwm Cothi? Llecyn-nau cysegredig oedd y rhain yn ei olwg gan eu bod yn ddarnau o dreftadaeth ei hynafiaid, a chofir yn hir fel y safai o flaen ei gyd-bererinion, a'i het yn ei law a deigryn yng nghornel ei lygad, yn disgrifio'n fyw ambell stori fythgofiadwy fel ordeinio Dafis Castell Hywel wrth Hen Dderwen y Llwyn; ac yna, ym Mrechfa, fel yr âi y ddwy chwaer fach o Benpistyll, cartref Tomos Glyn Cothi, bob cam i Gaerfyrddin i sefyll o boptu i'w tad yn y stocs. Credaf i Jacob, felly, o gofio'i gefndir, ddilyn llwybr y weinidogaeth radicalaidd, Undodaidd, am na allai fod wedi gwneud dim amgenach; ac am yr un rhesymau, nid yw'n syndod yn y byd iddo wrthod cynifer o wahoddiadau atyniadol, fel mynd yn actor proffesiynol gyda Chwmni Ealing, mynd yn aelod seneddol mewn sedd ddiogel yn Ne Cymru, yn olygydd cylchgronau gan yr Urdd, neu'n olygydd *Y Cymro*.

Ganwyd a magwyd Jacob (neu Jaboc, fel y galwai ei dad ef, yn ddireidus, weithiau) yr olaf o bump o blant, ym Mhen-lôn, bwthyn deupen ar Lôn Pit, rhwng Maesymeillion a Thre-groes, bro'r beirdd. Ac fel yn hanes Sarnicol, o'r un ardal ddiwylliedig, aeth pen y lôn fach â Jacob i ysgolion Tre-groes a Llandysul, ac oddi yno i golegau Abertawe, Caerfyrddin, Aberystwyth, a phedwar ban y byd poblogaidd. Bu'n gweinidogaethu ar Eglwys Undodaidd Aberystwyth am gyfnod byr tra oedd yn astudio yno am radd BA, ond rhoddodd heibio ei fwriad i astudio am radd MA pan dderbyniodd alwad i Aberdâr, lle bu'n gweinidogaethu ar eglwysi Highland Place a'r Hen Dŷ Cwrdd am ddeuddeng mlynedd (1945-57).

Cyfnod hapus a diwyd fu hwn yn ei hanes, ac yntau yno 'gyda'r mwyaf blaenllaw' yn dihuno'r bywyd Cymraeg a Chymreig yn y Cwm, drwy adfywio gweithgareddau fel Cymdeithas y Cymrodorion, Llawr Dyrnu a Carw Coch, heb anghofio ei gyfraniad mawr i sefydlu Ysgol Gymraeg Cwmdâr, Eisteddfod y Glowyr, a llwyddiant yr Ŵyl Genedlaethol yn Aberdâr ym 1956.

Dychwelodd i Alltyblaca ym 1957, ac yno y bu tan ei farw ym 1974 yn gweinidogaethu ar eglwysi Alltyblaca, Capel y Bryn a Chwmsychbant, sef yr A.B.C., chwedl yntau. Cyfnod prysur fu hwn eto, gyda Chymru gyfan bellach yn galw am ei wasanaeth o bulpud a llwyfan, ar radio a theledu.

Ond i ddychwelyd at y cymeriad. Y mae'n amlwg iddo etifeddu doniau ei fam, y ddynes ofalus a allai wau ei bywyd glân ar batrwm cytbwys o ffydd a rheswm, fel y pâr sanau 'perffaith' hynny a enillodd iddi'r 'Genedlaethol'. Ei dad, y meiswn-fardd, a ddeallai gyfrinach y blodau ac iaith yr adar, a roes iddo'r ddawn ramant-aidd i hiraethu a breuddwydio, ac i drin geiriau fel cerrig yn nwylo crefftwr. Meiswn cerrig a geiriau, fel ei dad, hefyd, oedd Jac, ei unig frawd, ac ni fu Jacob heb gydnabod ei ddyled i ddau fardd hŷn Pen-lôn y tyfodd o dan eu dylanwad.

Yn y blynyddoedd cynnar hyn yr oedd welydd a drysau clos y tyddyn gwyngalch yn llawn graffiti rhigymol y tri bardd, ac ym 1940 y cyhoeddwyd *Cerddi'r Ddau Frawd* a'r tad. Yr oedd Jacob, felly, wedi bwrw ei brentisiaeth fel bardd a llenor ar aelwyd ei gartref, ac yng nghwmni Tomosiaid Maesymeillion, cyn dod o dan ddylanwad cyfareddol Dewi Emrys yn Nhalgarreg a Gwenallt yn Aberystwyth. Aeddfedodd yn grefftwr cydnabyddedig ym myd llenyddiaeth a barddoniaeth, ac nid oedd ond bachgen ifanc pan ddechreuodd yntau ychwanegu tystysgrifau cenedlaethol at y rhai a grogasid eisoes ar furiau ceimion cegin Pen-lôn.

Er mai llun Jacob sy'n cynrychioli'r difrifol ar glawr *Cerddi'r Ddau Frawd*, eto ei ddigrifwch gwreiddiol a ddaeth ag ef i amlygrwydd gyntaf, a bu wrthi drwy gydol ei oes yn codi 'Hwyl Fawr', i ddefnyddio teitl arall un o'i lyfrau digri. Ysgrifennodd storïau ac adroddiadau mewn tafodiaith, rhai fel 'Y Twll' yn ddisynnwyr o ddigri, eraill fel 'Gair o Gyngor' yn boenus o ddigri, ac ambell stori bathetig fel 'Y Bregeth Olaf' yn druenus o ddigri; daeth yn ddychanwr cydnabyddedig a gallai dynnu cartwnau celfydd mewn geiriau, fel y 'Dyn o'r B.B.C.' a'i 'got fawr fach ochor ucha'i benlinie a bwtwne fel pegs dillad arni 'ddi', neu ei ddisgrifiad o 'Het a Plyfen' y mae 'Mrs. Jones J.P. yn wisgo pan fydd hi'n rhoi preisis i blant 'rysgol cownti, ne agor clinics'. Y mae'r disgrifiadau lliwgar hyn, ac eraill tebyg iddynt, yn llawer rhy fyw i fod yn gwbl ddychmygol, a gwyddys iddo, fel sylwedydd craff, wneud defnydd da o'r hyn a welodd ac a glywodd. Bryd arall câi syniad mewn llyfr neu awgrym mewn cwmni, a'u datblygu'n gampweithiau cywrain, fel ei gân i'r 'Blodyn Olaf' a gyfansoddodd ym 1949, a'r ddwy stori, 'Dai Celwydd Golau' ac 'Y Llysywen Fawr' a recordiodd ym 1971. Beth oedd ei hoff stori ddigri, nis gwn, ond cofiaf ei glywed yn cyfaddef iddo, wrth ysgrifennu 'Plwm Pwdin' mewn llyfrgell gyhoeddus, orfod cerdded allan am fod chwerthin wedi cario arno.

Bron na ellid dweud iddo droi ambell stori, fel 'Y Goeden', yn ddameg, ac ambell ddameg, fel 'Yr Hen Foi', yn stori. Rhyw fath o bregeth bigog mewn rhosyn o ganmoliaeth ydyw'r ddychangerdd yr oedd ef yn gymaint o feistr arni. Cofir amdano'n ceryddu Cynghorwyr Sir Aberteifi adeg coroni'r Frenhines Elisabeth yr Ail, pan oedd rhai ohonynt 'am roi mwg, eraill am roi Testament i gofio'r achlysur'. Wele bedair llinell o'i ddychangerdd sydd â mêl a cholyn ynddi:

> Glynwch wrth arfer, bois, yn howld-bi-dag,
> A mynnwch glamp o fwg er mwyn y fflag.
> A chofied y cynghorwyr, fe'u rhybyddiaf hwy,
> Mae Testament yn costio mwy.

Wrth ddisgrifio gallu rhyfeddol Jac Criclas, y consuriwr, ni all Jacob ymatal rhag ychwanegu'r cwpled crafog ar y diwedd:

> Byddai Jac wrth ei fodd yn ein dyddiau slic
> O weld rhai parchus yn awr wrth y tric.

Yr oedd yn gas ganddo ddifaterwch pan oedd argyfwng yn galw am ymgysegriad, a chollai amynedd pan welai ragrith yn codi'i phen uwchlaw gonestrwydd; ar adegau felly ni fynnai guddio'i gleddyf dan glogyn. Pan wahoddwyd ef i draddodi araith yng Nghilmeri, cyhoeddodd ei deimladau'n noeth yn wyneb haul gan fod arno gywilydd o 'berthyn i genedl a syrthiodd i waradwydd taeogrwydd trwm'. Bu arno gywilydd o 'gelwyddgwn gwleidydd-ol', o'r 'gwasgu sydd ar y gwan', o genedl sy'n 'gwisgo gogoniant estron gan lawenhau yn ei hangau ei hun'. Ni allai dyn syrthio'n is, a phlygai Jacob ei ben mewn tristwch. Er hynny, gwyddai'r ffordd fel dyn Duw i ddyrchafu ei lygaid mewn gobaith, ac yn ei salm 'Trugarha Wrthym' ymbilia ar y Tad, 'yng ngaret' ei nefoedd i gofio'i blant sydd i lawr 'yn y seler':

> lle mae cysgodion yn symud dan y drws
> ac ofnau yn cripian fel ysbrydion distaw.

Wrth ddarllen drwy ei gynnyrch toreithiog, gwelir fel y try'r digrifwch cynnar yn ddychan miniog, a hwnnw, yn ei dro, yn 'Fynydd Teimladwy', o ben yr hwn y gwelodd 'Ystyr Bywyd', a gobaith i ddyn a chenedl, y 'Methedig' a'r 'Gorchfygedig'.

Ganed Jacob yn ystod y Rhyfel Byd Cyntaf, a daeth erchylltra'r Ail Ryfel Byd yn agos i Ben-lôn pan ddychwelodd Jac ei frawd yn sgerbwd byw o'r Stalag greulon; gwyddai am allu anifeilaidd dyn sydd â'i fys bygythiol 'ar y botwm' i droi'r ddaear yn ddiffrwyth, 'a'r byd yn anwaraidd, wyllt', eithr yr oedd ganddo ffydd ddofn yn y natur ddynol, a thra erys 'un dyn, un wraig, ac un blodyn', fe erys gobaith. Gobaith a gyfyd o rym cariad oedd hwn, a gwelai'r awyren fomio a symudai ar lun croes 'draws glas y nen' ym 1940 yn ddim ond arwydd o'r modd y gall dyn hoelio Crist eilwaith.

Wrth restru gorchestion Jacob dywed un o'i fywgraffwyr amdano:

> Gwyddom amdano'n olygydd ar ddau gylchgrawn—*Yr Ymofynnydd* a'r *Pensioner of Wales*—ac yn derbyn gwahoddiadau di-ri i siarad a darlithio. Yn ôl *Y Cymro* fe gyfrannodd dros dair mil o sgriptiau i'r radio. Yr oedd yn feirniad, yn llenor, yn fardd, ac wrth gwrs, yn weinidog.

Ond i ddeall Jacob, fodd bynnag, dadleuaf y dylid gosod ei brif alwedigaeth—'yn weinidog'—ar ben y rhestr, a pheidio ag anghofio mai Undodwr ydoedd o ran diwinyddiaeth ac argyhoeddiad. Credai'n angerddol yng nghrym egwyddorion mawr ei enwad bach: rhyddid a goddefgarwch, gwirionedd a chyfiawnder. Nid oedd ganddo gredo fel y cyfryw, eithr soniai'n aml am fwy nag un drindod a oedd yn bwysig iddo: Duw, Dyn a Bywyd; Cariad, Ffydd a Gobaith; Daioni, Harddwch a Phurdeb. Cofir am ei weddïau dwys pan ddiolchai i Dduw'n ddieithriad am bobl 'gywir, addfwyn a bonheddig' ac am gymdeithas 'gymdogol, glòs a gwâr'. Diau mai ei argyhoeddiad dwfn oedd yn gyfrifol am gadernid ei bersonoliaeth a'i hyder wrth gyhoeddi'i neges, boed hynny o bulpud neu o lwyfan.

Credai fod gwirionedd yn gyffredinol ac na ddylid ei gau o fewn cloriau celyd unrhyw lyfr na'i gloi o dan glesbyn unrhyw gredo. Iddo ef, fel Islwyn y bardd a Schweitzer, yr hanner Undodwr, 'mae'r oll yn gysegredig', a chofir yn hir am un o'i bregethau mawr ar y testun: 'Perchwch bawb'. Bywyd yn ei gyfanrwydd oedd crefydd iddo, a gresynai'r arferiad o gyfyngu addoliad i un dydd ac un adeilad, nac i un dim, a dweud y gwir. Cyfansoddodd un o'i emynau pertaf am 'gartref', yr 'aelwyd fach sy'n fendith fawr' ac am gymun y teulu 'ar y lliain gwyn'. Ac yn ei gân, 'Briwsion', aeth â'r cysegredigrwydd cyffredinol hwn gam ymhellach wrth ddisgrifio Nel Tŷ Capel yn 'casglu'r gweddill bara briw', wedi'r oedfa, a'i ddwyn yn ôl 'i'w bwth ar ben y rhiw' a'i rannu yno'n gymun eilwaith gyda'r adar—y gynulleidfa fach a droes eu cân o ddiolch yn emyn o fawl.

Yr oedd gan Jacob barch mawr i bobl werinol, glân eu dwylo, fel Nel Tŷ Capel, neu Twm Crydd Pwllypwdel, a fyddai'n 'hau "diolch yn fawr" ei gymdogion am waith ei bwyntrhedyn yn rhych dato ei ardd i'w arbed rhag tlodi'. Efengyl y pridd oedd eu heiddo hwy, a chyda 'gofalu caead pob clwyd' a 'chadw'n glir o hen gownt' cyn bwysiced â mynd i'r cwrdd bob dydd Sul. Ni flinai sôn am brofiadau didwyll yr hen gymeriadau annwyl hyn, a mynych y gwelid dagrau o lawenydd a thristwch yn ymdoddi ar ruddiau gwrandawyr ambell ddarlith wreiddiol, fel 'Y Dyn Bach o'r Wlad'. Gyda'i boblogrwydd gallai gyfeillachu â mawrion ei ddydd, eithr nid anghofiodd drueiniaid ffraeth y gwaelodion, fel Dafydd Gwallt-hir a Bili Bwtshwr-bach, gan rannu â'r naill ei lyfrau ac â'r llall ei gwmni. Gwerinwr oedd ef ei hun, ac ymgysegrodd ei ddoniau i sicrhau hawliau i'w gydwerinwyr, canys gwyddai nad oedd, yn ei ymroddiad, ond yn dilyn llwybrau gweinidogion Undodaidd a fu o'i flaen e'—Tomos Glyn Cothi yng nghyfnod y Chwyldro Ffrengig, Thomas Emlyn Thomas yng nghyfnod terfysg Beca, a Gwilym Marles yng nghyfnod brwydr y balot ac addysg. Y rhain oedd yr 'arloeswyr, tadau crefydd rydd' y canodd amdanynt yn un o'i emynau; bu'r 'dewrion' hyn yn 'gryf o blaid y gwan'. Gwyddai yntau am flas yr hen ragfarn, ac am y pris sy'n rhaid ei dalu o hyd os am berthyn i'r lleiafrif amhoblogaidd, boed honno'n blaid wleidyddol, yn deulu o Romani neu'n enwad crefyddol. Diddorol yw'r darlun cynnil a dynnodd o'i brofiad personol, fel gweinidog Undodaidd, ym mhennill olaf ei gân i 'Pobl yr Ymylon':

> A minnau, aml riniog
> Sy'n wrthodedig fraint,
> A gwn am groeso miniog
> Cil drws y dethol saint;
> Ond diolch am gyfeillach gu
> Y colledigion, gwyn a du.

Sylwyd eisoes ar ei ddiddordeb mawr yng ngorffennol ei enwad, a'r dyhead hwn i chwilio am ei wreiddiau a'i gwnaeth, yn ddiamau, cystal hanesydd, fel y gwelir yn ffrwyth ei ymchwil i 'Hanes yr Hen Dŷ Cwrdd' a Highland Place Aberdâr, ac yn ei *Fflam Fyw* sy'n olrhain Helynt y Troad Allan yn Llwyn. Yn wir, gellid dweud iddo ddadlennu ambell ffaith newydd yn ei ym- chwiliadau, fel yr hanesyn mileinig hwnnw am Ysgweier Llwyd

Alltrodyn yn rhoi cyfweliad i Gwilym Marles, adeg y Troad Allan, ond gyda llawddryll ar fwrdd y plas rhyngddynt. Rhoes, hefyd, olau dydd i 'wybodaeth newydd a gweithiau anhysbys' yn ei gyfrol fuddugol, *Cyfoeth Cwm*, ac ymhlith y mwyaf diddorol ydyw ei ddadl mai yn Aberdâr y cynhaliwyd yr Eisteddfod 'Genedlaethol' gyntaf.

Ond er cymaint diddordeb Jacob yn ei wreiddiau a'i draddodiadau, ni ellir ei gyhuddo o fyw yn y gorffennol, a rhybuddiodd ddarllenwyr *Yr Ymofynnydd* rhag gwneuthur hynny. Fel Martin Luther King, a edmygai, yr oedd ganddo yntau freuddwyd, nid am ryw Wynfa Goll ond am 'ddyfodol dyn' ac 'anwylach byd'. Edrychai ymlaen, gan sôn o hyd am ryw syniad newydd a ddeuai iddo, ac nid yw'n syndod cofio mai ef oedd y cyntaf i anturio ar fath o wasanaeth llwyddiannus fel 'Pawb Ynghyd' i oedolion, a Chymanfa Fodern i ieuenctid, gyda Chôr y Fflam yn gnewyllyn iddi; pan sefydlodd Gyfadran Gymraeg, sicrhaodd fesur o hunanlywodraeth i'w enwad yng Nghymru, a bu'n gadeirydd i'r pwyllgor gweinyddol hwnnw hyd ddiwedd ei oes.

Yn ei bregeth ar weledigaeth, yn seiliedig ar hanes y Jacob arall hwnnw yn yr Hen Destament, cofir amdano'n rhybuddio'i wrandawyr mai ofer yw credu y gall unrhyw freuddwyd ei sylweddoli'i hunan. Ni chredai mewn grym lwc a ffawd, ac arferai gynghori ieuenctid os oeddynt am 'i rywbeth da ddigwydd iddynt' fod yn rhaid iddynt baratoi'r ffordd iddo ddigwydd. A pharthed gwirionedd yr athroniaeth hon ni fu gwell enghraifft erioed na'i fywyd ef ei hun. Yr oedd ei freuddwyd yn un mawr, fel y sylwyd—yn cwmpasu 'dyfodol dyn' a'i heddwch, y genedl a'i hiaith, y gymdeithas a'i hawliau, a chrefydd a'i rhyddid, ac nid arbedodd ei hun wrth gyfrannu tuag at wireddu'r cyfan.

Rhoes ei ffydd gadarn wroldeb tu hwnt i amgyffred iddo wynebu treialon bywyd, a chofir fel y llwyddai i gysuro eraill pan oedd hiraeth yn rhwygo'i galon ef ei hun. Bu farw Amlyn, ei fab deunaw oed, ddechrau 1965, ac meddai'r tad trallodus yng nghwpled olaf ei soned 'Malurion':

> Hunllef fydd angof mwy a byw yn bangau
> Nes cael cymuno â thydi mewn angau.

Gwyrthiol fu genedigaeth y ddwy efell fach, Hawys a Heini, 'a ddaeth â chwerthin yn ôl i'r aelwyd'—ac i bob ymddangosiad allanol bu gweddill bywyd y tad yn bopeth ond tristwch. O hyn hyd ddiwedd ei fywyd yntau ym 1974 cyhoeddodd o leiaf saith o lyfrynnau a llyfrau ynghyd â dwy record hir, gan droi ei 'hunllef' a'i 'bangau' yn ddigrifwch benigamp, ac yn foddion melys i godi calon cenedl gyfan.

Carai hen bobl fel ieuenctid, a mynegodd ei gydymdeimlad â hwy yn eu hunigrwydd hir:

Rhwng sŵn y botel lâth
a phan ath yr hewl i gysgu

eithr gyda'i brofedigaeth daeth unigrwydd creulonach i'w fywyd ef. Ond nodweddiadol o'i ffydd gadarn ydyw'r ffaith iddo ysgrifennu llyfryn, a hynny ychydig fisoedd cyn marw Amlyn, gyda'r teitl, *There is Hope*; a chyn pen deufis wedi colli'i fab y traddododd un o'i bregethau grymusaf o flaen torf enfawr yn ystod cynhadledd ei enwad yn Abertawe. Yn y bregeth honno, ac yntau'n cyfeirio at y cariad sy'n lleddfu a chysuro, ni allai ond ychydig o'r dyrfa ddieithr—gan na wyddent gyfrinach ei galon friw—werthfawrogi'n llawn ei frawddeg fythgofiadwy: 'I need it now, you'll need it tomorrow.' Er ei fod yn rhesymolwr i'r carn, derbyniai fywyd gyda'i wrthgyferbyniadau anesboniadwy, a chlywais ef yn cymharu'r paradocs i bartrwm pert o ddu a gwyn fel a welsai'n tyfu rhwng gweill ei fam. Ni wyddai neb yn well nag ef am y teimlad sy'n ffynnon y dagrau, boed yn llawenydd neu'n dristwch.

Fe'i clywais yn pregethu'n angerddol yn erbyn yr holl emynau morbid hynny sydd yn dal i fod yn ein llyfrau moliant, gan nad ydynt yn sôn am ddim ond düwch a marwolaeth. Testun y bregeth olaf y clywais ef yn ei thraddodi ydoedd: 'Yn nhŷ fy Nhad y mae llawer o drigfannau . . .' Credai fod gwobr yn aros yn y nefoedd, eithr y newyddion da y dymunai i ieuenctid ei gyhoeddi mewn emyn modern ydyw fod 'dyddiau llawenydd gerllaw'. Etholwyd ef i fod yn Llywydd Anrhydeddus yr enwad Undodaidd a Chrefydd Rydd dros Brydain gyfan, a bu farw yng 'nghadwyn ei swydd'—y gadwyn, ys dywed ef, a oedd yn symbol ar ei fynwes o ryddid goddefgarwch, ac yn arwydd ar ei ysgwyddau o gaethiwed cariad.

Ni ellir cwmpasu maint cyfraniad Jacob i'w oes ac i'w genedl a'i grefydd, drwy restru ei gynhyrchion, ei swyddi a'i anrhydeddau. Pa dafol all bwyso'r modd y bu'n cefnogi, ysbrydoli a dylanwadu drwy air a gweithred? Faint o fysedd all gyfri sawl calon a gododd gyda'i chwerthin iach a'i gyngor dwys? Pa linyn all fesur hyd fflam ei ffydd, grym ei weledigaeth a dyfnder ei weinidog-aeth? Pa lygaid all weld pen draw effaith ei freuddwyd ar blant 'Yr Yfory Fawr'.

Erys y breuddwyd, eithr y mae ef bellach ymhlith

Y TADAU

Cofiwn yr arloeswyr,
  Tadau crefydd rydd
Amddiffynnwn ninnau
  Olau glân eu ffydd.
Dewr mewn gwaith a gwyddor,
  Cryf o blaid y gwan;
Tyner mewn trugaredd,
  Arwyr ym mhob man.

Cofiwn am y dewrion
  Gwŷr y groes a'r graith,
Cofgolofnau'n coffa
  Godwn yn ein gwaith.
Unigeddau'r mynydd
  Oedd eu temlau hwy,
Ac er mwyn gwirionedd
  Trwm eu clais a'u clwy.

Cofiwn grefftwyr bywyd
  Seiri dinas Duw,
Golau mewnol cariad
  Welwyd yn eu byw.
Lles dynoliaeth garent,
  Heddwch oedd eu nod,
Glynent wrth egwyddor,
  Canwn iddynt glod.

D. Elwyn Davies

T. Eirug Davies

Pan af o Abertawe i Aberystwyth bydd gennyf ddewis o ddwy ffordd: y mae'r naill yn ymdroelli drwy Landysul a Synod Inn a'r llall drwy Lanbed. Cyn mentro ar ei antur flynyddol i Ogledd Cymru y mae'n hen arfer gan gyfaill i mi ddod ar y ffôn i wyntyllu rhagoriaethau a gwendidau'r ddwy ffordd. A dweud y gwir, nid yw'n teimlo unrhyw blwc at un o'r ddwy ffordd a phe bai'n onest ag ef ei hun, ac â minnau o ran hynny, fe gyfaddefai mai ei unig amcan yw cyrraedd. Ond amdanaf fi fy hun, er fy mod ar ambell eiliad wan yn penderfynu mynd drwy Synod Inn, ar ôl cyrraedd copa bryn Alltwalis fe'm caf fy hun ar y ffordd i Lanbed. Yno y maged fi ac yno hefyd ar lain o dir ar gwr y 'Comins' y mae bedd fy nhad a'm mam.

Cronicl digon trist sydd ar y garreg fedd yn cofnodi claddu dau yn greulon o gynnar, yn adrodd stori dioddefaint bywyd, nychdod corff, brwydr ddygn, y codi ar yn ail â'r cwympo cyn y lloriad olaf. Ond y mae stori arall sydd y funud hon yn fwrlwm o ddiddanwch a hyfrydwch cynhesol.

'Cartref' oedd enw ein tŷ ni. Y llynedd deuthum o hyd i hen lyfr *Algebra* ac yn ysgrifenedig ar ei dudalen flaen y geiriau 'Dewi E. Davies, Cartref, Bryn Rd., Lampeter, Cards, S. Wales, Gt. Britain, The World.' Ychydig a wyddwn i am Dde Cymru bryd hwnnw, llai fyth am y byd. Llanbed oedd fy myd i. Hen le bach Seisnig dan gysgod y Coleg a'r eglwys, yn ôl rhai, a gallaf innau dystio fod y cysgodion wedi ymledu draw i ysgol Peterwell lle'r oedd Miss Williams yn teyrnasu â'r gansen feinaf ac â'r lleferydd tanbeitiaf:

'together now, twice five are ten, twice eleven are twenty two; masculine, bull, feminine, cow, masculine, dog, feminine, cat. Hand out, that boy . . . '

Un o ddyddiau mawr yr ysgol oedd *Empire Day*. Ar y dydd hwn arferem orymdeithio'n rhesi clos o gylch yr *Union Jack* dan ganu

> Salute the flag, Salute the flag
> 'Tis the call of Empire Day
> Oh children of Britain,

gyda phwyslais arbennig ar yr 'Oh'—

Give heed as you pass
Be proud of this banner so rare . . .

Ac ar ôl y saliwt, rhodd o oren i bob un plentyn gan Syr Arthur Harford, Falcondale, yn wobr am ein teyrngarwch i'r ymerodraeth a oedd i barhau hyd dragwyddoldeb ac yn ôl Syr Arthur i barhau tu hwnt i hynny.

Nid hon oedd fy Llanbed i. Byddai'n anodd, onid amhosibl, i mi feddwl am Llanbed ar wahân i gapel Soar, capel fy nhad, ac wrth groesi'r blynyddoedd i ymafael yn fy mhlentyndod fe'm caf fy hun yn ddieithriad ymron yn mynd i'r cwrdd. Mae'n swnio'n od, yn rhyfeddol o od i genehedlaeth iau, ond gallaf yn awr ailfyw'r siom a'm goddiweddai ar y troeon hynny pan orfodwyd fi i aros gartref i warchod yn lle mynd i'r cwrdd. Onid yn Soar yr oedd un o bregethwyr mwya'r byd yn ôl tystiolaeth un yr oedd gennyf y parch mwyaf tuag ato fel gŵr o farn aeddfed a chrebwyll di-feth? Ac yr oedd hi'n braf, yn ddedwydd-braf i blentyn, gael torheulo yng ngwres teimladau brwd y gŵr a wyddai beth oedd beth ym myd pregethu.

Ar ryw olwg, atodiad o gapel Soar oedd ein cartref ni. Yr oedd gennym ninnau ein cwrdd yn stydi fy nhad ar y llofft; arferai un ohonom bregethu fel fy nhad, un arall yn arwain y gân fel Richards, Ardwyn, ac un arall wedyn yn gwrando ag un llygad yng nghau fel E. D. Rees, Station Terrace.

Richards, Ardwyn. I'r anghyfarwydd, Timothy Richards, Y.H., 'General Ironmonger', gyda phwyslais arbennig ar y 'General' a oedd yn gyffredinol iawn, yn cynnwys ar wahân i'r nwyddau mwy prosaig fel sebon, brwsys a pharaffîn, stoc o lyfrau megis *Nedw*, *Cerddi Crwys*, *Y Caniedydd* a phentwr o anthemau a chorganau. Rhennid y siop yn ddwy, un rhan ohoni yng ngofal y mab, J. T. Richards, a'r rhan arall dan lywodraeth y tad. Y mab a ofalai am yr 'ironmongery' a'r paraffîn ond y tad a gawsai'r gorchwyl o ofalu am y deunydd mwy sydêt a glanwedd. Prin y gallech chi ddweud fod y siop ar ei thraed, oherwydd siopwr-ar-ei-eistedd oedd Richards, Ardwyn. Ei arfer oedd eich cyfarch o'i stôl ac yr oedd yr osgo honno yn wahoddiad i chithe gymryd stôl a nesu hwnt i roi'r byd yn ei le. Soar oedd y byd hwn. Yno roedd y canu gorau, y gynulleidfa orau, y cwmni drama gorau, y plant gorau, ac os oes angen ychwanegu—y pregethwr gorau.

Bu farw fy nhad ym 1951. Yr oedd yn bregethwr o'r radd flaenaf. Prin y gellid dweud ei fod yn huawdl yn null y pregethwr poblogaidd ac ni ddyrchafai ei lef yn ei bulpud, nac ar yr heolydd o ran

hynny. Siaradai â'i gynulleidfa gan ymresymu ei bwnc yn dawel-hamddenol. Prin hefyd fod unrhyw bregethwr wedi cael at ei was-anaeth y fath gynfas eang o gefndir. Yr oedd yn ysgolhaig, llenor, bardd, hanesydd, athronydd a diwinydd, ond fel y gwedda i ysgolhaig o'r iawn ryw dysgodd y ffordd i guddio'i ysgolheictod drwy ei falu'n fân a'i gyflwyno mewn arddull ffres, fyw, a chynnes.

Yr oedd yr elfen annisgwyl yn gref yn ei bregethu a thrawai ar lwybr a fyddai'n syfrdanol o newydd. Dyma'r elfen a gydiodd yn nychymyg y diweddar Edward Lewis, Llandysul (tad John Lewis, Gwasg Gomer), ar ôl clywed fy nhad yn pregethu ar ddameg y gweithwyr yn y winllan. Clywsai Edward Lewis ddegau o breg-ethau ar y ddameg honno, ond fe'i gwelodd am y tro cyntaf, meddai ef, ar ôl gwrando fy nhad yn traethu arni mewn Cwrdd Diolchgarwch yn Horeb, Llandysul. Nid hwyrach mai'r elfen an-nisgwyl hon sydd yn gwahaniaethu'r athrylith o bregethwr oddi wrth y gweddill ohonom, ac o'i dadansoddi yng nghysylltiadau pregethau fy nhad canfyddir ynddynt rai nodweddion amlwg: ffresni ymadrodd, eglurebau byw, cynildeb mynegiant, symlrwydd y gwir grefftwr, ac yn gwau drwy'r cyfan oll, rhyw eneiniad tawel, ysbrydoledig.

Yn rhyfedd iawn, wrth geisio dwyn i gof ei bregethau y mae dwy ohonynt yn seiliedig ar 'Lyfr Habaccuc' wedi mynnu aros gennyf hyd y dydd heddiw. Traddododd y naill bregeth ar 1 Hydref 1944, ar ôl misoedd o salwch. Dewisodd yn destun y geiriau, 'Safaf ar fy nisgwylfa ac ymsefydlaf ar y twr a gwyliaf i edrych beth a ddywed efe wrthyf.' Yn y rhagymadrodd cyfeiriodd at ruthr y pedwar-degau a dyn yn cael ei faglu yn nannedd ei ddyfeisiadau. Aeth rhagddo wedyn i esbonio oblygiadau 'sefyll' ac 'ymsefydlu', nid yn y pant ond ar dir uchel, lle i weld ymhellach a chael golwg eang ar bethau—rwy'n gweld o bell y *dydd* yn dod, nid y nos. Cym-hwysodd y lefel hon i sôn am weddi, myfyrdod ac addoli, a bod yr orfodaeth a ddug cystudd arnom yn gyfle i ni 'sefyll' ac 'ymsef-ydlu' ar y twr a gwrando llais Duw.

Un rheswm pam mae'r amlinelliad hwn wedi aros yn fy nghof yw fod y bregeth yn adlewyrchu profiad un a'i cafodd ei hun yn aml yn nyffryn y dioddefiadau, ond trwy ras ac amynedd gallodd godi uwchlaw'r frwydr i ymsefydlu ar y twr—twr ei ffydd ddisigl a'i ymddiriedaeth yn y pwerau tragwyddol. Ac fel y proffwyd Habaccuc, bu ffyddlondeb fy nhad i'w welediad a'i weledigaeth yn wobr.

66

Yr oedd y bregeth arall o lyfr y proffwyd Habaccuc yn seiliedig ar fethiant y cynhaeaf. Thema'r bregeth oedd cynnal Cwrdd Diolchgarwch heb gynhaeaf, emyn mawr Cristionogol cyn bod Cristionogaeth. Nid bodloni'n anfodlon a wnaeth y proffwyd ond gorfoleddu'n fuddugoliaethus megis dyn a ddeffrôdd i sylweddoli pa faint mwy sydd ganddo wedi colli pob peth gweledig.

Pan amddifadwyd fy nhad o'i bulpud bu ei ymagwedd yn ei ddioddefaint yn dystiolaeth rymus i allu cynhaliol yr Efengyl ac fel y proffwyd gallodd fy nhad yntau 'lawenhau yn yr Arglwydd' a bod 'yn hyfryd yn Nuw ei iachawdwriaeth'. Yn wir, tystiodd aml un yn Llanbed, a pharhânt i dystio, fod gweinidogaeth ddioddefus fy nhad wedi cadarnhau a grymuso eu ffydd hwythau, ac yn yr ysbeidiau hir hynny pan na fedrai siarad yr oedd i'w ymarweddiad ryw huodledd tawel nad yw'n dibynnu ar eiriau i'w fynegi.

Nid yw pob pregethwr yn broffwyd, ond dros gyfnod a barhaodd am yn agos i chwarter canrif gwyddai Llanbed, capeli sir Aberteifi, a Chymru o ran hynny, i fy nhad fod yn wyliwr effro ar y tŵr yn enw Cristionogaeth, Ymneilltuaeth a'r diwylliant Cymraeg. A phan amddifadwyd ef o'r cyfle i esgyn i'w bulpud yn Soar cafodd bulpud arall yn *Y Dysgedydd*, cylchgrawn misol yr Annibynwyr. Wrth fodio'r tudalennau hynny sydd yn cynnwys ei nodiadau golygyddol ni ellir llai na rhyfeddu at amrywiaeth y pynciau yr ymaflodd â hwy, ond y mae un nodyn yn cael ei daro'n gyson, sef ei bryder am Gymru a'i boen wrth ganfod fod y gwerthoedd a fu'n sail gadarn i'w bywyd yn prysur ddiflannu. Bu'n llygad-dyst o'r trawsnewid hwn ym mywyd tref Llanbed ei hun a gellid ei olrhain i chwalfa'r Ail Ryfel Byd. Yn ei sgîl rhwygwyd yr hen gymdeithas a gwanychodd yr ymlyniad wrth gapel a fu'n ganolfan crefydd, adloniant a diwylliant.

Yn Ebrill 1943 sgrifennodd am 'dranc ein bywyd cenedlaethol' a bod 'llwydrew materoliaeth a difrawder yn haen dew o'n cylch,' ac y mae'n amlwg oddi wrth ei nodiadau golygyddol fod y syniad am un Eglwys Genedlaethol i Gymru, Eglwys a fyddai'n ddigon eang ei haelwyd i fod yn gartref i'r enwadau gwahanol, wedi cydio yn ei ddychymyg:

Hyd yn hyn hollti'n ddarnau a fu hanes yr Eglwys dan straen dadlau diwinyddol, ond bellach, wele gynnig am uno yn wyneb y corwyntoedd sy'n curo arnom o'r tu allan. Magai'r hen ddadlau boethder a phenboethni a manteisid ar y gwres i godi enwad newydd. A ellir heddiw . . . ennyn digon o sêl tros uno'n hadrannau anwydog a pheri iddynt wynebu gyda'i gilydd yn erbyn yr haint sy'n bygwth einioes yn grefyddol a chenedlaethol?

Eto, gwyddai o'r gorau na allai undeb Eglwysig ohono'i hun ddwyn adferiad i'r corff briwedig, brau. Yr oedd gan fy nhad syniad aruchel am y weinidogaeth a'i chyfryngau cyson i adeiladu'r saint. Edmygai ŵr fel Philip Pugh, y Cilgwyn, a lafuriodd mewn ardaloedd gwasgaredig yng nghylch Llanbed yn bugeilio'r preiddiau, yn eu haddysgu a'u goleuo, ac er iddo orfod dilyn llwybr unig a wynebu beirniadaeth lem ni wyrodd oddi ar y llwybr hwnnw. Cymeriad tebyg mewn oes ddiweddarach oedd y Parchedig Benjamin Evans, Dre-wen, Calfin cymedrol, pleidiwr cadarn bedydd babanod, ond fe'i hedmygid gan fy nhad am ei lafur cyson a'i lwyddiant eithriadol fel cenhadwr ac arloesydd dros faes eang a gyrhaeddai o Deifi hyd y môr. Sefydlodd achosion yn Hawen, Glynarthen, Brynrhiwgaled, Capel-y-wig a Phisga:

> Dyna gordial i galon gweinidog ym mlynyddoedd ei gryfder a'i eiddgarwch oedd ymfwrw fel hyn i weithgarwch apostolaidd, a chael profi drosto'i hunan flas yr anturio mawr ... Gwae ninnau o'n byw pan fo'n capeli'n llawer rhy fawr i'n cynulleidfaoedd, a diddordeb pobl ar drai yn y pethau uchaf eu pwys.

Sylwodd fy nhad ar dair elfen amlwg yng ngweithgarwch Benjamin Evans: ymroad anghyffredin, cred angerddol mewn pregethu, a'i ddygnwch i addysgu trwy gyfrwng yr Ysgol Sul. Ac yng ngholwg fy nhad:

> nid oes ffordd arall tan y nef i fagu crefyddwyr goleuedig ac egwyddorol ond drwy ddychwelyd at y Beibl a'r bregeth a'r tyst cywir a ffyddlawn i bethau a brofodd drosto'i hun ... Rhaid i'r dulliau o gyflwyno'r Beibl a phregethu newid i gwrdd â gofynion newydd yn ddiau, ond hebddynt yn eu cynnwys a'u sylwedd di-newid ni ellir disgwyl llwyddiant. Y mae rhanbarthau mawr o Gymru erbyn heddiw yn cynnwys miloedd lawer o'n cyd-ddynion mor anwybodus o elfennau crefydd ag oedd y rheini a ddeffrôdd y Parch. Benjamin Evans i feddwl a byw o'r newydd yn hanner ola'r ddeunawfed ganrif. A chofiwn iddo wneud ei waith heb gynyrfiadau mawr 'diwygiad' a hwyliau a gweiddi i frawychu pobl, ond aeth â'i lamp yn ei law a rhoes o'i fflam sefydlog olau yn llusernau mân gwmnïoedd, iddynt hwythau yn eu tro wneud yr un gymwynas ag eraill.

Yr oedd fy nhad yn nhraddodiad Philip Pugh a Benjamin Evans a rhoes yntau 'o'i fflam sefydlog olau yn llusernau' aelodau'r gynulleidfa yn Soar a Bethel, Parc-y-rhos, a chylch eang o weinidogion yn sir Aberteifi a lledled Cymru.

68

Gallai fod yn ddeifiol ei feirniadaeth o system addysg Cymru,—
yr oedd yn aelod o Bwyllgor Addysg y sir—ac nid oedd ganddo
friwsionyn o glod i'r gyfundrefn honno a ofalodd ei fod wedi
derbyn hyfforddiant dan Sais o ysgolfeistr, gŵr nad oedd
Cymru'n bod iddo ond i'w gwawdio a'i difrïo'n gyson:

> Yr oedd yr ysgol honno yn un o'r darnau mwyaf Cymreig yn y byd
> [Gwernogle], a chwerw yw meddwl am gyfundrefn addysg i ganiatáu,
> ac yn wir gefnogi, bradwriaeth o'r fath. Rwyf wedi treio maddau i'r
> athro ers blynyddoedd, gan gofio iddo roddi imi un gymwynas, sef y
> cyfle i adnabod brid arbennig o Sionbyliaeth yn gynnar ar fy oes . . .
> Am y gyfundrefn, ni ddylid maddau i honno—pechodd hi yn erbyn yr
> Ysbryd Glân.

Ac y mae tinc hynod gyfoes yn ei ymdriniaeth ym 1946 â phwnc
y Gymraeg a'r ysgolion gwledig:

> Pa bryd y cymer yr awdurdodau lleol olwg synnwyr cyffredin ar fater
> mor hanfodol bwysig i wir ddiwylliant y plant? . . . A oes unrhyw
> wlad arall yn y byd mor slafaidd ei meddwl â Chymru ynglŷn â'i
> hiaith ei hun? . . . Fe ddywedir mai er mwyn galwedigaeth a swydd
> enillgar y rhydd y mwyafrif addysg i'w plant. O'r gorau, rhodder
> Cymraeg (elfennol i blant Seisnig eu hiaith) yn anhepgor i sicrhau
> tystysgrif, fel y mae Saesneg ar hyd yr amser, a dyna 'werth mas-
> nachol' iddi hithau wedyn, i gwrdd â gofynion bydol y mwyafrif hyn.
> Oni fegir digon o asgwrn cefn ynom i sefyll ar ein sodlau ac i arddel
> gwerth ein bywyd priod a'n diwylliant fel pobl, yna ni all nac ysgol
> wledig, na deddfau addysg costfawr, na dim o'r cyfryw bethau, atal
> ein dirywiad a chwelir ein holl waddol genedlaethol. Teimlaf yn sicr y
> dylid symud o'r cyfeiriad hwn yn awr rhag cuddio'r gwir gancr yn ein
> holl gyfundrefn addysg. Gweithier dros gael pob ysgol, yn y wlad ac
> yn y dref, yn ganolfan meithriniad ein priod ddiwylliant, fel y dis-
> gwylir iddynt fod mewn canghennau eraill yn wrtaith meddwl ac
> ysbryd. Cadwer, wrth gwrs, bob ysgol wledig y bo rhifedi ei phlant yn
> ddigon i'w gwneud yn uned gymdeithasol effeithiol, ac nid y gost ond
> lles y plant sydd i benderfynu yn ffafr cadw neu gau bob tro.

Dengys y dyfyniadau hyn fod praffter arbennig i'w Gymreig-
rwydd a miniogrwydd yn ei ddehongliad, ac ym 1948 gresynai
fod cymdogaethau fel Dyffryn Nantlle yn cael eu chwalu. 'Pe
byddem yn uned wladol a chenedlaethol,' meddai, 'ni allem
oddef i'r dyffryn fynd â'i ben iddo'n ddiwydiannol, pe ond am a
roes inni'n llenyddol.'

Fe ddisgwylir i olygydd cylchgrawn crefyddol, yn enwedig os
yw'n Annibynnwr, fynd i'r afael â phynciau cymdeithasol a

diwylliannol ond y mae'n amheus gennyf a blymiodd neb yn ddyfnach ym mhedwardegau'r ganrif i graidd y pynciau hyn, ac y mae rhai a erys yn Llanbed i dystio fod yr argyhoeddiadau a ddaeth yn amlwg ar dudalennau *Y Dysgedydd* wedi eu mynegi ganddo ar hyd y blynyddoedd yn ei bulpud ac ym mywyd y dref. Ac wrth ei ddilyn o fis i fis yn *Y Dysgedydd* fe'm caf fy hun dan orfodaeth i aros gyda'r geiriau hyn:

Cyfrwng yw iaith i fynegi meddwl ac ysbryd ac ewyllys, ond y mae hefyd yn llawer mwy na hynny oherwydd ei bod yn rhan o feddwl, ysbryd ac ewyllys y bobl a'i hymarfero. Nid peiriant ydyw fel y teclyn teipio, dyweder, nad oes gysylltiad bywiol rhyngddo a'r peth a deipier. Gellir newid y teclyn hwnnw am ei debyg heb i hynny effeithio dim ar gynnwys y peth a fynner ei osod ar ddu a gwyn. Ar y llaw arall, y mae iaith yn dyfiant ac yn rhan fywiol o'r hyn a fynegir drwyddi. Newidier hi ac fe newidir hefyd i fesur yr hyn a fynegir, ac yn wir ni ellir ei newid heb fod y newid wedi digwydd yn barod ym meddwl ac ysbryd y bobl a'i tyfodd fel rhan o'u cyfalaf ysbrydol a diwylliannol. Afon ydyw'r iaith yn tarddu o ffynnon bywyd cenedl, ac yn llifo a lledu ei gwely gan dreiglo igam-ogam yn ôl fel y bydd arwynebedd hanes a phrofiad y genedl yn penderfynu ei chwrs, a chreu dyffryn bras o'i chylch gyda threigl y canrifoedd. Nid cynnyrch cytundeb pwyllgor ydyw—buasai hynny'n debycach i'r 'Canal' a adeiledir i gwrdd ag angen arbennig: nid oes i hwnnw na thro na dyffryn na phyllau na thraethau—nid peth felly ydyw iaith, ond rhan naturiol o enaid ac ysbryd gwlad fel y mae dyffryn Teifi yn rhan ddi-ysgar o Gymru. Heb Gymraeg ni ellir Cymro cyflawn . . . Os ydym i golli'r Gymraeg fe gollwn un o'r darnau pwysicaf yn ein bywyd sy'n rhoddi hawl i ni ein galw ein hunain yn genedl. Â o'n bywyd a'i gafael ganddi—ac yn yr afael honno y mae hyd yn oed rhan bwysig o'n crefydd a'n dull o feddwl a byw.

Gallwn sôn amdano fel Prifardd, ysgolhaig a heddychwr, ond ymataliaf gan fy mod yn gwbl sicr y byddai fy nhad am i'r genhed-laeth a'i dilynodd gofio amdano fel gŵr a weinidogaethodd ymhlith ei bobl gan rannu â hwy ei ddoethineb, ei grebwyll a'i afael sicr o'r gwirionedd Cristionogol. Bu'n lefain ym mywyd y dref; ymserchodd ynddi, carodd ei chymeriadau, a gwn fod y dref hithau wedi ymhyfrydu yn ei gwmni ef. Ar adegau, yr oedd ei bresenoldeb ynddi yn peri aflonyddwch i'w thrigolion, yn enwedig ym mlynyddoedd yr Ail Ryfel Byd, ond ni allai neb amau ei unplygrwydd a'i wydnwch, a pherchid ei argyhoeddiadau gan rai nad oedd o'r un feddwl ag ef.

Amdanaf fi fy hun, bu croniclo ychydig o stori fy nhad yn gyfrwng i minnau godi ychydig ar gwr y llen ac ail-fyw'r blynydd-oedd hynny a oedd yn llawn diddanwch. Prin fod teulu mwy ded-wydd yn Llanbed na'n teulu ni, mam a thad ac wyth o blant, ac wrth alw i gof y troeon digrif, yr hwyl a'r siom, y mae rhin yr hen gymdeithas yn y teulu ac yn y dref yn aros ac ni dderfydd amdano tra pery cof. A thra byddwyf, fe ddaliaf i droi trwyn y car am Lanbed wedi cyrraedd copa Alltwalis.

D. Eirug Davies

Dewi Emrys

Cynnyrch pwysicaf Dewi Emrys fel bardd yw ei gerddi arobryn yn y Brifwyl, casgliad cerddi'r Goron a phedair awdl y Gadair. Mae yna gysylltiad agos rhwng y rhain a hynt helbulus ei fywyd o'r flwyddyn 1917 tan ddiwedd ei oes yn y flwyddyn 1952. Drwy gyfrwng y cerddi hyn y dewisodd fynegi ei ymateb unigryw ef ei hun i fyw a bod rhwng y blynyddoedd uchod. Ffrwyth llidus ei brofiad ydynt. Adlewyrchant gyflwr ei feddwl a'i anian, a holl gyfeiriad ei ysbryd drwy'r cyfnod gerwin ac adfydus hwn yn ei hanes.

Mae'n rhaid i'r neb sy'n dymuno ysgrifennu ar unrhyw agwedd o farddoniaeth y bardd hwn ddibynnu'n reit helaeth bellach ar lyfr trwchus y Prifardd Eluned Phillips, *Dewi Emrys*, am fanylion ynglŷn â'i fywyd a'i gefndir. Cyhoeddwyd y gyfrol hon gan Wasg Gomer, Llandysul ym 1971. Felly, heb fanylu, goddefer ychydig o ffeithiau cwbl angenrheidiol a pherthnasol ar y cychwyn. O'r flwyddyn 1906 hyd y flwyddyn 1917 bu Dewi Emrys yn weinidog ar gapeli yng Ngogledd a De Cymru, a hefyd yn Llundain. Ond yn raddol, yn ystod y cyfnod hwn, âi amgylchiadau byw fel gweinidog parchus o fewn i gyfundrefn gapelyddol, gul yn drech nag ef. Fe ddaeth y chwalfa anochel ym 1917 pan gefnodd ar gapel Finsbury Park, Llundain ac ar y weinidogaeth er mwyn ymuno â'r fyddin.[1] Dyna flwyddyn y rhwyg fawr yn hanes Dewi Emrys. Cyn hyn yr oedd ganddo gryn enw fel pregethwr hynod o ysgubol a gwefreiddiol yn y pulpud. Dengys Miss Phillips fod yna sawl tystiolaeth ar gael yn clodfori ei allu yn y cyfeiriad hwn.[2] Dyna oedd ffynhonnell ei enwogrwydd yn yr amser hwn. Dengys, hefyd, ei fod yn barddoni a chystadlu drwy'r blynyddoedd hyn,[3] ond go brin ei fod eto wedi dechrau ysgrifennu ar y thema rebelgar, wrthgiliol honno a aeth â'i fryd a'i awen mor llwyr ar ôl 1917. Cilio o gapel Finsbury Park oedd y weithred dyngedfennol; dyna a droes bregethwr huawdl y capeli yn fardd stormus y ffordd fawr. Yr enciliad hwn a benderfynodd holl lwybr gyrfa farddol Dewi Emrys, ei holl ymarweddiad a'i brif gynnyrch fel bardd. Yn gyntaf, fe'i gwnaeth yn fardd cystadleuol drwy ei oes. Yn ail, fe'i gwnaeth yn fardd un thema, bardd un testun.

Beth yn union yw'r thema hon a feddiannodd egnïon creadigol y bardd mor drylwyr? Thema adfyd y crwydryn yw hi; thema'r

gŵr a ddewisodd gefnu ar brif dramwyfa sefydliadol y byd er mwyn teithio ar hyd ei gefnffordd drofaus ef ei hun drwy fywyd; thema'r rebel unig a fynnai wrthryfela yn erbyn rheolau cyfyng y gyfundrefn, a thema'r gwrthgiliwr a dalodd y pris chwerw yn llwyr-gyfan am feiddio gweithredu'r frwydr honno hyd y pen. Thema'r cymhellion a'r grymusterau cudd, diymwad hynny yn nwfn ei enaid a fynnodd goncro holl ymddangosiadau arwynebol swydd a statws cyhoeddus er gwaethaf pob sgarmes ac ymdrech gan ewyllys y bardd yn eu herbyn. Yn syml, thema'r pererin a ymladdodd yn daer yn erbyn llanw ei broblemau a'i anawsterau personol, ond a ildiodd yn y diwedd i ysgogiadau anhydrin dyfnder ei gyfansoddiad, er gwaethaf y ffaith bod y byd parchus yn gwgu'n amlwg ar y fath enghraifft o anghyfrifoldeb a gwendid cymeriad. Beth bynnag, fe flagurodd y cythrwfl mewnol hwn yn egnïon creadigol o dan effaith ysgytiad 1917 ar ôl iddo fod yn ymffurfio'n araf-ddiatal yng nghysgodion y galon ers sawl blwyddyn, yn ddiau. Mae'n arwyddocaol iawn mai ym 1917 y cystadleuodd Dewi Emrys gyntaf am Gadair y Brifwyl;[4] dyna flwyddyn Eisteddfod ddiangof Penbedw (Birkenhead). Y testun, fel y cofiwch mae'n siŵr, oedd 'Yr Arwr'. Enillwyd y Gadair, wrth gwrs, gan Hedd Wyn, ond mae awdl Dewi Emrys yn y gystadleuaeth yn werth ei nodi, gan mai ynddi hi yr eginodd y thema uchod gyntaf. Ffugenw'r bardd yn yr ymrafael oedd 'Crwydryn', ffugenw hynod o awgrymog, a gwelir oddi wrth rai o sylwadau'r beirniaid, T. Gwynn Jones, J. J. Williams a Dyfed, ar gynllun yr awdl, bod ei hawdur wedi dechrau canu am effeithiau dolurus y gwrthgiliad rhyfedd o gapel Finsbury Park a'r weinidogaeth. Sonnir yn yr awdl am fywyd yn ei ing a'i lawenydd ac y mae'r Arwr yn cychwyn ar ei frwydr am y gwirionedd. Hunanbortread a geir yn y gerdd, wrth gwrs; y bardd yn cychwyn canu ar thema'r gŵr gwrthodedig, rhagflas o ganiadau mwy pwerus ei awdlau arobryn, diweddarach:

> Taweled, wyled ei delyn,
> O hyd, gwell ysbryd na llef;
> Mae'r tlysni na ddaw i'w linyn
> Yn dân yn ei enaid ef . . .[5]

> Mewn bedd anorffen heno—ar y rhos
>   Fe'i rhoir heb ei gludo;
>   Heb alar a heb wylo,
> Angeu'i hun a'i hebrwng o.[6]

Fel y llithrai'r blynyddoedd rhagddynt, fe welir y thema hon yn cydio'n dynnach, glosiach o hyd yn nychymyg y bardd. Fe'i gwelir yn ffurfio trwch a chrynswth pob cerdd gystadleuol o'i eiddo; nid yn unig y cerddi ar gyfer y Brifwyl, ond y cerddi hynny ar gyfer eisteddfodau taleithiol yn ogystal. Erbyn hyn, 'roedd Dewi Emrys wedi ymrigoli yn fardd telyn un tant go iawn—tant ffyrdd anesmwyth a chelyd yr anialwch. Beth bynnag, fe gystadleuodd am y Gadair yng Ngŵyl Corwen ym 1919 ar y testun 'Y Proffwyd'.[7] Cledlyn a enillodd. Awdl hunanbortreadol a gafwyd gan Ddewi Emrys unwaith yn rhagor. Wedyn, ym 1923, fe enillodd gadair Eisteddfod Fawr Corwen am awdl 'Y Nos'. 'Roedd y testun wrth fodd ei ysbryd. Fe geir darlun o fywyd trueiniaid digartref y nos mewn dinas fawr yn y gerdd. Dyfynna Miss Phillips yn ei llyfr yr erthygl nerthol honno a gyhoeddodd Dewi Emrys yn *Tit Bits* (2 Gorffennaf 1927), erthygl sy'n ddarn o dystiolaeth bwysig, gan ei bod nid yn unig yn darlunio cefndir awdl 'Y Nos', ond yn rhoi i ni gryn oleuni ar holl seicoleg a chyflwr anian y bardd yn ystod y cyfnod hwn; y cyflwr a adlewyrchir mor uniongyrchol yn ei gerddi:

The picture drawn in my poem was not only true in every detail; in actual life its colours were bigger with vividness and tragedy. Every seat on both sides of the river was amply occupied; but the children of the Embankment always made room for 'one more'. . .

What was I doing there? Well—Fate had not been too kind to me . . . The gods help those who help themselves. I sort of gave up the ghost and refused to fight, allowing myself to drift, more or less, with the current. A sort of sweet, selfish indolence, born of disappointment, possessed me; and one is bound to get on the rocks by that method of living . . .[8]

'Roedd y bardd yn siarad yn gwbl onest-agored ynglŷn â'i gyflwr, ac 'roedd hefyd yn meddu treiddgarwch seicolegol di-feth i weld i ganol dyfnder ei wendid. Ond 'doedd rhyddieitha amdano ddim yn ddigon iddo, rhaid oedd ei ganu â thafod bardd, ac fe lwyddodd i wneud hynny yn reit realistig a chrafog yn awdl 'Y Nos':

A ni yno'n newynu—a'r wenlloer
     Wanllyd hithau'n pallu,
Gwelwn ar sedd agwedd ddu
Hen offeiriad yn fferru . . .

75

Aed o'i drallod a'i dlodi—i yfed
Nefoedd plant trueni,
Distawaf, ni farnaf i,
Duw a ŵyr ei bryderi.

Hawdd i wlad yw beirniadu,—ar wen gaer,
Hen gwch a fo'n malu.
Aed ei feirniaid i'w farnu
Draw i fôr y brwydro a fu. [9]

Mae yna ryw nodyn gwefreiddiol rhyfedd yn yr her arbennig hon.

A dyna fel y bu hi am flynyddoedd: Dewi Emrys yn cystadlu'n
fynych ac yn dal i ganu yr un profiadau neu wahanol agweddau
arnynt, nes troi o'i gynnyrch ychydig yn hunandosturiol ar
adegau a braidd yn fyfiol bryd arall. Enghraifft arall o hyn yw'r
bryddest a anfonodd i gystadleuaeth y Goron yn Eisteddfod
Pontypŵl, 1924 ar y testun 'Atgof'. Dyma eiriau un o'r beirniaid,
yr Athro W. J. Gruffydd, am gynnwys ei gerdd:

Rhyw grwydryn ydyw'r arwr yn myned o brofiad i brofiad heb gael
gwared o Atgof, ond y mae'r athroniaeth sydd yma'n elfennol
iawn . . . [10]

Ond er mwyn tegwch, y mae'n rhaid nodi bod sylwadau'r ddau
feirniad arall, Crwys a Gwili, ar y gân yn llawer mwy canmoliaeth-
us i'w chynllun, ei disgrifiadau a'i grym.

Beth bynnag, ar ôl iddo ennill Coron a Chadair y Brifwyl yn
rhan olaf y dauddegau, fe ddaliodd Dewi Emrys ati i gystadlu o
hyd, yn aflwyddiannus yn aml rhwng buddugoliaethau, ar yr un
thema ddigyfnewid yn union. Digon yma yw nodi dwy enghraifft
allan o lawer. Fe gystadleuodd am Goron Abergwaun, 1936 ar y
testun 'Yr Anialwch'. [11] 'Roedd testun o'r fath yn ei lithio'n
enbyd o gryf, wrth gwrs. Anfonodd awdl hefyd i Eisteddfod Bae
Colwyn, 1947 ar y testun 'Y Porthladdoedd Prydferth'. Fe glywir
yn hon eto yr hen dinc hunangofiannol, tinc digamsyniol
anawsterau'r daith:

Try'r sant, o'i anfodd, a'r byd yn oddaith,
I wyll anhyder ar dyle'r dalaith;
Amau'r hen gred a leddfodd galedwaith
A'i ddwyn i uchelion gwynion ganwaith;
Holi, a'r caddug eilwaith—ar bob crib,
Ai seren wib oedd llusern ei obaith. [12]

Ond wedyn, ar ôl yr holl feirniadu cyffredinol, mae miwsig ac
ystyr pennill pendant fel yr uchod yn dal yn bwerus a rhiniol ei
gyfaredd a'i arwyddocâd.

Yn ystod y cyfnod hwn fe gyhoeddodd y bardd ddwy gyfrol o farddoniaeth: *Y Cwm Unig a Chaniadau Eraill*, a *Cerddi'r Bwthyn*. Gan mai cerddi cystadleuol yw llawer iawn o gynnwys y ddwy, fe welir bod y thema sydd dan sylw yn cael tipyn o le rhwng cloriau'r ddwy fel ei gilydd. Fe dery'r bardd yr un tant pruddglwyfus a difrifddwys mewn sonedau a thelynegion fel yn ei ganu caeth, er ei fod yn canu ar destunau eraill, ar dro, yn ogystal. Ond hawdd yw darganfod enghreifftiau lle y parheir i lynu'n ddiollwng wrth yr hen obsesiwn. Fe gân fel hyn i 'Edn y Mynydd' yn y gyfrol *Y Cwm Unig a Chaniadau Eraill:*

> Aros yn dy gartref uchel,
>   Cân uwch storm a chlwy';
> Pe cawn i dy ryddid heddiw,
>   Ni ddisgynnwn mwy.[13]

Ac fel hyn y cwyd ei lais i gyfarch yr 'Unigeddau' pell yn ei ail gyfrol:

> Lle brysiai llaweroedd heibio,
>   A'm rhwystro bob ennyd awr,
> Trwy wacter y cerddwn, fugeilfab dwys,
>   Ar balmant y ddinas fawr.
> O! na chawn ddilyn hen lwybrau'r ffridd
> A phlannu fy nhraed yn y sofl a'r pridd![14]

Fe ddaeth Dewi Emrys i sylw ei genedl o ddifrif fel bardd pan enillodd Goron Prifwyl Abertawe, 1926. Y testun oedd 'Casgliad o Farddoniaeth Wreiddiol yn y Mesurau Rhyddion'. Rhoes y bardd y teitl 'Rhigymau'r Ffordd Fawr' i'w gasgliad, a chanodd i'w brof-iadau crwydrol ef ei hunan drwy'r gyfres. Egyr y casgliad â thelyneg, 'Y Filltir Gyntaf'; ceir cerddi yn dwyn teitlau fel 'Fy Ymdeithgan', 'Ffos y Clawdd' a 'Di, Ddeddf' yn ffurfio corff y gwaith, ac fe'i diweddir gan delyneg addas, 'Y Filltir Olaf'. Mae cynllun ac adeiledd pendant i'r holl waith, cynllun taith bywyd, cynllun sy'n asio'r cyfan yn fwy o ddilyniant organaidd na chasgliad digyswllt o gerddi mewn gwirionedd. Y mae ynddo gerddi ffansïol, meddylgar ac apelgar yn ddi-ddadl. Fe gafodd y bardd gryn ganmoliaeth amdanynt, ond fe'i condemniwyd gan Elfed am arddangos ffug-deimlad[15] ar adegau, a chan yr Athro W. J. Gruffydd am ormod o enghreifftiau o'r hyn a elwir yn 'self-con-sciousness',[16] gymaint felly nes creu'r argraff o ddiflastod ac annidwylledd.

Yna, yn y flwyddyn 1929, fe gipiodd Dewi Emrys y Gadair ym Mhrifwyl Lerpwl am awdl ar y testun 'Dafydd ap Gwilym'. Mae hon yn gerdd afieithus ac angerddol dros ben, canys ynddi fe ganodd y bardd yr hoen a'r asbri cynhenid hwnnw a fyrlymai'n ddiatal o ddwfn ei enaid, sef yr emosiynau unigryw a'i troes yn fohemiad ac a'i gwnaeth yn drwbadŵr o gyffelyb anian i'r hen Ddafydd ei hunan. Mae'n wir mai agwedd ar hen brif thema'r bardd yw hon eto, ond y mae'n agwedd ffres a gwahanol, yn agwedd llawer iawn mwy bywiol a llawen-heriol na'r canu trymddwys, dagreuol a gafwyd ganddo'n gynharach. Mae'r gân hon yn hoywach ei natur na thrwch deunydd 'Rhigymau'r Ffordd Fawr', er enghraifft. Teimlwn ar unwaith wrth ei darllen fod yna ryw gymundeb dirgel a hanfodol ar waith rhwng anianawd rebelgar yr awdlwr ac ysbryd dilyffethair y cywyddwr o Fro Gynin. Mae personoliaeth rydd y Trwferiaid a'r *clerici vagantes*, ysgolheigion crwydrol yr Oesoedd Canol, yn cyniwair drwy'r awdl hon. Fe gafodd y bardd glod digymysg gan y tri beirniad amdani. Dyma eiriau un ohonynt, J. J. Williams:

> Daeth y meistr i blith y disgyblion, ac ni ellir peidio ag adnabod awdurdod ei lais a chyffyrddiad ei law. Nid oes ddyfais na chywreinrwydd yn y ffordd yr aeth o gwmpas pethau. Ond teimlir fod calon fawr, meddwl cryf, a llaw gynnil yn cydweithio bob cam o'r ffordd . . . Dyma angerdd, a chryfder, a gafael nad oes gan neb yn y gystadleuaeth. Barnwn mai dyma'r gân orau a gynhyrchodd yr Eisteddfod ers blynyddoedd.[17]

Yn hollol, y mae'r awdl 'Dafydd ap Gwilym' yn gerdd ysbrydoledig:

> Mwynhau ar lechweddau 'oriau' euraid
> Yn nheml y werddon liw ceinion cannaid;
> Cael yn y goedwig gymun bendigaid,
> A hedd dwyfol ar rodfeydd y defaid;
> Hoffus lafar seraffiaid—ar lasfrig,
> Ar foelydd unig orfoledd enaid.[18]

Mae dwy awdl arobryn nesaf Dewi Emrys o natur gyffelyb i'w gilydd. Ynddynt, fe ganodd ei brofiadau mewnol ar lefel grefyddol neu Gristionogol: 'Y Galilead' yn Eisteddfod Llanelli, 1930 a 'Cymylau Amser' yn Eisteddfod Bangor, 1943. Fe welir dylanwad ei wybodaeth a'i gyn-alwedigaethau fel pregethwr ar y ddwy. Maent yn awdlau defosiynol, yn ddwy awdl o fater ac anian edifeiriol iawn. Fe osodwyd y gyntaf yng ngenau Mair Magdalen, drwy ei llygaid hi y gwelir Crist; fe glywir ysbryd emyn enwog

Islwyn yn tryledu drwy'r ail. Trwyddynt, fe genir buddugoliaeth y Creawdwr a'i Fab ar wyrdroadau cnawd a byd ac ar ddinistr amser. Hwyrach nad yw'r un o'r ddwy yn arddangos llawer o wreiddioldeb gweledigaeth na threiddgarwch dychymyg, ond ni all dyn beidio ag ymateb yn eneidiol iddynt, canys fe ymdeimlir â dwyster gwylaidd y pererin cyfeiliornus yn llosgi drwy gynghanedd a sylwedd y ddwy. Edifeirwch calon pechadur yw eu grym yn hytrach na phwer myfyrdod a nerth meddwl creadigol. Synhwyrwn frwydr enaid Dewi Emrys ei hun yn ymdonni o dan lefain Mair Magdalen, a daliwn rywfaint o orfoledd ei fuddugoliaeth yn telori drwy gân ddyrchafedig Islwyn. Fe ymglywodd y beirniaid â'r cysegredigrwydd hwn hefyd. Dyma sylwadau J. J. Williams ar 'Y Galilead'; sylwadau sy'n digwydd bod yn arwyddocaol dros ben mewn cysylltiad â bywyd a gyrfa farddol Dewi Emrys yn gyffredinol yn ogystal:

> Bu'r awdur yn fedrus iawn i beri i Mair ganu i'r Galilead yn nhermau ei phrofiad a'i theimlad ei hun. Y mae Ei fuddugoliaeth arni hi yn addewid o'i fuddugoliaeth ar y byd. Nodyn a glywir fel islais o dan y cyfan yw'r condemniad ar rodres y temlau o'i gymharu a chrefydd seml y Galilead. Yn hyn o beth dygir i'n cof awdl Lerpwl i Ddafydd ap Gwilym. Condemnio rhodres bywyd a wnâi Dafydd yn bennaf, a chondemnio rhodres crefydd a wna'r Galilead. [19]

Mae sylwadau Sarnicol yr un mor dreiddgar o'r un safbwynt:

> Diameu mai amcan y bardd hwn yw gosod Mair Magdalen i gynrychioli dynoliaeth syrthiedig; a gwelir drwy'r gerdd ddylanwad dwfn a pharhaol y Galilead ar ei buchedd; a dysg inni beth yw ystyr achub enaid yn well nag y medrai cyfrolau o ddiwynyddiaeth. [20]

Fe gaiff y bardd ei hun lefaru ei dystiolaeth o ganol trybestod a gwynfyd 'Cymylau Amser':

> Beunydd uwch glesni cae pan chwaraeom,
> Uwch meysydd ein hawydd dwys dwys pan heuom,
> Hen orthrwm Amser yw'r farn sy arnom,—
> Yr anfwyn ddirwyn na laesodd erom.
> O awr i awr, mewn storom—a heulwen,
> Y mae ei we den fel clawdd amdanom . . .
>
> Morio o wyllfan, dirymu'r hollfyd,
> A rhoi i ddwyfron gyfaredd hyfryd.
> Ti gofi'r nos wen, ddi-awr, ddi-ennyd,
> Hud ei gorafiaith, ei dagrau hefyd;
> Ti'n nofio'n bêr uwch gweryd,—a minnau
> Yn dwyn hualau fy nghnawd, Anwylyd! [21]

Fe enillodd Dewi Emrys ei Gadair olaf yn Eisteddfod Pen-y-bont ar Ogwr yn y flwyddyn 1948 am awdl 'Yr Alltud'. Rhoes y bardd ei gerdd yng ngenau rhyw wrthryfelwr dienw o gyfnod y Tuduriaid (1485-1603) a alltudiwyd oherwydd y rhan a gymerodd mewn ysgarmes leol yn erbyn y meistr tir uchelwrol am ormesu a threisio'r werin. Mae'r ffugenw'n arwyddocaol yn y gerdd hon eto, 'Mab y Ddrycin'. Mae'n wir fod darluniau realistig o gieidd-dra rhai o landlordiaid yr unfed ganrif ar bymtheg yn yr awdl a disgrifiad digon credadwy o fywyd cymdeithasol y cyfnod, ond mae dyn yn teimlo â'i reddf mai'r awdlwr ei hun yw gwir alltud y gerdd. Ymglywn yn ddiamheuol â'i hen ddicter a'i hen edifeirwch yn tanbeidio drwyddi; hen hiraeth y bardd a wyddai gymaint am alltudiaeth lem yr anialwch; y bardd a alltudiwyd am ei wrthryfel yntau hefyd yn erbyn gormes barchus ei gyfnod a'i gymdeithas fel amddiffynnydd gwerin oes y Tuduriaid:

> O! maddau imi ddallineb mebyd
> Heb goledd fy mai, bai rhwyddaf bywyd;
> Cans ni wel nebun yn nef borefyd
> A'i lliwiau rhinfawr mor llwyr ei wynfyd.
> Beunos, a'th fab dan benyd—alltud caeth,
> Eden ei hiraeth yw dy hen weryd . . .
>
> Esgyn i'r allt o fael fy malltod,
> O'm helynt i wynder fy mhlentyndod,
> Carlamu'n llanc arab heb adnabod
> Anwedd yr adwyth sydd yma'n ddrewdod,
> 'Molchi gyda'r mwyalchod—mewn ffrwd iach,
> Wynebu'r oen bach heb yr hen bechod. [22]

Felly, dyna'n fras nodweddion barddoniaeth Dewi Emrys o 1917 hyd 1948. Ni wn i am yr un bardd arall a ganodd ar brif thema mor barhaus ac mor daer ag ef: cân y rebel a'r crwydryn. Fe'i canodd yn chwerw ac yn bruddglwyfus, gymaint felly ar adegau nes llithro o dinc hunandosturi a sentiment meddal i'w miwsig i wanhau cadernid mynych ei nodau. Yn rhyfedd iawn, ni ddigwyddodd hyn yn hanes W. H. Davies. 'Roedd yntau'n grwydryn o fardd a ddioddefodd gryn gyni yn ystod ei fywyd boreol, ac er iddo ganu am rai o'r profiadau hynny fe'i hachub-wyd rhag gormod myfiaeth gan ei ddynoldeb eang tuag at gyffelyb grwydraid yn yr un cyflwr, a hefyd gan ei feirniadaeth ar agwedd cymdeithas yn gyffredinol tuag at y trueiniaid hyn. Hefyd, fe gefnodd W. H. Davies ar thema ei gerddi cynnar; fe ddatblygodd yn fardd serch ac yn fardd natur o gryn faintioli.

Ond os na lwyddodd Dewi Emrys i ymysgwyd yn rhydd o'i obsesiwn a throi at agweddau barddol eraill fe welir, o leiaf, ryw fath o ddatblygiad o fewn cwrs ei hen thema ar hyd taith ei bedair cerdd arobryn gyntaf. Fe ganfyddir bod ynddynt symudiad o ddüwch pechod a chaethiwed i gyfeiriad goleuni a rhyddid; fe anelir ac fe ymchwilir am faddeuant, gobaith a gras, y rhinweddau Cristnogol. Ond, wedyn, fe ganai'r bardd ar gymaint o destunau cystadleuol ymysg y cerddi uchod, nes drysu a chrabio ohono ei dyfiant creadigol; dyna'r drwg mawr a gawdelai ei yrfa farddol. Ar ôl iddo ganu i'w ddihangfa yn 'Cymylau Amser', fe welir ei fod yn dal i lynu wrth ei hen gadwynau yn 'Yr Alltud'. Gryfed oedd eu gafael arno, a'i ymlyniad yntau wrthynt hwythau. Ond er gwaethaf hyn oll, nid bardd i'w wfftio'n ddiystyriaeth mo Dewi Emrys; nid bardd bach diddrwg, didda mohono o bell ffordd er bod rhai beirniaid yn brwd goleddu'r farn honno. Meddai ar rym crefft a grym syniadaeth, ac ar dro fe'u hasiodd yn gelfyddyd.

Ond, eto, er dweud hyn, ac er ymegnïo i geisio deall ei amgylch-iadau, ac addef ei fod yn ffigur reit unigryw yn ein llên ni ellir cydnabod ei fod yn fardd mawr. Felly, os nacáu'r gydnabydd-iaeth honno i Ddewi Emrys, rhaid ceisio nodi beth yn union yw rhai o'r priodoleddau hynny, priodoleddau cymeriad ac awen, sy'n gwneud rhai beirdd yn feirdd mawr. Yn gyntaf, fe ddywedwn i fod yn rhaid i farddoniaeth olygu llawer iawn, iawn iddynt; hi yw cyfrwng cyntaf eu mynegiant; mae'n golygu llawer mwy na bod yn ffynhonnell budd neu ychydig oriau o bleser yn awr ac yn y man ar ymylon bywyd; mewn gair, y mae'n hawlio eu hymgysegriad yn llwyr. Yn ail, fe luniodd y rhan fwyaf ohonynt gyfangorff eang a safonol o gyfrolau barddoniaeth; cyfrolau sy'n amlygu dyfnder, uchder a llydanrwydd gweledigaeth; cyfrolau sy'n dangos angerdd, awdurdod, awen ac amrywiaeth themâu a mesurau. Yn drydydd, rhaid wrth ddisgyblaeth ddygn ar yr hunan mewn cysylltiad â barddoniaeth greadigol; rhaid wrth bersonoliaeth greadigol-reolgar, annibynnol ac uchelgeisiol, yn ogystal â dawn gynhenid. Yn awr, y mae beirdd fel hyn yn fodau prin odiaeth, oherwydd y ffaith seml mai anaml iawn y mae natur yn digwydd cyd-nyddu y cyfan o'r priodoleddau uchod, neu yn wir rai ohonynt, mewn dognau cymesur i we a sylwedd cyfan-soddiad un gŵr arbennig, neu un wraig arbennig o ran hynny. Y mae'n golygu llawer iawn ohoni i'w cyd-ieuo oll yn yr un man yn union. Y mae yna gysylltiad anwahanadwy rhwng yr ystyriaeth hon ar fioleg a barddoniaeth greadigol. Dyna yw barn y niwrolegydd enwog, Russell Brain.[23]

Felly, nid ar chwarae bach y mae dyn yn gallu mentro cyhoeddi bod unrhyw awenydd yn haeddu cael ei gydnabod yn fardd mawr. Tasg drybeilig o anodd ac ingol yw dringo'n deg i drumell uchaf barddoniaeth greadigol. Felly, ble yn union y mae safle Dewi Emrys ar y mynydd hwn? Fe'i rhwystrwyd ef rhag dringo tua'r grib gan y stormydd anffortunus a'i goddiweddodd ar y daith; fe'i rhwystrwyd yn yr ystyr na fedrodd gynhyrchu cyfangorff organaidd o gyfrolau ar amrywiol destunau. Ni chafodd y cyfle i gynllunio unrhyw fath o batrwm pendant i'w yrfa farddol. Mae'r diffyg cynllun a'r weledigaeth eang yma i'w canfod yn blaen yn ei waith. Mae dysg yn llawforwyn hylaw a chymwynasgar iawn ar gyfer gweini ar anghenion dawn ac awen y gwir fardd. Ond yr hyn a ataliodd Dewi Emrys yn derfynol rhag cyrraedd y copa oedd ei ymlyniad di-dor wrth gystadlu drwy ei oes, ac wrth ei hoff, hoff thema—crwydr yr anialwch, trampyddiaeth y cyfeiliorn. 'Roedd ennill yn gyson mewn pob math o eisteddfodau yn broses angenrheidiol iddo, er mwyn cael tipyn o gyhoeddusrwydd ac arian at gael deupen incil digon main a rhaflog ynghyd. Mae yna ystyriaeth arall hefyd: nid dawn y bardd yn unig a roddwyd i Ddewi Emrys; fe roddwyd iddo'n ogystal fedr llifeiriol y pregethwr. Efallai, wedi'r cyfan, mai'r ddawn hon oedd yr un gryfaf yn ei gyfansoddiad, a hefyd yr un agosaf at ei galon. Mae Eluned Phillips yn tystiolaethu fel hyn, hyd yn oed, yn ei llyfr:

> . . . cofiaf y pendantrwydd yn ei lais ychydig cyn ei farw mai fel 'pregethwr' y mynnai ef gael ei gofio.[24]

Barddoniaeth yw galwedigaeth gyntaf y bardd sydd â'i lygaid ar drum y mynydd.

Yn olaf, rhaid yw cofio am gyfaddefiad Dewi Emrys ei hunan ynglŷn â'r 'sweet, selfish indolence' hynny a'i llithiodd i'w gwymp a'i drybini. Fe dynna'r Prifardd T. Llew Jones sylw pendant at y dystiolaeth hon yn ei ddarlith ar y bardd.[25] Fe dreiddiodd effaith y sentiment chwerwfelys hwn braidd yn andwyol drwy ei holl farddoniaeth. Rhaid i fardd uchelgeisiol wrth gadarnach ewyllys a disgyblaeth o fewn ei hydeimledd na'r elfen yna. Oedd, 'roedd tueddiadau bohemaidd digamsyniol yn anian Dewi Emrys, ond bu gan ei ochr biwritanaidd gywilydd, cywilydd digon dagreuol yn aml, ohonynt drwy gydol ei oes. Rhaid i fardd wrth galetach a miniocach meddwl na hyn o fewn posibiliadau cyfoethog deuoliaeth. 'Roedd barn pobl eraill amdano yn golygu llawer gormod iddo er ei les fel bardd. Dyna pa mor greulon yw pen y mynydd hwn: nid yw'n fodlon esgusodi gorfwynder cromosomaidd fel yna, hyd yn oed.

Ond os na lwyddodd Dewi Emrys i gyrraedd y pinacl, fe gyrhaeddodd lepen reit uchel, reit arwyddocaol, drwy dywydd cythreulig o ddrycinog, ar y creigdir hwn. Fe rannwyd iddo gryn ddoniau. 'Roedd ganddo galon bardd a lleferydd arian y gwir bregethwr. 'Roedd yn athro beirdd pwysig, hwyrach yn ormod felly er lles ei awen greadigol ei hun. Fe luniodd awdlau unigryw, yn enwedig 'Dafydd ap Gwilym' a 'Y Galilead', a chanodd rai cerddi cystadleuol mawr fel 'Pwll Deri' a 'Y Gorwel'. Rhwng y cyfan, y mae un ffaith yn aros heb fod llawer o amheuaeth ynglŷn â hi: nid ar chwarae bach yr anghofir enw Dewi Emrys yng Nghymru tra bydd pobl yn dal i feddwl a siarad y Gymraeg ar ei daear.

Donald Evans

CYFEIRIADAU

[1] *Dewi Emrys*, tt. 74-8.

[2] ibid., t. 70.

[3] ibid., t. 69.

[4] ibid., t. 85.

[5] *Cofnodion a Chyfansoddiadau Eisteddfod Birkenhead 1917*, (Gol. E. Vincent Evans), Caerdydd, t. 3.

[6] ibid., t. 25.

[7] *Dewi Emrys*, t. 90.

[8] ibid., tt. 139-40.

[9] D. Emrys James, *Y Cwm Unig a Chaniadau Eraill*, Llanelli, 1940, t. 84.

[10] *Cofnodion a Chyfansoddiadau Eisteddfod Pontypŵl 1924*, (Gol. E. Vincent Evans), Caerdydd, t. 30.

[11] *Dewi Emrys*, t. 188.

[12] Dewi Emrys yn W. J. Gruffydd (gol.), *Wedi Storom*, Llandysul, 1965, t. 24.

[13] op. cit., t. 14.

[14] Dewi Emrys, *Cerddi'r Bwthyn*, Aberystwyth, 1948, t. 73.

[15] *Cofnodion a Chyfansoddiadau Eisteddfod Abertawe 1926*, (Gol. E. Vincent Evans), Caerdydd, t. 41.

[16] ibid., t. 70.

[17] *Cofnodion a Chyfansoddiadau Eisteddfod Lerpwl, 1929*, (Gol. E. Vincent Evans), Caerdydd, t. 22; t. 23.

[18] ibid., t. 33.

[19] *Cofnodion a Chyfansoddiadau Eisteddfod Llanelli 1930*, (Gol. E. Vincent Evans), Caerdydd, t. 9.

[20] ibid., tt. 19-20.

[21] *Wedi Storom*, op. cit., t. 40; t. 45.

[22] *Cyfansoddiadau a Beirniadaethau Pen-y-bont ar Ogwr 1948*, (Gol. William Morris), Lerpwl, t. 29; t. 30.

[23] Cyfeirir at syniadau Russell Brain gan Glyn Penrhyn Jones yn ei lyfr, *Newyn a Haint yng Nghymru*, yn y bennod 'Rhai Sylwadau ar Ysbrydoliaeth', Caernarfon, 1962, t. 192.

[24] op. cit., t. 233.

[25] T. Llew Jones, *Dewi Emrys*, 'Cyhoeddiadau Barddas', 1981, t. 12.

John R. Evans

Ganed John Roberts Evans dridiau cyn Nadolig 1914 yn y Green Cottage gerllaw Capel Soar yn Llanbedr Pont Steffan. Unig blentyn ydoedd i Evan Herbert Evans a Catherine Elizabeth Roberts. Un o Lanbed oedd ei dad, a'i fam yn dod o Barc-y-rhos ychydig y tu fâs i Lanbed. Dyma hanes y blynyddoedd cynnar hynny gan un o gyfoedion J. R., sef Eiddwen James:

'Fe'n ganwyd a'n magwyd ni yn yr un oes, yn yr un dref. Aethom i'r un capel (Capel yr Annibynwyr, Soar), yr un Ysgol Sul a'r un ysgol ddyddiol sef ''Peterwell Council School''. Yr oedd yr ''Empire Day'' a'i ''Salute the Flag'' yn rhan amlwg o'n haddysg yn yr ysgol honno.

'Fe'm ganed i mewn ardal yn y dref, a elwid ''Y Cwmin'' a J. R. yntau yn nes i lawr yng ngwaelod y Cwmin, neu mewn ''flowery English'', Barley Mow. Symudodd ei deulu i uchelderau'r Cwmin ac i'r un stryd â'n teulu ni. Dau gartref gwerinol, cadarn oedd ein cartrefi; fy nhad i yn löwr a thad J. R. yn un o wŷr y rheilffyrdd. Dwy o famau Israel yn wir oedd ein mamau a'r ddwy yn ffrindiau mynwesol.

'Yr oedd ei dad yn bysgotwr arbennig ac yn gwneud pluf pysgota ei hunan. Deuai pobol ato o bell ac agos i brynu'r rhain. Eglwyswyr oedd ei dad ef a'm tad innau a dwy Annibynwraig selog oedd ein mamau. Etifeddodd J. R. rinweddau arbennig— amynedd y pysgotwr ac argyhoeddiad selog y disgybl Ysgol Sul ynghyd ag anwyldeb ei rieni.

TREF LLANBED

'Tref gymharol fach oedd Llanbedr Pont Steffan ein dyddiau ni, gyda phoblogaeth o rhyw ddeunaw cant. Roedd pawb yn 'nabod ei gilydd a phlant y Cwmin yn blant gwerinol clòs, yn dwym dros ei gilydd. Dyma, mi gredaf, oedd crud Sosialaeth J. R. Tenantiaid i'r plasau o gwmpas oedd y rhan fwyaf o'r deiliaid. Dyddiau anodd cael deupen llinyn ynghyd oeddynt a dyddiau pryd oedd aberth rhieni'n amlwg iawn a thad a mam yn gwybod am y mwynhad o aberthu dros y teulu. Ond dyddiau diddan a diwyd hefyd— dyddiau pan oedd llyfr yn berl ac amser i'w ddarllen yn drysor.

'Llanbed a'i chymdeithas glòs oedd ein Llanbed ni, Llanbed a'i chapeli llawn, ei chyrddau diwylliadol brwd, ei 'steddfod wirfoddol, ei chorau, ei chwmnïau drama, ei "Girl Guides" a'i "Boy Scouts". Llanbed lle byddai plant o eglwyswyr a chapelwyr yn cymysgu'n rhwydd. Byddai llond festri Soar o blant yn y "Band of Hope" ar nos Lun yng nghwmni Ifans Soar a Dittws, y ffotograffydd dawnus a'i ryfeddod o *Magic Lantern.* Yna i "Children's Service" yr eglwys ar nos Fercher at y ficer, Albanwr—iaith a chredo a phersonau yn gwahaniaethu ond y gymdeithas yn unol yng nghwmni plant.

'Saesneg bron i gyd oedd iaith ein haddysg gynradd. Galwodd y diweddar W. Ambrose Bebb y dref yn un grach-foneddigaidd ond ar aelwydydd y werin ac yn y capeli yr oedd y Gymraeg yn ei gwisg harddaf yn hollol ddiogel. Tref ydoedd a llafur cariad yn pefrio ei phalmantau, tref a'i gwerinwyr digoleg, yn siopwyr a chrefftwyr, yn rhoi o'u horiau hamdden prin i'n hyfforddi ni'r plant mewn canu ac adrodd ac actio.

'Yn y gymdeithas hon yr oedd Idwal Jones a'i athrylith, ei arabedd a'i anwyldeb a'r Parch. T. Eurig Davies, gweinidog Soar, a'i weledigaethau a'i ddawn farddonol. Fel ym mhob oes mae dylanwad personoliaeth a sefydliad yn fantell i'r sawl sy'n fodlon eu derbyn.

DYDD Y PETHAU BYCHAIN

'Bu'r cwrdd diwylliadol yn Soar yn feithrinfa i J. R. Yma y dechreuodd ymddiddori'n ifanc mewn drama a llenydda. Ym 1928 perfformiwyd drama fuddugol Idwal Jones yn y Genedlaethol, sef "Ffarwel Tibit y Popty" yn Neuadd Victoria, Llanbedr Pont Steffan. Drama i blant yw hon ac roedd Johnny Evans (J. R.) yn un o'r cast pwysig hwnnw, a minnau'n cymryd rhan Tibit. Yna, pan oedd yn laslanc, graddiodd J. R. i fod yn aelod amlwg o Gwmni Drama Soar a fe oedd y ciwrad yn y pair yn nrama W. Mathew Williams.

'Yn y Llanbed gyfoes honno yr oedd yna draddodiad arbennig i'r ddrama ac roedd pob capel â'i gwmni. Dywedodd y diweddar Mrs Mary Lewis, Llandysul, gwraig arbennig ei dawn ym myd y ddrama, fod gwrandawyr Llanbed yn ysbrydoliaeth i actorion. Cymerai cwmni Soar ran amlwg mewn cystadlaethau dramâu un act yn y sir, yn Nhalgarreg a'r Felinfach. Wythnos lawn o gystadlu —dramâu fel "P'un", "Dwywaith yn blentyn" ac ati, toreth o

ddramâu ar gael a chwmnïau'r sir yn eu hactio. Croniclodd un papur lleol y pryd hynny, o dan y pennawd "Disgwylient Cyn y Wawr" fod pobol yn ciwio am chwech o'r gloch y bore er sicrhau seddau i weld Cwmni Soar yn perfformio drama dair act—brwdfrydedd yn byrlymu o lafur cariad mewn brethyn cartre'!

Y SINEMA A'R THEATR

'Yng nghanol yr holl weithgarwch yma ym myd drama y tyfodd J. R. Yma y cafodd gyfle hefyd i werthfawrogi drama o fath arall—drama sgrîn y sinema. Arloesydd arbennig yn hanes Llanbed oedd William Jones y Bwtsiwr, y gŵr a ddaeth â thrydan a sinema i'r dre'. Tair ceiniog oedd pris tocyn mynediad a thyrrai'r plant i fyny'r grisiau pren gwichlyd yno i weld sêr fel Tom Mix, Harold Lloyd a'i anturiaethau doniol a pheryglus, Laurel a Hardy yn dysgu cryfder cyferbyniad a Charlie Chaplin, y pencampwr, yn toddi'r lleddf a'r llon mewn digrifwch dihafal. Yr oedd J. R. yn un o'r ffyddloniaid yn y sinema ac yno y cafodd gyfle i synhwyro cynllun a chrefft stori a chyfoethogi ei ddychymyg.

'Yma byddai cyfle i weld drama flynyddol myfyrwyr Coleg Dewi Sant yn actio gweithiau Oscar Wilde ("The Importance of Being Earnest"), Bernard Shaw ac Emlyn Williams. Cafodd y cyfle i werthfawrogi'r llwyfan byw. Am rai gaeafau daeth Countess Barcynska, gwraig Caradoc Evans, a'i chwmni *repertory* i Lanbed. Cafodd gynulleidfa ffyddlon gref a'r ffyddlonaf o'r ffyddlon oedd J. R., yn ffoli ar ddramâu llwyddiannus y West End fel "The Corn is Green", "The Late Christopher Bean" a "Night Must Fall". Bu'r ymweliadau yma yn rym dylanwadol ar J. R. ac yn symbyliad sicr iddo fel dramodydd.

ADDYSG SAESNEG

'Derbyniodd J. R. ei addysg uwchradd yn y "College School" yn Llanbed—ysgol ac iddi draddodiad addysgiadol go arbennig. Deuai'r disgyblion yno o bell ac agos. Er hynny, Seisnigaidd oedd cefndir yr addysg a geid yno. Credaf mai teg yw dweud, oherwydd dylanwadau ei addysg gynradd ac uwchradd, y byddai'n haws o lawer i J. R. petai wedi llenydda yn Saesneg (byddai wedi bod yn fwy proffidiol iddo yn ariannol hefyd) ond ymladdodd i loywi ei Gymraeg a chafodd help gan ei annwyl briod, Dilwen. Trwy argyhoeddiad fe ddaliodd ati a daeth i'r adwy fel awdur a dramodydd pan oedd y trai yn amlwg ym môr llenyddiaeth gyfoes ein gwlad.

'Darparai Llanbed ein hoes ni wledd o ddiwylliant cymysg a'r cyfanwaith yn dir ffrwythlon i'r sawl a oedd wedi etifeddu hedyn athrylith. Ein J. R. ni oedd hwnnw—anwylyn ei gyfoedion. Datblygodd ei ddawn gynhenid, disgyblodd hi â'i allu meddyliol craff, a thrwy addysg coleg a phrofiadau byd y llynges aeddfedodd ei fedrusrwydd yn greadigaethau llenyddol a fydd yn foddion i'w genedl am byth.'

O 'Peterwell Council School' yn Llanbed aeth J. R. ymlaen i 'Saint David's College School' ac oddi yno i Goleg y Drindod, Caerfyrddin. Roedd ef yno o 1933 hyd 1935 pan oedd Canon Parry yn brifathro yno. Roedd disgyblaeth lem yno a rheolau caeth. Cyfaddefodd wrthyf fwy nag unwaith taw maes y Gyfraith oedd yn apelio ato ond y byddai dilyn y cwrs hwnnw mâs o'r cwestiwn ar y pryd, oherwydd yr amgylchiadau. Gwnaed rhywfaint o iawn am hynny pan gafodd gyfle i eistedd ar Fainc Ynadon Llanilar ac wedyn yn Aberystwyth. Cymerai'r gwasanaeth hwn o ddifrif a bu'n dilyn cyrsiau yn Hwlffordd o dan gyfarwyddyd y Barnwr Watkin Powell. Darllenai lawer ar y gyfraith ac roedd gan ei gyd-ynadon feddwl uchel ohono. Cofiwn hefyd iddo lunio mwy nag un gyfres *Ar Brawf* ar gyfer Teledu Harlech.

Pan ddaeth J. R. Evans mâs o'r coleg ym 1935 roedd yn adeg anodd iawn i gael swydd fel athro. Bu adre' am sbel wedi gadael y coleg ac yna penderfynodd fynd i Lundain i chwilio am waith. Cafodd swydd dros dro mewn ysgol yn yr East End. Dywedodd fod pobol yr East End yn ymfalchïo yn eu stryd. Byddent yn gofalu fod blodau ffres mewn llestr ar gornel y stryd bob amser i gofio am y rhai a gollwyd yn y Rhyfel Byd Cyntaf.

Ym 1936 cafodd ei benodi'n athro mewn ysgol yn Sutton (Surrey)—ysgol wedi ei chodi ar stad newydd o dai. Yna daeth cyfnod y rhyfel a'r cyrchoedd sydyn o'r awyr yn y dinasoedd a'r trefi mawrion. Ymunodd J. R. â'r ARP (Air Raid Precaution) a chael profiadau rhyfedd—a doniol weithiau—wrth ddiffodd y tanau yn y cyrchoedd awyr. Yn Ionawr 1940 priododd J. R. â Dilwen Mary Williams, merch i ysgolfeistr Idole gerllaw Caerfyrddin. (Ceir ei lun a'i hanes yn *Hanes Ysgol Esgairdawe*; buasai'n ysgolfeistr yno cyn symud i Idole.) Athrawes oedd Dilwen a'i diddordeb hithau yn gogwyddo tuag at gyfansoddi ac ysgrifennu.

Ym 1941 ymunodd J. R. Evans â'r Llynges. Dewiswyd ef i fynd ar gwrs 'Radar' a chael cryn lwyddiant wedi'r astudiaeth honno gan iddo dderbyn comisiwn i fod yn swyddog. Cafodd brofiadau erchyll pan oedd ei long mewn *convoy* ym Môr y Gogledd. Rhywfodd cafodd y llong ei tharo gan ei thorpedo ei hunan. 'Alle hynny ddim digwydd i unrhyw long arall'; fel'na y byddai D. Alwyn Jones yn tynnu coes J. R., ond roedd yn nodweddiadol o J. R. i chwerthin am ei ben ei hunan.

Ym 1946 ar ôl iddo gael ei ryddhau o'r llynges aeth J. R. yn ôl i ddysgu yn Surrey. Yna ym 1947 apwyntiwyd ef yn ysgolfeistr ysgol gynradd Pen-uwch yng Ngheredigion. Yn y bennod 'Atgofion 1947-1954' yn *Rhwng Gwenffrwd Ac Arth* (llyfr canmlwyddiant Ysgol Pen-uwch a olygwyd gan John Roderick Rees) dywed iddo fod wythnos yn hwyr yn cyrraedd Pen-uwch. Bu lluwchfeydd eira mawr 1947 yn hirymarhous yn gadael y bryndir hwn.

Ym 1954 symudodd i gymryd gofal Ysgol Gynradd Llanilar yn nyffryn Ystwyth. Ym 1976 agorwyd ysgol newydd yn Llanilar a phenderfynodd J. R. Evans mai dyma'r amser addas i ymddeol. Roedd gan y teulu fyngalo helaeth wedi ei adeiladu ar gwr y pentre' o ochr Aberystwyth. Yn Llanbed y ganed Siân y ferch rhyw flwyddyn cyn symud i Ben-uwch ac ym Mhen-uwch y ganwyd Robert, y mab.

J. R. Y CYFAILL

Mae gan y rhelyw ohonom gylch bychan o gyfeillion agos, cywir, a diolch amdanynt ar daith bywyd. Roedd J. R. Evans yn un o'm cyfeillion i. Ar un olwg mae'r ffaith hon yn un ryfedd. Nid oedd yn hollol o'm cenhedlaeth i. Nid oedd yn perthyn i'r un blaid, nac i'r un undeb nac i'r un enwad er taw Annibynnwr ydoedd yn y gwraidd. Er gwaethaf y gwahaniaethau hyn fe'i cefais yn gyfaill triw a charedig. Buom yn trafod llawer o bynciau a dadlau'n go chwyrn ar brydiau ond nid oedd digofaint a malais yn agos ato. Roedd yn elyn i bob math o anghyfiawnder a gwylltiai ambell dro os clywai am rywun wedi cael ochr. Ond gŵr mwyn ydoedd. Mae ei gyfaill agos, D. Alwyn Jones, yn cofio ymweld ag ef yn ysgol Llanilar a bachgen bach yn cydio'n dynn yn llaw J. R. wrth iddo groesi'r iard.

Deuthum i'w adnabod gyntaf yn haf 1950 trwy T. Llew Jones a buom yn whare criced ar gae'r gwersyll yn Llangrannog pan oedd J. R. a Llew yn athrawon mewn ysgol-wersyll o dan Awdurdod

Addysg yr hen Sir Aberteifi. Yn ysbeidiol y byddem yn cyfarfod yn y pumdegau, ar faes Eisteddfod yr Urdd, neu'r Brifwyl ac ambell i gyfarfod yn y Cilgwyn. Wedi dychwelyd i'r sir hon o Forgannwg yn Ionawr 1961 y deuthum i'n un o'i gyfeillion agos. Cyfarfyddem ym mhwyllgorau sir yr Urdd, pwyllgor y panel golygyddol, pwyll-gorau Cymdeithas Lyfrau Ceredigion ac ar dro yn Aberystwyth ar fore Sadwrn. Weithiau hefyd cawn wahoddiad i uno â'r cylch bychan a gyfarfyddai yn Aberystwyth ganol dydd ar y Sadwrn. D. Alwyn Jones, Ithel W. Jones, J. R a Mostyn Dummer oedd aelodau'r cylch hwnnw. Ond cefais groeso mawr ar aelwyd y Rhyd a threulio ambell benwythnos yno. Coffa da am y teithiau cerdded ar fryniau Ffair-rhos a Thregaron hefyd. Mae'r atgofion yn felys bob un.

J. R. Y LLENOR

Mae'n syndod ar un olwg fod John R. Evans wedi gwneud cymaint o gyfraniad i lenyddiaeth Gymraeg. Cyhoeddodd chwe nofel, tair cyfrol o storïau byrion, a nifer o ddramâu byrion. Mae o leiaf bum drama hir o'i eiddo heb eu cyhoeddi. Mae Eiddwen James eisoes wedi cyffwrdd ag un rheswm sef yr addysg 'Seisnig-aidd' a gafodd J. R. yn ysgolion Llanbed. Dychwelyd i ardal wledig Gymreig Pen-uwch ym 1947 fu'r trobwynt.

Roedd wedi ymhel â llenydda yn Llundain cyn hynny a derbyn-iwyd storïau byrion o'i eiddo gan gylchgronau Llundain a darlled-wyd rhai rhaglenni o'i waith ar y radio. Dylanwadodd T. Ll. Stephens, Talgarreg (a fu'n ysgolfeistr ym Mhen-uwch ei hunan) ar J. R. Evans i sgrifennu yn Gymraeg. Roedd Alun R. Edwards newydd ei benodi yn Llyfrgellydd Sir Aberteifi ar y pryd hefyd, ac wrthi'n lansio ei gynlluniau chwyldroadol. Trefnwyd cyrsiau athrawon ac Arolygwyr Ysgolion yn y Cilgwyn, Castellnewydd Emlyn. Sefydlwyd panel golygyddol i drafod y bylchau ym myd llyfrau plant (yn bennaf) a threfnu cystadlaethau i lanw'r bylchau hynny. Cyhoeddwyd llyfrau fel *Cen Ceredigion, Storïau Awr Hamdden, Ni Thâl Dial, Y Plismon Newydd* a *Hawyr Bach* a gwelir bod J. R. a'i briod Dilwen wedi cyfrannu'n sylweddol i'r llyfrau hyn.

Daeth stori o eiddo J. R. Evans ag ef i'r amlwg fel llenor pan enillodd mewn cystadleuaeth stori fer yn *Y Cymro*. Stori yw 'Eirwen' am ddiwrnod olaf ysgolfeistr cyn ymddeol mewn ysgol wledig. Daw merch fach i'r ysgol am y tro cyntaf ar ddiwrnod olaf y tymor: roedd ei mam, a fu'n ddisgybl i'r ysgolfeistr, am i'w merch fach gael o leiaf un diwrnod yn ei ysgol.

Mae rheswm arall am y rhyfeddod i J. R. fedru llenydda o gwbl. Nid meudwy ydoedd. Meddai Elan Closs Stephens mewn ysgrif goffa (*Y Faner*: 23 Ebrill, 1982):

> Y mae yna lenorion sydd yn medru bodoli mewn ardal a byw yn eu gwaith; nid un felly oedd J. R. Evans.

Ym Mhen-uwch, yr ysgol a'r capel oedd canolfannau'r ardal. Yn yr ysgol y cynhelid cyngerddau, ambell i ddrama, gyrfaoedd chwist a dosbarthiadau nos. Ar wahân i hynny roedd J. R. Evans yn bwyllgorwr a thuedd ynddo i 'gasglu pwyllgorau' a byddai galw arno'n gyson i fynd ar baneli seiat holi neu fel cwisfeistr i glybiau ac aelwydydd. Gweler teyrngedau Gwynfor Jones a Dan Rees Llanilar ('Cofio J. R. Evans' yn *Y Ddolen*, Rhif 41, Mai 1982) sy'n tystio i'w weithgarwch yn lleol. Bu'n cyfrannu i'r *Ddolen* (papur bro cymoedd Yswyth a Wyre) yn gyson ac yn golygu'r papur yn ei dro. Rhaid oedd iddo deipio a hyd yn oed helpu i blygu'r papur hwnnw.

Fe ddywed Mrs Dilwen Evans y gallai ei phriod ei ddisgyblu ei hunan i sgrifennu pan gâi'r diwrnod ar ei hyd. Byddai'n cynllunio rhaglen waith ac amserlen go gaeth am y diwrnod. Weithiau dôi i ben â chyflawni'r hyn a drefnai.

Y NOFELYDD

Credaf taw *Y Dyfroedd Tywyll* a gyhoeddwyd gan Wasg Gee (heb ddyddiad) oedd nofel gyntaf J. R. Evans. Ym 1962 cyhoeddwyd *Ar Drothwy'r Nos* (Cymdeithas Lyfrau Ceredigion). Nofel yw hon sy'n rhoi hanes codi gorsaf arbrofi filwrol ar gwr pentref glan-môr yng Nghymru (Aber-porth, mae'n debyg). Cydiodd J. R. Evans mewn themâu cyfoes yn ei nofelau. Nofel am dyndra rhwng dau fab i deulu parchus yw *Gefynnau Cudd* (Llyfrau'r Dryw, 1966). Ei bedwaredd nofel oedd *Y Delfrydwr* (Llyfrau'r Dryw, 1968). Nofel yw hon am Edward Williams, delfrydwr a breuddwydiwr, a oedd wedi ei ynysu ei hunan ac o ganlyniad i hynny wedi anghofio sut i gyfathrachu â dynion. Bod yn ddelfrydwr oedd yn bwysig, hynny a phrotestio yn erbyn drygau'r byd. A phrotestio a wnaeth J. R. Evans hyd y diwedd.

Bu ei nofel *Yn Dawel Gyda'r Nos* (Llyfrau'r Dryw, 1970) yn fuddugol yn Eisteddfod Pantyfedwen, Pontrhydfendigaid pryd yr enillodd y Fedal Ryddiaith. Cymdeithas Lyfrau Ceredigion a gyhoeddodd ei nofel olaf sef *Y Cwm Cul* (1980). Roedd gan yr awdur ddiddordeb a chydymdeimlad, â 'phobol yr ymylon'.

Fel nofelydd ac fel dramodydd, y plot oedd yn bwysig i J. R. Evans. Yr oedd yn feistr hefyd ar ddeialog ystwyth yn ei nofelau. Os rhywbeth, yr hyn sy'n ddiffygiol yn ei nofelau yw'r gymeriadaeth; digwyddiadau sy'n ei ddiddori ac nid llunio cymeriadau crwn 'true to nature' chwedl Wil Bryan. Eto mae ei nofelau yn darllen yn rhwydd ac yn ddifyr.

Y STORÏWR

Rwy'n sicr taw'r stori fer a'r ddrama fer oedd priod feysydd J. R. Evans fel llenor o'u cyferbynnu â'r nofel a'r ddrama hir lle mae'n llai llwyddiannus.

Cyhoeddwyd tair cyfrol o'i storïau byrion. *Y Blynyddoedd Coll a Storïau Eraill* oedd teitl y casgliad cyntaf a gyhoeddwyd gan Wasg Aberystwyth ym 1960. Soniwyd eisoes am 'Eirwen'; bu'r stori hon ac 'Y Wyrth' yn fuddugol yng nghystadleuaeth y stori fer yn *Y Cymro*. Enillodd y stori 'Y Plentyn' yn Eisteddfod Powys. Mae deg stori *Y Blynyddoedd Coll* yn dangos cryn fedrusrwydd. *Diwrnod Poeth a Storïau Eraill* (Christopher Davies) oedd y casgliad nesaf a gyhoeddwyd a hynny ym 1963. Gwelir yr un afael sicr ar ei gyfrwng yn y casgliad hwn eto. Mae'r stori gyntaf un, 'Diwrnod Poeth', yn gafael o'r cychwyn. Yn y gyfrol hon mae ganddo stori o'r enw 'Dyn y Bws', hanes gyrrwr bws sy'n penderfynu torri ar undonedd ei waith un diwrnod gyda chanlyniadau difrifol. 'Y Dyn a drodd yn Gwningen' yw'r stori olaf yn y llyfr ac mae'r syniad a'r hiwmor sydd yn y stori yn nodweddiadol o J. R. Evans. Casgliad da o storïau yw *Diwrnod Poeth* ac yn fy marn i dyma'r llyfr gorau o'i eiddo.

Lleisiau yn y Niwl (Llyfrau'r Faner) yw teitl y trydydd casgliad o storïau J. R. Evans. Yn lle manylu ar y storïau hyn gadawaf i'r hyn a sgrifennwyd ar ffedog y llyfr roi syniad o'r cynnwys:

Casgliad o storïau byrion yw cynnwys y gyfrol hon ynghyd â'r stori fer hir 'Lleisiau yn y Niwl' sy'n adrodd am Ann, y ferch ysgol a fynnodd ddianc i Lundain gyda'i chariad . . . a gwelir ymateb tri chymeriad o safbwynt gwahanol i'r hyn a ddigwyddodd. Storïau cyfoes yn llawn cyffro a dychymyg wedi'u mynegi'n grefftus gan awdur sy wedi ennill ei blwyf fel llenor.

Cyhoeddwyd rhai o'i storïau yn y gyfres 'Storïau Awr Hamdden' (Christopher Davies) a darlledwyd eraill. Hwyrach fod yna ddefnydd cyfrol arall o'i storïau ymysg y deunydd o'i eiddo sydd heb ei gyhoeddi.

Y DRAMODYDD

Soniodd Miss Eiddwen James am J. R. fel actor yng Nghwmni Drama Soar. Ni wireddwyd yr addewid. Ni ddaeth yn John Gielgud Cymru. Pe bawn yn gofyn i'w gyfaill Ithel Jones, Tal-y-bont: 'Sut actor oedd J. R.?' gallaf glywed goslef ei ateb, 'Anobeithiol!' Gwyddai J. R. ei hunan beth oedd ei gyraeddiadau ar lwyfan.

Ond roedd yn ddramodydd toreithiog. Mae'r catalog dramâu Cymraeg un act a gyhoeddwyd ym 1969 yn rhestru o leiaf un ar hugain o'i ddramâu byrion. Dyma deitlau y casgliadau: *Chwe Drama Fuddugol* (Cymdeithas Lyfrau Ceredigion, 1960), *Y Tad a Dramâu Eraill* (Gwasg Gomer, 1966), *Cath Mewn Cwd* (Gwasg Gomer, 1968) a *Man Du Fan Draw* (Cymdeithas Lyfrau Ceredigion, 1970). Cyhoeddwyd 'Y Cardotyn' yn *Tair Drama Fer* (Llys yr Eisteddfod, 1963). Cyhoeddwyd dramâu unigol o'i waith hefyd: *Mrs. Lewis* (Gwasg Aberystwyth, 1954), *Broc Môr* (Gwasg Gee, 1956) ac *Ar Ymyl y Dibyn* (Cymdeithas Lyfrau Ceredigion, 1965). Mae copïau o 'Y Crwydryn' ac 'Owen Wingrave' ar gael mewn teipysgrif.

Perfformiodd Cwmni Drama Ceredigion nifer o'r dramâu hyn yn ogystal â'i ddramâu hir a hynny fynychaf gydag Ithel Jones yn cynhyrchu. Ni chyhoeddodd J. R. Evans yr un ddrama hir o'i waith ond perfformiwyd y rhain mewn gwahanol wyliau er enghraifft, 'Y Dyn ar y Llwyfan' (Drama Gomisiwn Cymdeithas Ddrama Cymru); 'I Ba Le Yr Af' (Drama Hir Fuddugol Eisteddfod Genedlaethol Y Fflint, 1969); 'Tân Ar Yr Aelwyd'; 'Y Dyn Lan Stâr' (Drama Gomisiwn Eisteddfod Genedlaethol Rhydaman, 1970) ac 'A Oes Heddwch?' (Pasiant Comisiwn Eisteddfod Genedlaethol Aberteifi, 1976). Enillodd Dlws y Ddrama yn Eisteddfod Genedlaethol Machynlleth 1981 a chyhoeddwyd y ddrama fuddugol *Brawd am Byth* gan Wasg Carreg Gwalch. Bu ei ddrama un act 'Ar Ymyl y Dibyn' yn agos iawn yn ôl Thomas Parry i ennill Coron y Drenewydd ym 1965.

Ychwanegwch y degau o basiantau y gofynnwyd i J. R. a Dilwen eu llunio ar wahanol achlysuron a chawn syniad o'i gyfraniad helaeth ym myd y ddrama. Credaf na chafodd J. R. Evans y sylw a haeddodd fel llenor yng Nghymru. Amser sydd yn cloriannu. Hwyrach y gwelwn gwmnïau teledu yn gwneud defnydd helaeth o'i weithiau ar S4C. Efallai iddo gystadlu gormod a dal i gystadlu ond ar y cyfan roedd ei agwedd a'i ymlyniad tuag at lenydda yn eiddo i un wrth broffes.

Gwilym J. Thomas

(Rwyf yn ddiolchgar i Miss Eiddwen James am gael dyfynnu rhan o sgript o'i heiddo a ddefnyddiwyd mewn Rhaglen Deyrnged i J. R. Evans a gynhaliwyd yn Theatr Felin-fach, 13 Mawrth, 1984.)

Aneurin Jenkins Jones

Yn Ionawr 1950 aeth Aneurin Jenkins Jones i letya yng nghartre Mr a Mrs Dummer a'u mab, Mostyn, yn Frondewi, Rhodfa Stanley, Aberystwyth. Buasai'r tŷ hwn tan fis ynghynt yn gartre' i minnau hefyd am naw mlynedd, a bellach dyma Aneurin yn cymryd fy lle, yn cael ymlacio yn yr un gadair esmwyth, etifeddu yr un stafell wely (hyd yn oed fy lluniau Van Goghaidd!) ac yn bwysicach fyth, yn cael y profiad o freintiau byw ar aelwyd gymwynasgar.

Pan ddychwelwn i Aber bob gwyliau ar ôl hynny, gwelwn fod Aneurin yntau erbyn hyn wedi'i fabwysiadu'n aelod o'r un teulu, ac oherwydd hynny fe dyfodd rhyw berthynas brawd a chwaer rhyngom yn syth, perthynas glòs a barodd hyd ei farw'r bore Iau hwnnw o Ebrill 1981. Yn ystod cyfnod o ddeng mlynedd ar hugain, felly, cefais gyfle i ganfod ym mherson Aneurin rinwedd-au unplyg y Cristion. Yn ogystal â hynny, breintiwyd ef â doniau disglair llafar a llên. Ei rinwedd fwyaf oedd gonestrwydd. Siarad-ai'n agored am ei fagwraeth dlawd ac aberth ei rieni ar ei ran ef a'i frawd, Gethin. Roedd perthynas ysbrydol glòs rhyngddo a'i fam a gadwai'r siop fach honno yn Llanfair Clydogau, a byddai Aneurin yn ei hystyried hi'n wrthrych ei serch a'i ddelfryd fel y gwnaethai Whistler pan beintiodd yntau ddarlun o'i fam. Ymhell wedi marw ei fam, byddai Aneurin yn dangos inni fanylion pwythau a wniwyd gan ei nodwydd hi mewn dilledyn darbodus o gyfnod ei thlodi. Ymhyfrydai ef yn y gamp grefftol oedd yn amlygiad o'i dyfalbarhad a'i hamynedd. Fel y gŵyr pawb o gyd-nabod Aneurin, un tra siaradus ydoedd ond fyth yn fwy siaradus na phan soniai am ei fagwraeth, ac fel y disgwyliai am ddychwel-iad ei dad o'r cymoedd glofaol gydag ambell geiniog o bae, ar ôl ymdrechu gwerthu rhywfaint o ymenyn cartref yno.

Yn ysgol fach Llanfair Clydogau y cafodd Aneurin ei addysg gyntaf, a defnyddiai'i brofiad yno'n sylfaen i ddarlith a luniodd ar gyfer myfyrwyr Coleg y Drindod ymhen blynyddoedd wedyn:

> Dros gyfnod o dair blynedd, rhwng saith a deg oed, yr oedd yr ysgol yr oeddwn i yn ei mynychu o dan ofal prifathrawes a oedd yn wraig garedig tu hwnt. Rwy'n ei chofio hi'n oedrannus, yn fychan a chrwn. 'Does gen' i ddim cof amdani ond fel person a oedd yn ymylu ar fy myd y tu mewn i furiau'r ysgol yn unig. Un o'r Eingl Esgobion oedd

hi, os mynnwch, yn cartrefu yn Llanbed, bedair milltir i ffwrdd. Roedd hi'n Gymraes, ond 'does gen' i ddim cof iddi ddysgu dim i ni'r plant yn Gymraeg erioed. A dweud y gwir, 'does yna ddim un o'i geiriau yn aros yn fy nghof ond 'Hadlw!', ac fe aeth llawer blwyddyn heibio cyn i mi ddeall mai ystyr yr ebychiad hwnnw oedd *That will do!* A 'Hadlw' a fu hi arnom ni'r plant, mae arna' i ofn, ar lawer iawn o'n siarad a'n symud a'n chwarae naturiol ni am gyfnod llethol o faith— llonyddwch, nid llawenydd—gwrando, nid creu.

'Does gen' i ddim cof am unrhyw wers iaith na llên o unrhyw fath; 'does gen i ddim cof am ddysgu un darn o farddoniaeth Gymraeg. Rwy'n cofio'n dda cael *Union Jack* ceiniog yn wobr am ddysgu 'Ye Mariners of England', ar gyfer Dygwyl Sant Siôr. 'Does gen i ddim cof am na gwers Ysgrythur na Natur na Hanes na Daearyddiaeth. 'Roedd hi'n waharddedig cicio pêl rhag torri chwareli'r ffenestri. A dweud y gwir rhyw dair gwers yn unig sy'n aros yn y cof o'r cyfnod ar ei hyd, a dyma nhw:

(a) gwers flynyddol gan y 'fenyw alcohol', fel y byddem ni'r plant yn ei galw;

(b) gwers gan 'Princess Marina', gwraig lawen, grych ei gwallt, a fyddai'n dod i'n gweld bob hyn a hyn i sôn wrth blant y wlad am awyr iach, am ddillad glân ac am newid dillad doli,—dynes y Pla Gwyn!

(c) sgwrs gan ryw ŵr a ddaeth heibio i werthu sebon carbolig yn un o gadgyrchau mawr y 'Clean Hands Campaign'.

Rwy'n cofio'r pethau hyn am ein bod ni wedi cael cyfle i *wneud* rhywbeth—wedi cael cyfle i roi mwydyn [pry genwair] mewn gwydraid o alcohol, a'i weld yn crebachu—am i ni'r bechgyn gael hwyl ar edrych drwy dwll bach y clo pan oedd Princess Marina yn newid dillad doli gerbron cynulleidfa ddiflas o ferched, ac am i ni gael slopian ein dwylo mewn trochion antiseptig mewn llond bwced o ddŵr oer ar lawr yr ysgol. Rwy'n cofio'r cyfan am ein bod ni wedi cael cyfle i *wneud* rhywbeth, a hynny am y tro cyntaf erioed.

Er gwaetha'r llach haeddiannol hon, clywais Aneurin lawer tro'n canmol prifathro newydd a ddaethai i Lanfair, Mr. Jack Poole, a chofiaf ymweld â hwnnw yn ei ysgol fechan Saesneg yn Clun, ardal Mary Webb, a chlywed Aneurin yn diolch iddo am ei ysbrydiaeth gynt.

Bu cyfnod Aneurin yn Ysgol Sir Tregaron ar ôl llwyddo yn y *Scholarship* bondigrybwyll yn gyfnod o fwynhad o dan brifathrawiaeth S. M. Powell. Yno y cafodd dawn gyhoeddus Aneurin ei feithrin a datblygodd yn arweinydd Tŷ, gan ddangos ei fedr fel bardd ac actor. Rhannodd ddesg ag 'enaid hoff cytûn', sef bachgen direidus o Fwlch-llan, neb llai na George Noakes (Esgob Tyddewi erbyn hyn), ac yn y dyddiaduron a gadwai cyfeiria'n aml

98

hefyd at 'Eleri fy nghyfeilles, merch i'r llenor enwog a'r pregethwr annibynnol gwych—T. Eurig Davies'.

Yn Awst 1945 cofnoda:

Daeth newydd rhagorol heddiw am ddyrchafiad D. Lloyd Jenkins i brifathrawiaeth Ysgol Sir Tregaron. Ni ddymunwn glywed gwell newydd. Melys gofio am ei ddosbarth a'i wersi a'i ysbrydiaeth ddibaid. Yr wyf yn ddyledus dros ben iddo am bob cariad at lenyddiaeth.

Yn ystod y cyfnod hwn ymglywai Aneurin â rhin hen fywyd y fro pan ddywed yn Nhachwedd 1941:

Mae'n amlwg fod *status quo*'r hen draddodiadau'n cyflym falurio ond mae lan i ni, y to ieuanc i achub y cyfan. I fod yn 'doriaidd' rhaid sefyll dros 'Protection' a 'Chonservation' yn y pethau hyn.

Chwarae teg iddo, onid yw'r eirfa'n Gymraeg, mae'r treiglad llaes yn gant a chant draddodiadol!

Â rhagddo i sôn am y teulu a fu iddo ef yn gefn cadarn ar hyd ei fywyd:

I osgoi rhegfeydd gwyllt y meddwon yn y ffair, mi a gyrchais i aelwyd Nant-y-medd, ac yno fwynhau cwmni Mr a Mrs Evans ac Arwyn. Rhagor o gyrchu tebyg sydd eisiau ben blwyddyn, i daflu golwg yn ôl ac i ail-glymu cadwyn cyfeillgarwch.

A doedd neb cyflymach nag Aneurin mewn cwmni bychan yn byrlymu storîau yn arddull ras wyllt y Cardi, ac eto'n gyhoeddus, roedd ganddo arddull glasurol, araf. Dyna a'i gwnaeth ef mor dderbyniol fel athro, darlithydd, areithydd ac offeiriad. Gofalai bob amser orffen ei frawddegau'n gyflawn a dolennai eu cymalau'n ramadegol rymus. Poenai ef fod myfyrwyr yn amddifad o seiliau gramadeg, a phwysleisiai ei ddysgu bwysigrwydd gosod sylfeini gramadeg i blant.

Ac yntau wedi'i fagu'n eglwyswr fel ei dad, er bod ei fam yn gapelwraig 'biwr a haelionus', naturiol oedd i Aneurin, fel ffasiwn ei fro, fynd i Goleg Dewi Sant, Llanbed, gan feddwl, yn y pen draw, gymryd urddau eglwysig. Yn ei ddyddiadur cofnoda gyfweliad â'r Prifathro Archdall oedd yn ei gynghori:

(1) mai'r peth cyntaf ddylwn ystyried oedd—a ddymuna fy Nghreawdwr imi wneud rhyw waith arbennig yn y byd hwn;

(2) ystyried wrth ddewis fy ngalwedigaeth a oedd hyn wrth fodd Duw;

(3) peidio ag ystyried seguryd yn gysur;

(4) bod o gymorth i eraill;

(5) rhoddi cysur i eraill yn hytrach nag i mi fy hun.

Ond dryswyd gyrfa Aneurin gan yr Ail Ryfel Byd, ac ymunodd yn gyntaf gyda'r Llu Awyr a newid, o bopeth, i ddilyn cwrs 'Gunner Class II Royal Artillery', un o'r 'isaf a'r dirmygedig rai' ys cofnoda yn ei ddyddiadur, ac ychwanegu:

> Yn wir soldiwr anghyffredin iawn ydwyf—mae'n gas gennyf enw'r fyddin a'r oll y saif amdano.

Dyma gyffes deimladwy a sgrifennwyd wrth ddychwelyd i Preston wedi egwyl o ddeuddydd yn Llanfair:

> Cyrraedd Preston tua hanner awr wedi naw ar ôl cael taith hyfryd trwy Gymru. Mor hardd oedd Cymru heddiw; y mynyddau dan hugan lwyd o niwl yn arswydus yn eu godidowgrwydd Celtig. Yna, graig arw oer, fan hyn gornant yn drysorlys o erwau amryliw, acw y bryniau moel dan draed y ddafad wlanog, ac uwchben, y ffurfafen yn dwyn y cymyl llwydion yn drymlwythog gan wlith a glaw dros donnau ewynog y bae i gilfachau Meirionnydd. Teimlwn gynhesrwydd hiraeth. Mynnwn ganu; ac yr oedd yn fy mron ias am gyfansoddi; ond weithian wele Groesoswallt yn y pellter yn ddu o dan ei mwg a'i diwydiant. Minnau yn oeri, oeri, yn filwr ac yn fardd, a deuddydd o'm bywyd yn atgo hyfryd, hyfryd (4:11:44).

Symudodd Aneurin i wersyll milwrol Pontsenni, a chofnod dadlennol yw'r un am 9 Rhagfyr 1944:

> Mynd i'r Eisteddfod ym Mhontsenni yn yr hwyr. Eisteddfod eitha' llwyddiannus a safon weddol. Ond pam y mae'n rhaid i bethau gael eu sbwylio yng Nghymru oherwydd sŵn meddwon a chwerthin clochaidd merched penchwiban yn y seddau ôl? Rhaid lladd y pethau yma unwaith ac am byth ... Gadael cyn gorffen yr Eisteddfod, oherwydd y sŵn.

Yn ystod ei gyfnod o wasanaeth milwrol fe lesteiriwyd Aneurin gan y dicái difaol a fu'n gymaint gorthrwm ar gymunedau cefn gwlad ers cenedlaethau. Aeth i Ysbyty Llangwyfan a gorfu iddo dreulio blwyddyn gyfan yno, a chael ei gofrestru ar ddiwedd y cyfnod yn '100% disabled'. Ond ni wastraffodd ei amser, eithr yn ôl ei gyffes ei hun, ei ddefnyddio'n gyfle i ddarllen yn eang a meithrin ochr ysbrydol ei fywyd. Synnwn fyth a hefyd at ehangder ei ddarllen. Hawdd gweld, trwy'r rhestri llyfrau a brynodd ac a fenthyciodd, mai ymweld â siop lyfrau ac ag eglwys oedd dwy flaenoriaeth ei ymweliad ag unrhyw dref ar hyd y blynyddoedd.

Wedi ymadael â'r fyddin a dychwelyd i Lanfair a chlywed su tair Nant Clywedog, cafodd Aneurin brofi o groeso a nawdd gyfeillgar dwy Gymraes hael, sef Sali H. Davies, Cellan ac Eiddwen

James, oedd bellach yn llywio ysgol fach Llanfair. Ym 1947 cynhelid Cwrs Preswyl gan yr Urdd yn y Cilgwyn, Castellnewydd Emlyn a chan nad oedd arian gan Aneurin i wynebu unrhyw gost, Sali ac Eiddwen a dalodd ei gostau i fynd yno. Mawr glod iddynt. Bu hyn yn gyfrwng i Aneurin fwrw'i wreiddiau'n ddyfnach fyth a magu hunanhyder arweinydd 'y pethe'. Dychwelodd i Goleg Dewi Sant ymhen y rhawg a chael gradd yn Saesneg ym 1948 a Diploma mewn Diwinyddiaeth ym 1950.

Bellach a phrofiadau'r Llu Awyr, y Fyddin, yr Ysbyty a'r Coleg wedi cyfoethogi ei bersonoliaeth, dyma Aneurin yn cynnig am swydd gydag Urdd Gobaith Cymru. Ar y pryd, chwiliai'r Urdd am rywun i gynorthwyo gyda llunio *Cymru'r Plant* a llywio'r gwersylloedd a'r cynlluniau cydwladol. Mewn sylwadaeth dreiddgar a phroffwydol meddai R. E. Griffith: 'Dyma greadur diddorol ... mae gan hwn gyfraniad ... leicwn nabod hwn yn well.' Gwireddwyd geiriau'r Prif Drefnydd, a daeth Adran ac Aelwyd Aberystwyth ynghyd â ieuenctid Cymru gyfan i adnabod Aneurin fel Cymro llawen a chytbwys ei ddiwylliant, un a oedd yn paratoi deunydd noson lawen gyda'r un gofal â pharatoi anerchiad mewn festri capel neu Eglwys Gadeiriol, ac yn y naill orchwyl fel y llall ei gamp, bob tro, oedd cyflwyno'n dda stori dda.

Ym 1952 aeth Aneurin yn gynrychiolydd yr Urdd i gynhadledd Cristnogion Ieuanc y Byd yn Travancore, yr India. 'Crist yr Ateb' oedd arwyddair y gynhadledd, ond wrth annerch ym mhob rhan o Gymru ar ôl dychwelyd, mynnai Aneurin nad oedd Crist, er yn ateb tragwyddol, yn cymryd dyletswydd dynion oddi arnynt, ond bod yn rhaid iddynt chwilio drostynt eu hunain am yr ateb i broblemau'r unigolyn a chymdeithas. Meddai:

Datguddiodd Iesu Grist ei hun i'r gynhadledd fel y Duw sy'n holi, yn gofyn, yn herio ac yn gosod problemau i'w hateb gennym ni. Rhaid i ni yn gyntaf, trwy lwyr wasanaeth ac ymroddiad, mewn myfyr a meddwl ddatrys y dryswch a etifeddasom yn ein cenhedlaeth, a phan mewn gostyngeiddrwydd y gwnawn hyn a rhyngu Ei fodd, fe ddaw'r ateb trwy radlonrwydd Crist ac yn rhinwedd Ei gariad a'i Gyfiawnder ... Erys y weledigaeth a gawsom yno o'r aberth sy'n ein haros fel to o bobl ieuanc, aberth a'n harwain o bosib at ogoniant merthyrdod a dioddefaint os ymroddwn i orchfygu yn ein byd yr holl alluoedd a bair i'r ddaear ei doluriau.

Er cymaint oedd gwerthfawrogiad Aneurin o'i swydd yn yr Urdd, sylweddolai pawb mai athro wrth reddf ydoedd ef, a thrwy berswâd yr eneidfawr Dr Gwenan Jones, ymgymerodd Aneurin â

Chwrs Diploma mewn Addysg yn Aberystwyth a dod allan fel y disgwylid, ar frig pob medr. Yn ystod ei gyfnod fel athro yn Ysgol Gynradd Aberteifi, Ysgol Gymraeg Aberystwyth ac fel athro'r Saesneg yn Ysgol Ardwyn o 1955 hyd 1961, cafodd plant yr hen Sir Aberteifi eu gwreiddio'n llawen yn 'y pethe'. Fel yn hanes Gŵr y Fantell Fraith (y bu Aneurin yn ei haddasu'n ffantasi llwyfan) swyngyfareddwyd y plant gan hudoliaeth yr athro a fyddai'n rhigymu'n feunyddiol ar eu cyfer mewn pennill ffantasi fel:

PE BAWN I

Pe bawn i'n ddraenog pigog
Mi rowliwn lawr y rhiw
Yn gynt na Modur Mari
A lori Lari. Whiw!
Pe bawn i'n ddraenog pigog . . .
Wel, dyna freuddwyd ffôl
Os hawdd yw rowlio lawr y rhiw,
Mae'n anodd rowlio 'nôl!

Neu mewn pôs o'r enw, PWY?:

Fe'm ganed yn Sir Aberteifi
Fy nghofeb sydd yno o hyd
Cymrodedd a fynnwn nid rhyfel, —
Apostol Tangnefedd ein byd.   *(Henry Richard)*

Neu mewn pôs o'r enw, BLE?

Mae yma un rhyfeddod
Bid siŵr, o blith y saith,
A chof am ben cyfieithydd
A chymwynaswr iaith.   *(Llanrhaeadr ym Mochnant)*

Etifeddodd Aneurin ddawn Idwal Jones i lunio geiriau ysgafn i ganeuon poblogaidd megis 'Y Kilt Cymreig' ar y dôn 'John Brown's Body':

Peth iawn i gadw arian ydyw sporran, ie'n siŵr,
Ac ar fy ngair, cewch bisyn tair i'r casgliad heb un stŵr,
Lle saff di-ffws i docyn bws, sy'n hwylus i bob gŵr
    Y Kilt amdani, bois!

Mae gan bob dyn ei ddwy ben-glin, a rheini'n bethe nêt,
Ac os yw'r goes yn flewog, bois, rhown iddi berm a set,
Neu dorri'n lân bob blewyn mân drwy gymorth blade Gillette
    Y Kilt amdani, bois!

Pan ddaw y Spring cawn Highland Fling ar draws y wlad i'r dre
Ac wedyn bwyta Haggis ar Ŵyl Ddewi, onide?
Ac er mwyn teimlo'n ffrisgi yfed whisgi yn lle te.
    Y Kilt amdani, bois!

Defnyddiai ef yr un ddawn ar gyfer canu llawn dwyster megis yn y garol 'Mae'n Frawd i Mi' ar y dôn 'Mae'n Wlad i Mi'.

> Awn heno'n ddedwydd i Ddinas Dafydd
> Nos gŵyl llawenydd ein cred a'n crefydd,
>   A chyda'r oenig, liw nos Nadolig,
>   Ei gael Ef yn frawd i ti a mi.

> *Cytgan:*
> Mae'n frawd i mi ac mae'n frawd i tithau
> Yn frawd i'r Negro a'r Indiad yntau,
>   Yn frawd i'r gelyn sydd am eu herlyn;
>   Mae'r Iesu yn frawd i ti a mi.

> Cawn weld y Seren yn llonni'r wybren.
> A gweld yr ychen wrth breseb llawen,
>   Cawn glywed hwyrgan yr engyl gwiwlan
>   A'i gael Ef yn frawd i ti a mi.

> Liw nos, awn ninnau o ben ein bryniau
> A gadael preiddiau i blygu gliniau,
>   Ac wrth gynhesu deheulaw'r Iesu,
>   Fe'i cawn Ef yn frawd i ti a mi.

> I'r llwm fugeiliaid mae'n frawd bendigaid;
> I'r doethion euraid mae'n gyfaill enaid;
>   A chyda hwythau, cyd-deithiwn ninnau
>   A'i gael Ef yn frawd i ti a mi.

Yn ystod y cyfnod pan oedd Aneurin yn athro, ymwelai â Choleg y Drindod a daeth i 'nabod y Prifathro o Sais oedd yno, y Canon Thomas Haliwell. Gŵr oedd hwnnw a ganfuasai yn Aneurin yr un prif ddiddordebau ag a feddai yntau ei hun, sef eglwysyddiaeth a chariad at lenyddiaeth. Ym 1961, felly, gwahoddwyd Aneurin i ddod yn ddarlithydd yn yr Adran Saesneg, ond yn fuan iawn fe ymgymerodd â gwaith mewn adrannau eraill hefyd, ac am ugain mlynedd bu'n ddarlithydd amryddawn a phoblogaidd gan osod o flaen cenedlaethau o fyfyrwyr safon bersonol ac academaidd gyda'r uchaf. Credai Aneurin yn angerddol na wnâi dim y tro ar gyfer plentyn ond y delfrydol, a mynnodd gael y myfyrwyr hwythau i anelu ymgyrraedd at hynny. 'Nôl at ei brofiadau yn ysgol fach Llanfair y byddai'n troi am athroniaeth addysg ar gyfer y myfyrwyr a gwneud hynny'n ddarlun byw, cofiadwy.

Ar gampws y Coleg fel yn yr ardal yn gyffredinol, swyddogaeth bardd teulu oedd un Aneurin, ac roedd yn barod ei gymwynas i bawb, boed fyfyriwr, aelod o staff neu'r cyhoedd. Byddai pennill cyfarch, dychan, homili neu emyn yn cael ei lunio gyda'r parod-rwydd mwyaf. Ni wyddai beth oedd gwrthod cymwynas o'r fath, a rhinwedd fawr arall o'i eiddo hefyd oedd prydlondeb y gymwynas.

Cafodd Aneurin amlygrwydd lleol a chenedlaethol ym 1967 a 1974 pan lanwodd ef swyddi Cadeirydd y Pwyllgor Gwaith a Chadeirydd y Pwyllgor Llên, y naill yn Eisteddfod Genedlaethol yr Urdd a'r llall yn Eisteddfod Genedlaethol Bro Myrddin. Nid gormodiaeth yw dweud bod derbyn y naill swydd fel y llall i Aneurin, er yn hwyl ysgubol iddo, eto'n fenter o ymgysegriad ac aberth. Y cyfuniad hwnnw o afiaith a dwyster oedd cyfrinach ei gryfder fel arweinydd pobl. Fel eraill ohonom, cawsai Aneurin y fraint o gydweithio â selogion ysbrydoledig fel Ifan ab Owen Edwards ac R. E. Griffith, a gwylio'u hymroddiad tros ieuenctid Cymru, a dysgu o bopeth, ystyr 'gwasanaeth'. Pan fu farw syl-faenydd yr Urdd ym 1970, felly, cwbl ddidwyll yw geiriau Aneurin:

> Heno, tynnwyd y llenni ar ffilm dy weledigaeth,
> Ar sgrîn sinerama Cymru ti oedd y prif gymeriad,
> Ti ysgrifennodd sgript yr anterliwt 'Gwasanaeth',
> Ti oedd yn portreadu Ffydd a Gobaith a Chariad.

Cyd-deithiai Aneurin a minnau gydag Alun Creunant Davies ac A. D. Lewis i Lanuwchllyn ddydd yr angladd a gorchwyl gyda'r caletaf erioed i mi oedd cael gair i mewn i fwrlwm ei siarad ef y diwrnod hwnnw. Ond dyna! Nid bob dydd yr hebryngid gwrth-rych ein hysbrydiaeth ni'n dau i'w fedd! Yr un oedd cyflymder yn llif adrenalin y ddau ohonom, a bu'n brofiad brwd ac, fel y dymunai Ifan ab Owen, yn un hapus hefyd.

Gwelai llawer gweinyddwr addysg y delai dyrchafiad swydd i Aneurin ond roedd yr hen elyn yn dal yn grafangus yn y corff llidus, a chyfnodau o waeledd a llesgedd yn ei lorio, druan. Ymroes, yn y cyfnod hwn, i gyhoeddi storïau ar gyfer plant, mewn llyfr ac ar y radio, a bedyddio'i gymeriadau ag enwau gafaelgar o ffansîol megis, 'Mel, yr Ebol Melyn', 'Sbonc y Sbaniel', 'Tinc yr

Injan Whiw' a 'Rici a'r Roced'. Eto i gyd, syml oedd ei enw ef ei hun yn yr Orsedd, 'Aneurin Clydogau'. Goreuro, iddo ef, fyddai ychwanegu dim.

O bob braint a ddaeth i ran Aneurin yn ystod ei oes, yr un a farnai ef yn fwyaf un oedd cael ei urddo'n ddiacon (1975) ac offeiriad (1976) yn Eglwys Tyddewi. Gweithred o ymgysegriad unplyg ydoedd . . .

> Dy 'Wyllys Di, O Iesu
> Foed ar ein baner ni
> Wrth rodio hyd y llwybrau
> A'r ffyrdd arloesaist Ti,
> Rho beunydd helm Dy gariad
> I fintai y crwsâd,
> A seren wen Dy eni
> I'n tywys tua'r wlad.

Cyffesai Aneurin bellach fod cyflawnder yn ei fywyd, a mwynhâi ef ei waith bugeiliol gwirfoddol. Os oedd ef yn greadigol ddisglair wrth ymwneud â phlant, nid oedd ei well, chwaith, wrth welyau hen bobl mewn ysbyty. Sgwrsiai â nhw yn iaith rywiog Sir Aberteifi a'u llonni â hanesyn addas a'u dyrchafu â gweddi dawel. At hyn, byddai'n estyn cymorth ymarferol o ryw ddanteithyn melys a baratoesid yn hael gan Nona, ei wraig. Gweinidogaeth y rhannu.

Profiad a ystyrid gan Aneurin gyda'r mwyaf dwys yn ei fywyd oedd gweinyddiad ei gymun cyntaf y bore Sul hwnnw o Fedi 1975 yn eglwys y plwyf, Llangynnwr. Roedd Esgob Tyddewi yno (Y Gwir Barchedig Eric Roberts) a phwy welwyd yn poenus lusgo'i draed tua'r allor i dderbyn y bara a'r gwin o ddwylo Aneurin ond Aneirin Talfan. Megis yn hanes Amig gynt 'Dwys oedd llawenydd y Cymun' hwnnw. Cafodd y ddau ohonynt rannu golud y Llyfr Gweddi wedi hynny sawl gwaith yn ward Ysbyty Heol y Prior, Caerfyrddin lle bu farw awdur *Crwydro Sir Gâr* ym 1980.

Ond brwydro yn erbyn gwendid corfforol fu bywyd ers tro i Aneurin, er gwyched oedd cynhaliaeth barod ei wraig, Nona ac anwyldeb a llawenydd ei blant, Sara a Daniel. Gwyddai Aneurin beth oedd gwerthfawrogi'r gorau ar ei aelwyd yn 'Y Garreg Filltir' ac yn sicr, fe roes yntau hefyd ei orau i'w deulu.

Gŵyr ffrindiau Aneurin iddo gael ei freintio â doniau disglair, a gwyddant hefyd iddo fod yn afradus hael wrth ddosbarthu'r doniau hynny ym mhob cylch dyrchafol ym mywyd y fro.

Gwnaeth hynny'n llawen ar draul y corff a ddedfrydasid, mor bell yn ôl â 1947 yn un '100% disabled'.

Gorddefnyddiai yr ansoddair 'unigryw' yn aml. Mynnaf innau fod fy nefnydd i ohono yn achos Aneurin, yn un cywir—Cristion o Gymro unigryw.

> Cefnodd cyn dyfod cyfnos.—Aeth ymhell,
>   Hiraeth nawr sy'n aros.
> Hogyn a ddaeth yn agos
> Oedd Aneurin Jenkins-Jôs.

(Ifor Davies)   *Norah Isaac*

Idwal Jones

a'i Gyflwyniadau

Ganed Idwal Jones yn nhref Llanbedr Pont Steffan ar 8 Mehefin 1895 a bu farw ar 18 Mai 1937, cyn cyrraedd ohono ei ddwy a deugain oed. Er mwyn ceisio tynnu braslun o'i fywyd, y mae'n werth sylwi'n ofalus ar y cyflwyniadau diddorol a sgrifennodd Idwal i saith o'i weithiau cyhoeddedig, am fod pob un ohonynt yn sôn am ryw gyfnod neu'i gilydd yn ei fywyd, ac yn awgrymu rhyw ddylanwadau a effeithiodd ar ei dwf a'i ddatblygiad fel llenor a dramodydd.

Y cyflwyniad cyntaf yw'r un hapus hwnnw a sgrifennodd i'w ddrama un act 'Toddi'r Iâ': 'I 'nhad a mam a phob un arall sydd yn ieuanc'. Yr ail, i'r ddrama un act 'P'un': 'Am fil o gymwynasau, llawer awr ddifyrrus, ac ambell ffrae, i'm cyfaill mawr Lemuel'. Y trydydd, i'r gyfrol *Cerddi Digri a Rhai Pethau Eraill*: 'I Waldo Goronwy Wiliams am fy nghadw ar ddihûn y nos yn cyfansoddi limrigau, lawer tro, pan ddylaswn fod yn cysgu. Oni bai am ddynion o'i fath ef achubid Cymru rhag rhywbeth fel hyn.' Y pedwerydd i'r 'Eosiaid, Comedi-Gerdd yn disgrifio bywyd Coleg': 'I'r un a chwaraeodd Jeremiah gyntaf, fy nghyfaill Dai Williams'. Y pumed, i'r ddrama un act â'r teitl trawiadol hwn iddi 'Sh! Dim Sŵn': 'I'm cyfaill D. Gwenallt Jones er mwyn yr oriau dirif a dreuliasom yn rhoi'r byd yn ei le'. Y chweched, i'r gyfrol *Cerddi Digri Newydd a Phethau o'r Fath*: 'I'm cyfaill D. Matthew Williams sydd yn credu fel finnau nad yw ein gwlad fach ni yn cymryd ei digrifwch yn ddigon difrifol'. Y seithfed a'r olaf, ond nid y lleiaf i'r ddrama fawr bedair act 'Pobl yr Ymylon': 'I Olwen fy chwaer am gynifer o resymau fel na fedraf enwi un'.

Y mae'r cyflwyniad cyntaf i'w dad a'i fam yn mynd â ni'n ôl i'r aelwyd gartref yn nhref Llanbed. Yma y chwiliwn am yr esboniad ar ei athrylith, ei hiwmor a'i ddigrifwch, a'i gyneddfau meddyliol disglair, ac ar dafodiaith Dyffryn Aeron a frigai i'r golwg yn iaith lafar ac yn iaith llyfr Idwal. Mab ieuengaf y diweddar D. Teifi Jones a Mary Jones (Mair Llanbed) oedd Idwal. Ganesid y plant eraill i gyd yn Felin-fach yn Nyffryn Aeron, ond erbyn adeg geni Idwal yr oedd y teulu wedi symud i fyw i dref Llanbed. Dyma eiriau Idwal ei hun am y cyfnod hwn:

Wedi i fy nhad gadw ysgol yno am flynyddoedd ac wedi i bedwar brawd ac un chwaer ddangos chwaeth yn deilwng o draddodiadau'r teulu trwy ddyfod i'r byd, un ar ôl y llall, yng nghanol Dyffryn Aeron, penderfynais innau y byddai'n fwy *genteel* imi gael fy ngeni yn Llanbedr, tref rhyw chwe milltir oddi yno, ac felly y bu. Am y rheswm hynny, nid yw Felinfach nac Ystrad chwaith wedi maddau imi, ac y mae edifeirwch yn dilyn fy nghamre bob tro yr af i lawr ffordd yna, — edifeirwch am fod yn gymaint o ffŵl a gwrthod cael fy ngeni yn y Dyffryn tawel . . . Ond gwnaeth fy mam iawn am y pechod o symud i Lanbedr trwy lanw ein cartref newydd ag ysbrydion Dyffryn Aeron. Ddydd ar ôl dydd siaradai amdano, a hanes y fro o'r Temple Bar i Dalsarn ac o'r fan honno i'r Ystrad yn myned ymlaen fel math o chwedl-bara-byth o fewn muriau ein cartref yn y dref. (*Y Ford Gron*, Cyfrol II, Rhif 10, tud. 235)

Y pryd hwn y plannwyd yng nghalon Idwal gariad arhosol at y bobl syml, naturiol, ddiymhongar a elwir ar lafar gwlad yn 'gymeriadau'—patrymau llawer o'r cymeriadau dychmygol a greodd yn rhai o'i ddramâu a'i gerddi digrif.

Saif yr ail gyflwyniad i'w gyfaill Lemuel Rees am gyfnod bachgendod a dyddiau ysgol Idwal yn nhref Llanbed. Dangosodd ddawn lenyddol yn ifanc iawn ac erys peth o'i waith cynnar ar glawr o hyd, megis yr ysgrifau Saesneg byw a ysgrifennodd, pan nad oedd ond deg oed, ar 'The Kitchen Poker' a 'How Tom Carved the Turkey'. Diddorol dros ben yw troi at rifyn cyntaf y papur newydd pwysig *The North Lampeter Gazette* y bu'n olygydd medrus iddo pan nad oedd ond deuddeg oed. Ymdriniai yn y papur hwn mewn dull ffug-ddifrifol â digwyddiadau'r dydd ac â phersonau a sefydliadau pwysicaf tref Llanbed yn ei amser ef. Un o'r ysgrifau mwyaf diddorol yn y rhifyn cyntaf yw eiddo'r golygydd ifanc ar 'The Lampeter Brass Band'. Cymerai ran flaenllaw yr amser hwn yng nghyngherddau Cymdeithas Ddiwylliadol Capel Soar, Llanbed, ac amlygu dawn arbennig fel adroddwr darnau digrif. Dyma'r cyfnod y daeth dyn ifanc llengar o Aberdâr o'r enw Dewi Aeron i Lanbed ar wyliau a threulio llawer iawn o amser yng nghwmni Lemuel ac Idwal, nes ennyn yng nghalon Idwal gariad arhosol, dyfnach nag erioed, at farddoniaeth a llenyddiaeth Gymraeg.

Daw'r trydydd cyflwyniad i Waldo Goronwy Williams â ni at gyfnod pwysig iawn yn hanes Idwal—ei gyfnod fel myfyriwr yng Ngholeg Aberystwyth. Waldo oedd y tebycaf i Idwal o'i holl ffrindiau mewn talent a diddordebau. Idwal oedd un o'r myfyrwyr arbenicaf a fu yng Ngholeg Aberystwyth erioed. Gadawodd

108

ddylanwad arhosol ar fywyd cymdeithasol y Coleg, a dangosodd y gellid rhoi mynegiant llawn yn yr iaith Gymraeg i holl hwyl a sbri a llawenydd bywyd myfyrwyr. Melys yw atgofion ei gyd-fyfyrwyr yn y Coleg am y myfyriwr hoffus, poblogaidd hwn. Cofio amdano'n chwarae yn y dramâu 'Noson o Farrug' a 'Dŵr y Môr'; cofio amdano'n dod i'r amlwg fel dramodydd yn ei ddyddiau Coleg; cofio perfformio ei ddramâu 'Toddi'r Iâ', 'P'un' a 'Gwrid y Wawr' yn Neuadd yr Arholiadau; cofio'i areithiau ffraeth yn y Gymdeithas Ddadlau a'r Gymdeithas Geltaidd, ei hiwmor a'i ddigrifwch iach yng Nghyngherddau'r Prom, ergydion sicr ei dopicaliaid yng nghyngherddau'r Coleg a chyfarfodydd myfyrwyr yng ngwestai'r dref. Cofio'n arbennig un noson fythgofiadwy yn hanes Coleg Aberystwyth, sef 7 Chwefror 1923, pan chwaraewyd am y tro cyntaf 'Yr Eosiaid', comedi gerddorol o waith Idwal yn disgrifio bywyd Coleg Aberystwyth. Yr oedd Neuadd yr Arholiadau dan sang, a myfyrwyr ac athrawon wedi dod ynghyd i weld un o'r perfformiadau rhyfeddaf a fu'n y neuadd erioed. Mr John Humphreys Davies oedd Prifathro poblogaidd y Coleg ar y pryd a chofiasai Idwal, wrth gwrs, mai hen lanc ydoedd. Ac onid oedd Athro poblogaidd iawn arall yn bresennol y gwyddai'r myfyrwyr am ei ddarlithiau nad oedd eu hoed wedi newid fawr arnynt? Ar y llwyfan y mae Ianto, Jeremiah, Wil a Fi yn rhoi cynghorion i'r merched newydd yn y Coleg, a Jeremeiah yn ei ddull dihafal yn canu'r pennill hwn (lle mentrodd Idwal ddefnyddio enw cyntaf ei Brifathro mewn pennill), nes tynnu'r lle i lawr:

> O chwi ferched glân sydd yma ger fy mron,
> Ceisiwch ennyn gwreichion cariad dan ei fron,
> Ewch ag ef yn ôl i'r wlad,
> I hen fwthyn gwyn eich tad.
> Dwedwch: 'Dada, dyma fi, a dyma John'.

A dyma bennill arall a drawodd y nod:

> Os bydd yn hen hen ddarlith, parchwch hi
> Er mwyn traddodiadau'n Coleg dedwydd ni,
> Dyma ddarlith oedd mewn parch
> Pan oedd Noah yn ei arch,
> Dyma ddarlith fydd yn dathlu'r Jiwbili.

Y mae'r pedwerydd cyflwyniad, i Dai Williams, megis dolen gydiol rhwng dyddiau'r Coleg a'r blynyddoedd pan gadwai Idwal ddosbarthiadau mewn Llenyddiaeth a Drama dan nawdd y Brifysgol mewn lleoedd mor bell oddi wrth ei gilydd â Thregaron ac Abergwaun, a Phenrhyn-coch a Rhydlewis. Cofia llawer o'i ddisgyblion am lawenydd ei ddosbarthiadau, ac am aml ddarlith eithriadol o feistrolgar, megis honno a draddododd yn nosbarth Tregaron ar farddoniaeth R. Williams Parry fel ateb i her un o'i ddisgyblion disglair a gredai fod Idwal yn rhoi lle rhy uchel i farddoniaeth y bardd hwnnw. Dyma gyfnod eisteddfodau ei ddosbarthiadau yn Felin-fach a Thregaron, gyda'u rhaglenni a'u cystadlaethau gwreiddiol a'u hwyl afieithus. A dyma'r cyfnod y gwnaeth Idwal lawer iawn o waith ymchwil ar 'Anterliwtiau Twm o'r Nant'.

Saif y ddau gyflwyniad nesaf i D. Gwenallt Jones a D. Matthew Williams am gyfnod aeddfedrwydd hiwmor a digrifwch Idwal, ac am gyfnod cyhoeddi ei weithiau. Erbyn hyn yr oedd Idwal wedi ei lawn arfogi ei hun â gwybodaeth fanwl o grefftwaith drama, o anhepgorion comedi dda, ac o elfennau hanfodol gwir hiwmor a digrifwch. Dyma'r cyfnod y gellid yn hyderus ddisgwyl ei waith mwyaf, ond ysywaeth, dyma'r adeg y torrodd ei iechyd, ac y rhwystrwyd ef gan wendid a llesgedd rhag ymgymryd ag unrhyw dasgau llenyddol mawr—dim byd mwy uchelgeisiol nag un ddrama un act, penillion digri, ambell raglen radio, a rhaglenni arbennig i Adar Tregaron. Ond hyd yn oed ar ei wely cystudd, dangosodd ddiwydrwydd anhygoel, a manylder a gofal eithriadol wrth baratoi ei weithiau i'r wasg. A phrawf llawer o'i gerddi digri gorau ei fod yn fyw iawn i'r byd o'i gwmpas, yn craffu ar wendidau ei gyd-ddynion, ar dueddiadau annymunol ein bywyd cymdeithasol, ac ar lawer o fympwyon pedantig ysgolheictod yng Nghymru. Oni welir treiddgarwch beirniadaeth graff mewn caneuon fel 'Y Dyn Teimladwy', 'Cynghorion i Fyfyriwr Ifanc', 'Grêt W', ac 'Nid oes J yn yr iaith Gymraeg'?

Aeth cyfnod y cyhoeddi a chyfnod yr hir afiechyd yn un, a deuwn at y cyflwyniad olaf a'r prydferthaf o'r cwbl i 'Olwen fy chwaer am gynifer o resymau fel na fedraf enwi un'. Olwen fu'n gofalu amdano mor dyner a siriol yn ystod cyfnod hir ei lesgedd a'i wendid. Nid cydymdeimlad calon yn unig a ddangosai hi ond cydymdeimlad deall hefyd. Gallodd hi gymryd diddordeb deallus beirniadol yn ei holl gynlluniau a'i ymdrechion llenyddol. Olwen a wyddai orau am ei freuddwydion a'i gyfrinachau yn ystod y cyfnod hwn. Hi a wyddai faint y llwyddodd i'w gyflawni, a pha nifer o'i gynlluniau a rwystrwyd gan ei afiechyd. Gwyddai hithau, fel y gwyddai ei ffrindiau, am ei ysbryd diwenwyn, difalais, di-genfigen ac am yr hiwmor a'r digrifwch a fyrlymai o'i galon hyd yn oed yn oriau ei lesgedd a'i wendid eithaf. Bernir nad ei gerddi digrif a'i ddramâu byrion, er cymaint camp sydd ar y rheini, oedd addewid fawr Idwal, ond yn hytrach ei ddrama bedair act 'Pobl yr Ymylon'. Ac onid yw'n drawiadol iawn fod Idwal wedi cyflwyno ei addewid fawr i Olwen ei chwaer?

Daeth y diwedd ym mis Mai 1937, ychydig ddyddiau cyn i'w gyfrol olaf, *Cerddi Digri Newydd* ddod o'r wasg, ac yn rhyfedd iawn y gân olaf a osododd yn y gyfrol honno oedd 'Nos Da', y gân ddwys sy'n dechrau gyda'r pennill:

> I bawb lluddedig yn ein gwlad
>   Nos da, Nos da;
> Pob plentyn bach, pob mam a thad
>   Nos da.
> I Marged yn ei bwthyn llwm,
> A'r eira'n disgyn arno'n drwm,
> Doed cwsg yn ysgafn megis gwên
> I newid gwedd ei hwyneb hen.
>   Nos da, Nos da,
>   Mae yn hwyrhau,
>   Nos da.

Nos da i gyfaill y dywedwyd amdano mai tair o'i nodweddion amlycaf oedd Athrylith, Arabedd, Anwyldeb—tair nodwedd fawr, a'r fwyaf ohonynt oll oedd ei Anwyldeb.

J. Tysul Jones

John Alun Jones (1908-1982)
(Y Capten Jac Alun)

Mi af i ben Foel Gilie yfory gyda'r wawr,
I edrych hynt fy nefaid o'r Wyddfa i'r Frenni Fawr.
Corlennais hwy'n fy mebyd ac nis gollyngaf mwy;
Ni fu erioed hyfrydwch fel eu bugeilio hwy.

S.B.J.

Saif Pen Foel Cilie rhwng Llangrannog a Chwmtydu, yn warchodfryn o wyth gan troedfedd uwchben berw'r don ac ysgubiad yr Hirallt 'a'i hannherfynol stôr'. Dyma gynefin y cadno, y gwningen, y curyll, yr hebog glas a'r ehedydd ymysg yr eithin a'r grug. Dros aflonyddwch y bae ac ymchwydd y don clywir sgrechen y gwylanod yn nofio ar awelon amser. Ac ymhell islaw mae cysgodion Cwmbwrddwch yn cofleidio'r aig 'ym mharlwr y morloi'. Tua'r tir gwelwn wlad anwastad wedi ei hollti gan ddyffrynnoedd coediog. Ac yna, mewn saser ddyfriog ar lechwedd gymharol garedig saif y 'continent' (Y Cilie). Ychydig uwchben, gerllaw hen gaer o Oes yr Haearn, mae'r Gaerwen (a fu'n gartref i'r Capten Jac Alun a Thydfor). Bu i'r ardal hon bwysigrwydd hanesyddol trwy'r oesoedd. Dewiswyd hi gan y mewnfudwyr cyntaf ac fe'i hamddiffynnwyd yn erbyn gormes, mewnlifiadau estron a chymunedau rhyfelgar. Dathlwyd rhyddhad Mafeking gan Jeremiah Jones a'i gymdogion trwy losgi coelcerth anferth dros gasgen o dar (*pitch*), ar ben y Foel. Erbyn heddiw 'bugeiliaid newydd sydd' ac mae'r Weinyddiaeth Amddiffyn wedi adeiladu *look-out* yn llawn o ddyfeisiadau technegol. Dyma grud rhamant, yn ôl barddoniaeth teulu'r Cilie, ac mae'r thema'n rhedeg trwy wythiennau eu cyfansoddiadau a'u personoliaethau.

'Ges i 'ngeni yng nghanol rhamant. Un rhamantus ydw i, chi'n gw'bod,' medde 'Nhad (Jac Alun), ar gyfweliad tâp â mi. (Gyda llaw, John Alun y'i gelwid gan ei deulu ond Jac Alun, enw nas hoffai, gan ei gyd-Gymry a'i gyfeillion.)

Cwm cul, cam, cartre rhamant—a chwmwd
Dychymyg a moliant.
Isfoel yn canu i Gwmtydu

'Un o'r cymeriadau mwyaf rhamantus a fu yn yr ardal erioed oedd Jeremiah Jones,' meddai Isfoel yn ei lyfr *Hen Ŷd y Wlad*.

Home of the bard and the Cardi—a mint
Of romance and beauty.

Paladr englyn Saesneg gan John Tydu i Gwmtydu

Os porir trwy feysydd y geiriadur fe welir y canlynol gyferbyn â rhamantus—dychmygol, mympwyol, teimladol, yn ymwneud â rhamant (stori annhebygol neu un wedi ei gorliwio). Gwelir hefyd fod y dehongliadau hyn yn berthnasol iawn i bersonoliaeth a dyheadau'r Capten John Alun Jones.

Ganwyd John Alun Jones ar 18 Ionawr 1908 yn y Cilie, yr hen Gilie, canys mae rhannau ac adfeilion o dri Chilie os nad pedwar yn agos i'r ffermdy presennol. Medrwch weld cyfeiriadau at y Cilie yng ngofal yr un perchenogion â'r rhai presennol (Ymddiriedolaeth Tlodion Sir Benfro) ar fap dyddiedig 1798, ac ar fap arall yn ymestyn yn ôl i'r drydedd ganrif ar ddeg.

Plentyn hynaf Josuah ac Esther Jones oedd John Alun a brawd James Elfan, Margaret Enidwen, Mary Gwladys (a fu farw'n faban), Rachel Anne, Myfanwy Caroline a Joshua Jeremiah (Jeremy).

Ef oedd yr unig un o'r plant a anwyd yn y Cilie a chyfeiriai'n aml at hyn. Symudodd ei dad a'i fam (merch y Cilie) i'r Gaerwen, crachen o fferm fach ar dir y 'continent'. Er hynny, 'roedd tir pori da yn y Gaerwen, ac yn ôl chwedl Jeremiah Jones 'roedd 'lluo ar dir Gaerwen yn well na llond bola yn y Cilie'. Pe collech ffon neu bastwn ar dir Gaerwen prin y'i gwelech drannoeth gan mor gloi y tyfai'r borfa.

Cadwai'r teulu bump neu chwech o wartheg godro, rhyw ugain o ddefaid, pump o eidionnau, hwch ac ychydig ieir. Nid nepell i ffwrdd, rhyw dri lled cae, 'roedd teulu caredig y Cilie. Er ei bod yn berthynas, bu Mary Jones a'r teulu'n gymdogion da. Bu farw Jeremiah Jones o'r clefyd siwgr ym 1902. Tyfodd John Alun yng nghwmni'r brodyr a'r chwiorydd dawnus oherwydd treuliai lawer o'i amser yn grwtyn bach dan fantell gysgodol Isfoel. O gylch y Cilie 'roedd clwstwr o ddeiliaid teyrngar a gweithgar. 'Roedd y gymdeithas yn glòs, yn hunangynhaliol ac yn baradwys o gymeriadau, gwreiddioldeb a chreadigaeth celfyddyd. Wrth i hon ddiflannu, newidiodd ansawdd bywyd—er gwell neu waeth. Bu canu'r beirdd yn llawn hiraeth am y ddelfryd a fu.

'E ddaw gwaedd o'r dyddiau gynt
Eto i'm tynnu atynt,
Er na ddaw gwerin ddiwyd,
A'r hen gwm yn ddrain i gyd.

114

Yn lle'r hen Gymry a'u cymhendod hwy,
A'r llwybrau a ddôi i glwm wrth deml yr Iôr,
Nid oes na chrefftwr na medelwr mwy
O frigau pell y cwm i lan y môr.

S. B. J.

'Roedd perthynas agos iawn rhwng 'Nhad a'i dad yntau a phan ddechreuodd ei addysg yn yr ysgol elfennol ym Mhontgârreg arferai farchogaeth y tu ôl i'w dad ar y gaseg felen. Teithient fel yr hed y frân dros gaeau Cilie a Chilie Hwnt nes dod i olwg y 'carchar'. Ymhen wythnos tyfai hyder 'Nhad a buan y daeth i adnabod y llwybrau tarw a'r sticlau a ddefnyddid gan y disgyblion eraill. 'Roedd yn grwtyn direidus a chafodd grasfa'n gyson. Un o'r uchafbwyntiau yn ei addysg gynnar oedd cael ei ddewis i ateb cwestiwn ar ymweliad 'Arolygwr Ei Fawrhydi'. Paratowyd y cwestiwn a'r ateb wythnosau ymlaen llaw.

'What is the chief training ground of the British Empire?' Byddai 'Nhad yn ei ailadrodd trosodd a throsodd yn ei gwsg. Yna, mewn ystafell ddiraen a *modulator* Curwen a map o'r Ymerodraeth Brydeinig yn felynddu o fwg yn addurno'r.muriau, daeth y cwestiwn o wefusau'r arolygwr. Safai Miss Mary Lewis y tu ôl iddo gan bwyntio ei mynegfys at 'Nhad. Cododd ac atebodd yn glir a chwrtais, 'The Salisbury Plain, Sir'.

'Good boy,' ebychodd yr arolygwr mewn Saesneg dieithr. Trodd at yr athrawes gan ei llongyfarch am baratoi 'Nhad i ateb mor gywir.

Ond disgynnodd cwmwl du dros deulu Gaerwen. Bu farw Joshua Jones pan nad oedd ei fab hynaf ond yn naw oed a'r cyw bach, Jeremy, heb ei eni. Bu ei dad yn helpu'i frawd i aredig yn y glaw, ac yntau'n llawn annwyd. Datblygodd hwn yn niwmonia, ac o fewn rhyw dair wythnos bu farw gan adael ei wraig, Esther, i grafu bywoliaeth i'r pum plentyn.

Oherwydd galwadau'r fferm, carthu'r beudy, bwydo'r anifeiliaid, aredig, godro, certio glo, pedoli a chasglu briwydd a llosgoed eithin cyn brecwast weithiau, 'roedd 'Nhad yn aml yn ddiweddar yn cyrraedd yr ysgol. Byddai'r gosb yn un lem ac fe'i cyflwynid hi ran amlaf ac yntau'n sefyll mewn sanau gwlyb. Gwisgodd 'Nhad fantell enillwr bara'r teulu ac eisteddodd y *Labour Exam* ym 1921 i ennill cymhwyster ac i brofi ei fod yn barod i fynd allan i'r byd mawr. Dysgodd lawer am waith fferm, am gyfrifoldeb, am drefn bywyd a'r canlyniad fu iddo ddatblygu'n gymeriad cryf a phenderfynol. Oedd, yr oedd yn ysgol brofiad dda! Gwerthu menyn, cwningod, gwahaddod ac ambell eidion oedd yr unig ffynhonnell i gynnal y teulu. Yn aml telid dyledion i siop Pontgarreg trwy gyflwyno hanner mochyn neu siec a gafwyd trwy werthu eidion. 'Roedd bywyd cyn galeted â hynny. Cofia Ann Jane Jones (cyfnither) ei hun yn mynd draw i Gaerwen ar nosweithiau Sadwrn pan oedd Esther Jones yn feichiog ac yn disgwyl esgor Jeremy—noson glanhau gyddfau a sgrwbio'r bechgyn yn lân erbyn y Sul canlynol fyddai hi. Hoff guddfan y bechgyn direidus oedd o dan y gwely a deuai'r ffon fugeilio'n ddefnyddiol iawn i'w tynnu allan fel defaid colledig mewn drysni. Bu'r cyfnod yma'n gyfnod o dyfu i fyny'n gyflym ac o ddeall a gwybod am dalentau barddonol a cherddorol teulu'r Cilie. Benthyciwyd 'Ysgol Farddol' (Dafydd Morganwg) ac mewn ysgrifen blacled deorodd englyn cyntaf 'Nhad gan guro ei ewythrod enwog yn Eisteddfod Caerwedros.

> I'n llonni wele'r llinyn—diaros
> Yn dirwyn i'r bwlyn;
> Cario ei hun fel corryn
> Wna'r Io-Io del yn llaw'r dyn.

Ymhen tipyn daeth 'Nhad at groesffordd gynnar yn ei fywyd. Tyfodd ei frodyr a'i chwiorydd ac nid oedd lle na chynhaliaeth mwyach iddynt oll yn y Gaerwen. Nid rhyfedd iddo fynd i'r môr.

Onid oedd y môr yn lluo erchwyn clogwyni Cwmbwrddwch? Onid oedd ei dad wedi eistedd wrth ei ymyl a'i law dros ei ysgwydd ar Fanc Llywelyn gan ddangos llongau mawrion Lerpwl yn hwylio heibio? Onid yma uwchben Pwll Mwyn:

> 'Roedd llongwr un diwrnod
> Dan wybren faith yr Iôr,
> Yn claddu ei freuddwydion dellt
> Yng ngolau mellt y môr.

Onid oedd llawer o'i ewythrod a'i gefnderoedd a'i ffrindiau eisoes wedi troi i farchogeth yr eigion? Onid oedd ei dad wedi morio fel peiriannydd ar long o'r enw *Enidwen*? Onid oedd wedi ymweld â'r *ketch Kate* o eiddo ei ewythr John Jones, Brynteg, yn Aberteifi? Onid oedd wedi morio'r *Brandon Barrow* dan gapteniaeth Isfoel yn groes i draeth Cwmtydu ac wedi achub y teithwyr trwy felo'r dŵr a lanwai'r cwch â thun ffrwythau pinafal?

'Roedd y profiadau hyn, ynghyd â'i benderfyniad i fentro i fyd newydd ac i efelychu ei arwyr, ac i ennill mwy o arian nag a gawsai fel gwas fferm, yn rhesymau pwysig dros ei benderfyniad i fynd i'r môr. Os oedd bywyd o gylch y Cilie yn rhamantus, dyma gyfle i ychwanegu at y rhamant hwnnw!

'Roedd ar ben y das wair pan gyrhaeddodd y brysneges gyda'r newyddion ei fod wedi cael lle fel *deck hand* ar long Capten David Robert Williams, Towyn Cottage, Cei Newydd. Cofia'r teulu amdano'n camu'n hyderus i lawr trwy Barc y Llyn a'i gwdyn cynfas dros ei gefn. 'Roedd yn ddiwrnod o wynt cryf iawn fel petai bytheiaid Annwn yn rhoi *send off* brenhinol iddo. Ac wrth gwrs, cyn pen dim, 'roedd Isfoel wedi cyfansoddi cân enwog i 'Nhad yn ymbilio ar y corwyntoedd i fod yn drugarog wrtho:

CÂN ESTHER

Gan bwyll, y gwynt!—pob parch i'th allu mawr
A'th rwysg urddasol, heliwr ffroengoch, ffôl;
Mae'r crwt, Jac Alun, ar y môr yn awr,
Paid gyrru dy fytheiaid ar ei ôl.

Mi hoffwn innau sŵn dy utgorn cry'
A'th donnau gwallgof yn y dyddiau gynt
Yn taro'r creigiau oni chrynai'r tŷ
I'w sail—ond nawr, gan bwyll, gan bwyll y gwynt!

Ei long gyntaf oedd y *Ravenshoe* ac ymunodd â hi yng Nghaerdydd ar 24 Tachwedd 1924. Ar ei fordaith gyntaf hwyliodd i'r Plate a llond yr *holds* o'r diemwntiau duon. Bu'n *deck boy* gyda Capten Williams am ddeunaw mis, yna graddiodd i fyny'n gyson i *Junior ordinary seaman, Senior ordinary seaman* ac yna *A-B*. Cafodd brofiad fel aelod o griwiau y *Porthea, Tudor King, High-Gate* a'r *Westmoor*. Cyflogid amryw o fechgyn ar hyd arfordir Ceredigion gan gapteniaid lleol. 'Roedd hynny nid yn unig yn ateb i'r argyfwng swyddi ond yn ddechreuad penigamp i forwriaeth. Byddai'r ymwybyddiaeth fod yr 'hen ddyn' yn Gymro yn angor gadarn i unrhyw amheuaeth ac ansicrwydd. Wrth groesi'r Iwerydd byddai'r Gymraeg yn llifo law yn llaw ag ewyn yr heli.

''Roedd y morwyr yn synnu clywed nad oeddwn i wedi bod ar y môr o'r blaen. Enwch chi e, wê'n i'n gallu'i 'neud e,' medde 'Nhad a'i lygaid yn disgleirio.

Rhaid oedd ymuno â Choleg Morwrol Manson yn Stryd Charles, Caerdydd er mwyn dringo i swydd uchel ar y môr.

Ar ôl tair wythnos yno cafodd ei diced ail-swyddog ond 'roedd rhaid dychwelyd i'r *Llanberis* fel trydydd swyddog. Yng nghyfnod dirwasgiad y tridegau gorwedd yn segur a wnaeth nifer o longau a dyna fu hynt y *Llanberis*. Ymunodd 'Nhad â'r *Pencarrow* (Cwmni Chellews) cyn dychwelyd i'r coleg am ddeng niwrnod yn unig i ennill ei diced swyddog cyntaf (*First Mate*). Eto, rhaid oedd ymuno â'r *Penmorvah* fel ail swyddog.

Wrth wella'i fyd, teimlai y gallai ymgymryd â chyfrifoldeb ychwanegol saethau serch. Priododd Sarah Ellena Owen ar 6 Mehefin 1933 yng Nghapel y Wig. Wedi brecwast yn Nhancastell, Blaencelyn, teithiodd y pâr ifanc mewn car, bws a thrap a phoni i'r Ynys Fawr, Mynachlog-ddu. Yng nghesail Foel Drigarn a Moel Drych gwariwyd mis o ddedwyddwch ar aelwyd gynnes David ac Ann Davies. Rhamant, ddwedsoch chi!

Yr adeg hon, 'roedd bron yn amhosibl cael gwaith ar y môr a phenderfynodd 'Nhad, fel sawl Cymro arall, brynu busnes llaeth yn Llundain. Yn ystod y dirwasgiad hwn hwyliodd un llong o Gaerdydd a phob un o'r morwyr arni'n brif swyddog neu'n gapten. Bu'n rhaid i un capten o'r Barri werthu te a nwyddau o ddrws i ddrws. Yn 147 Fairbridge Road, nid nepell o garchar Holloway, y sefydlwyd y nyth a busnes o werthu llaeth o ddrws i ddrws a nwyddau bwyd o'r siop. Gweithiodd 'Nhad a Mam yn galed i wneud i'r busnes lwyddo gyda chymorth Dewi Emrys Owen (brawd Mam) a Margaret Enidwen (chwaer 'Nhad'). Ond 'roedd 'Nhad fel pysgodyn allan o ddŵr (a dŵr hallt at hynny) ac nid oedd rhuthr, dieithrwch ac ansicrwydd dinas yn helpu'r achos. 'Roedd unigrwydd, rhyddid a rhamant y môr yn hollol wahanol. Hiraethai am yr heli a byddai hyn yn ei boeni'n gyson, yn enwedig wrth glywed am straeon y môr a thraethau pellennig gan forwyr Cymreig ym mhorthladd Llundain. Nid syndod i neb felly, oedd iddo werthu'r busnes a dychwelyd i'r môr. Ymunodd â'r *Pengreep* ar 24 Hydref 1934, ar ôl deunaw mis yn y busnes. Mae'n debyg iddo raddio i diced Mistir ar ôl pum wythnos yn unig yn y coleg morwrol—camp unigryw hyd yn oed i forwr o Geredigion. Dychwelodd fel swyddog cyntaf i'r *Justitia* ac yna'r *Pendeen*. Capten y *Pendeen* ar ei thaith i'r afon Plate yn Ne America oedd John Owen Jones, ei gefnder. Dyma ramant i chwi—dau Gardi, y capten a'r mêt, yn medru'r iaith Gymraeg ac yn hyddysg yn y gynghanedd. Byddai'r ddau'n cyfarch ac yn ateb ei gilydd mewn englyn:

Y FIRST MATE

Gŵr mawr a grym i'w eiriau—a dewin
  Mordwyaeth ar donnau;
Arholwr sêr a heuliau
Arwr caeth ar ddyfnder cau.

J. O. Jones

Y CAPTEN

Wrth reddf gwneuthurwr deddfau—arswydus
  Ŵr sydyn ei eiriau;
Diddan yw mewn caban cau
A gŵr da ei gredoau.

J. Alun Jones

Pan dorrodd y rhyfel 'roedd 'Nhad yn swyddog cyntaf ar y *Pendeen* ac ar daith o Efrog Newydd i Hull. Wrth glywed y newyddion agorwyd llythyr Z gyda'r cyfarwyddiadau fod rhaid peintio'r llong yn llwyd (gwyn llachar ydoedd ar y pryd), na ddylid dangos unrhyw olau yn y nos ac y dylid gwrando ar gyfarwyddiadau ychwanegol ar y radio.

Un o'i fordeithiau rhyfeddaf a mwyaf tyngedfennol oedd honno i Buenos Aires yng nghyfnod Brwydr yr afon Plate yn erbyn y *Graf Spee*. Ar ôl teithio'n igam-ogam dros gefnfor yr Iwerydd, cyrhaeddwyd Montevideo yn gymharol ddiogel, heb olau a'r criw yn tuchan eu bod yn methu cysgu ac eisiau golau i ddarllen. Clywyd tanio drylliau mawr yn y cefndir a buan y deallwyd bod un o frwydrau mawr yr Ail Ryfel Byd yn ei hanterth. Ar ôl dadlwytho ac ailymweld â Montevideo, gwelwyd y *Graf Spee* yn gorwedd ar waelod yr afon a'i mastiau uwchben y dŵr. Yn yr harbwr 'roedd rhesi o eirch wedi eu gorchuddio â baneri'r Swastika. Eto sylwodd 'Nhad mai â saliwt draddodiadol yr Hen Almaen Imperialaidd y talwyd y gymwynas olaf i'w cyd-forwyr a laddwyd yn y frwydr. Saethodd Capten Langsdorf ei hun dros yr hen faner Imperialaidd a staenwyd hi â'i waed, gweithred symbolaidd i ddangos ei fod yn anwybyddu cyfundrefn Hitler. Yn Buenos Aires bu farw cefnder fy nhad, y Capten John Owen Jones, ac fe'i claddwyd yn y fynwent yno ac yntau ond yn 37 oed.

Trawyd yr ail swyddog â chwlwm y perfedd; aeth y prif beiriannydd i weld meddyg; bu'r pumed peiriannydd yn gorwedd o

salwch môr a derbyniodd 'Nhad frysneges ei fod wedi'i ddyr-
chafu'n gapten. A dyna ddechrau cyfnod rhamantus newydd yn
ei yrfa.

Fel y bu capteiniaid lleol yn gymorth i 'Nhad ar ddechrau'i yrfa,
talodd ef y pwyth yn ôl trwy ddweud gair dros fechgyn lleol a
geisiai am swyddi yn ystod y rhyfel. Ymunodd sawl gŵr lleol â'r
Pendeen yn hytrach na'r awyrlu, y llynges neu'r fyddin, a braf fu
eu cwmnïaeth ac arabedd eu Cymreictod yn ystod diwrnodau a
nosweithiau hirion y rhyfel. Cyflogwyd un Sam Morgan fel saer
ond un o'i orchwylion oedd bod yn gyfrifol am y *soundings*—i lawr
ym mherfeddion y llong—gwaith dipyn yn wahanol i'r hyn a wnâi
yng ngweithdy ei dad yn nhawelwch 'ffresni a glesni gwlad' ym
Mhen-y-bont ar Fothe. Tystia Sam iddo weld tair llong ar ddeg yn
suddo, un ar ôl y llall, o'u taro â'r *torpedoes*. Wrth iddynt gario
mwyn haearn o Ganada i'r Alban ac wrth iddynt nesáu at Ewrop
deuai heidiau o *Fokker Wolf* ysglyfaethus fel gwenyn o'u
hamgylch. Danfonent negesau radio yn ôl i'r tir mawr a chyn pen
dim ymosodai *Stukas* fel hebogiaid ar y *convoy*. Gosodwyd dryll-
iau *swivel* ar y *poop deck* ac *Oerlikon* ar y bont. Teithiai arben-
igwyr o filwyr ar y llong i'w tanio. Anfantais fawr (ynteu mantais)
y *Pendeen* oedd mai hen dwba o drampen oedd hi ac ni fedrai fynd
yn gyflymach na 8 neu 9 *knot*. Gadawyd hi ar ôl yn aml gan y
convoy ac unwaith danfonodd 'Nhad frysneges i arweinydd y *flot-
illa* gan fygwth (a hanner tynnu coes) y byddai'n tuchan wrth
Churchill yn bersonol. Ni wrandawai'r swyddog, dim ond gorch-
ymyn 'Nhad i *'make less smoke'*. 'Roedd yn amhosibl gwneud
hynny a chadw i fyny. Felly cwrs 'Nhad oedd teithio'n igam-
ogam tua'r gogledd allan o lwybrau 'Hen Satanes y tonnau'. Lan
yna rhwng y mynyddoedd iâ, prydferth, peryglus ni welwyd un
'sambarîn' (chwedl un o gymeriadau Cwmtydu). Cafwyd hwyl
fawr wrth ymarfer ar y drylliau a saethu salfo at y palasau iâ gwyn-
ion. 'Roedd ofergoeliaeth yn rhemp trwy rengoedd y milwyr a'r
morwyr yn ystod y rhyfel. Clywyd yr ebychiad canlynol oddi wrth
un o griw y *Pendeen* yn Lerpwl: 'This old crate has had it. It's her
turn next. She's for Davy Jones' Locker.' Newidiodd long, ond
yn anffodus iddo ef a'i gyd-forwyr, suddodd ei long newydd i
waelod y môr 'with all hands'. Aeth yr hen *Pendeen* ymlaen yn ling
di long hyd ddiwedd y rhyfel.

'Bues yn lwcus trwy'r rhyfel,' arferai 'Nhad ddweud.
Cydnabuwyd dau ddigwyddiad yn gysylltiedig â 'Nhad gan yr
Awdurdodau yn ystod y Rhyfel. Yn dilyn ymosodiad awyrennau'r

gelyn ar ei long yn Algiers ac ymateb cadarn o wrhydri oddi wrth 'Nhad a'r criw, argymhellwyd ychwanegu tair llythyren i'w enw. Gwrthododd hyn ar y sail—'Tair llythyren i bob un aelod o'r criw neu ddim o gwbwl'. Yna fe'i henwyd mewn *dispatch* yn y *London Gazette* ar ôl iddo ddod â'i long newydd, y *Fort Maisonneuve*, yn ôl yn ddiogel i borthladd. Fe'i difrodwyd yn arw gan ymosodiad y gelyn yn Ne Ffrainc.

By the King's order the name of Captain J. A. Jones, Master of the S.S. Fort Maisonneuve is published in the 'London Gazette' on August 14th as commended for brave conduct in the Merchant Navy. I am charged to record His Majesty's great appreciation of the service rendered.

Derbyniodd hefyd lythyr a thystysgrif wedi eu llofnodi gan Clement Atlee (y Prif Weinidog ar y pryd).

Arddelodd ei Gymreictod trwy'i yrfa, yn amser rhyfel a heddwch. Ymwelai â Chymru ym mhob porthladd y gollyngai angor. Gwnâi ymdrech arbennig i weld teuluoedd y Williams ar arfordir gorllewinol yr Unol Daleithiau oherwydd hanent o hen deulu Aberdeuddwr, ger Cwmtydu. Derbyniai'r *Faner* yn guddiedig tu fewn i'r *Tivy Side* trwy gydol y rhyfel. Unwaith, mewn llythyr a ddanfonodd o Taranto yn yr Eidal, darganfu'r awdurdodau gadwyn o englynion mewn iaith estron. Fe'i cyrchwyd o flaen ei well, ond diolch i'r drefn daeth Cymro Cymraeg (aelod o'r llynges) i'r adwy a danfonwyd y cynnwys cyfrinachol ymlaen i Mam ac i'w danfon i gystadleuaeth yn Eisteddfod Rhydlewis.

Ar ôl clywed Ewythr Alun (y Cilie) ar y radio mewn cyfweliad Saesneg ysgrifennodd 'Nhad lythyr ato o gyffiniau India, Nadolig 1956. Yr oedd cyfeiriad y llythyr ar ffurf englyn:

At ALUN dos yn union—yn CILIE
    BLAENCELYN mae'r gwron;
    Cer i deg GEREDIGION,
    I BRYDAIN FAWR yr awr hon.

Cyrhaeddodd y llythyr yn ddiogel er syndod i bawb . . . ond 'Nhad.

Peth anghyffredin iawn yw gweld dau gefnder, dau gapten, yn hyddysg yn y gynghanedd yn cyd-deithio ochr yn ochr yn groes i'r Pasiffig. Dyma a ddigwyddodd i 'Nhad a'r Capten Dafydd Jeremiah Williams yn y pumdegau wrth i'r *Eskglen*, llong 'Nhad, a'r *Coralstone*, llong ei gefnder, forio o Awstralia i Panama. Cysylltai'r ddau yn feunyddiol a throsglwyddwyd llwythi o englynion o long i long—rhai ohonynt yn lliwgar iawn.

122

Coralstone alone to lee—on the track
  But the Trades are squally;
  Without fail gaining daily
  Bear it up you Liberty.
                    (Math ar long oedd y *Liberty*)   *J.A.J.*

A'r ateb:

Oh! Eskglen, sail with brisk glee—the grey waves
  With grace and efficiency;
  So fair you'll beat its fury
  Well manned you'll make land and lee.   *D.J.W.*

Cafodd 'Nhad y fraint o fod gartref yn ystod ei fuddugoliaeth am gadeiriau Tregaron a Rhydlewis. 'Roedd nythaid frith o feirdd yn ei gyfarch ac yn falch iawn o'i lwyddiant. Pan enillodd ym Mhenrhiw-llan bu raid i Mam lanw'r stôl yn ei absenoldeb. Byddai'n cyfansoddi'n gyson yn ei ystafell yn ystod ei fordeithiau a deuai enwau rhamantus fel Valparaiso, Dakar, Dar es Salaam a Honolulu yn ychwanegiad diddorol i eirfa'r teulu.

Ei orchest gyntaf yn y Genedlaethol oedd yng Nghaernarfon ym 1959 a W. D. Williams yn beirniadu. Derbyniodd yntau un englyn braidd yn ddiweddar o'r Dwyrain Pell, ac ar ôl ymbiliadau taer yr ysgrifennydd 'roedd yn falch i'w ychwanegu at y 284 arall.

Y FFON WEN

Rhag damwain, claer gydymaith,—arwydd wen
  Ar ffordd ddu ei 'noswaith';
  Dyma radar ei rwydwaith
  Liwia'r dall wrth deimlo'r daith.

Yna yn y Fflint ym 1969, gwobrwywyd ef gan y Parch. O. M. Lloyd:

CELL

Daw ein hiechyd a'n hachau—o graidd hon,
  Gardd hynaf ein greddfau;
  Rhyw uned o fymrynnau
  A'u mil o hyd yn amlhau.

Yna gwnaeth' strocen ramantus trwy gipio'r wobr gyntaf a rhannu'r wobr â'i hunan yn y fargen yn Aberteifi ym 1976.

123

GWAED

Mae gwrid hwn am gariad dau,—o'i gelloedd
Daw'n gallu a'n gwreiddiau;
Ond gwae'n hil, daw ei gwanhau
Drwy ei dywallt i'r duwiau!

Stôr eilaw, o'i gostrelu,—yn esmwyth
Mae'r plasma'n goferu,
A'i rin coch i rywun cu
Yn wyrth i'w atgyfnerthu.

Danfonai gynnyrch eisteddfodol o bellafoedd byd ac 'roedd y cyfarwyddiadau amgaeëdig yn aml yn gymharol i negesau cyfrin cymdeithas gudd. Rhaid oedd defnyddio teipiadur arbennig, neu i aelod o'r teulu gopïo'r englyn neu'r darn allan, hyd yn oed ei bostio ymhell o Langrannog. Ofnai y byddai'r beirniad yn adnabod y llawysgrifen neu'r teipiadur neu hyd yn oed y marc post! Yn aml iawn yr oedd y beirniad yn adnabod yr arddull; dyna'r englyn y gwrthododd Alun Cilie roi'r wobr gyntaf iddo wrth feirniadu yn Llandudno ym 1963, er enghraifft:

LLUSERN

Seren y ddunos arwaf—uwch y graig
Ei fflach gref a welaf;
A'i theg wawl eilwaith a gaf
Wrth hwylio i'r porth olaf.

Fel plant, gallem ddisgwyl rhywbeth anarferol a diddorol trwy'r post oddi wrth 'Nhad bob amser. Cofiaf am sgerbwd bom tân (*incendiary*) yn cyrraedd y cartref: 'Disgynnodd hwn ar y dec pan oeddwn yn Algiers ac arllwysais fwcedaid o ddŵr ar 'i ben e.' Yna ar ôl y rhyfel hoffai 'dorri' record yn yr Unol Daleithiau a danfon negesau mewn cyfres o'r rhain yn llawn straeon, rhigymau a hwyl a sbri i'r teulu. Byddem yn gwrando ar ei lais synhwyrus o flaen tanllwyth o dân yn ystod y gaeafau hirion. Bellach, nid yw'r recordiau ar gael oherwydd gor-ddefnydd ohonynt.

Cariai 'Nhad ddyddiaduron a phytiau o lyfrau bychain ym mhob poced, a rhwng cloriau'r rhain y deorai llifeiriant cynghanedd. Wrth y ffôn gwelech eiriadur ac *Orgraff yr Iaith Gymraeg*.

Yna ar balis, ar furiau, ar ddrysau, ar lyfrau—yn cynnwys *Y Caniedydd*, rhaglen Gymanfa Ganu ac anthemau—gwelech gwpledi dirifedi ac englynion. Hoffai ysgrifennu mewn sement ffres neu ar lyfr newydd gyda'r cymal nodweddiadol hwnnw: 'I'w ddychwelyd i J. A. Jones, Cilfor, Llangrannog'. Prynai bron bob llyfr Cymraeg newydd a byddai'r silffoedd yn gwegian gan bwysau'r 'sgubau llenyddol.

Gwahoddwyd ef i feirniadu mewn ambell eisteddfod ond yn aml iawn y gorchymyn a gaem fyddai, 'Cer di yn 'y lle i.' Gŵr swil oedd 'Nhad yn arddangos swildod cynhenid oedd mor nodweddiadol o'r 'Tyl'. Gŵr yr encilion ydoedd er i'w gragen gorfforol roi'r camargraff yn aml ei fod yn ŵr caled a phenderfynol. 'Roedd ei bersonoliaeth allanol yn siocled melfedaidd a doddai yn weddol hawdd a byddai'r hufen maethlon oddi fewn yn llawn caredigrwydd, sensitifrwydd a chwrteisi. Gwisgai yn wahanol i'r cyffredin a byddai'r het yn adlewyrchu sut y teimlai ar y pryd ac ansawdd a lle'r gwaith wrth law. Cadwai amgueddfa o hetiau—*beret*, hetiau Churchill ac Anthony Eden, *stetsons* J. R., hetiau deg galwyn, het Khruschev, hetiau gwellt, het Sherlock Holmes a het hela ffesant, i enwi dim ond rhai. Gwisgai'n werinol, gyffredin ar hyd y lle ond ar achlysur arbennig hoffai wisgo dillad Americanaidd ac ni fyddai'r sigâr o Cuba ymhell iawn.

Ar ôl ymddeol aeddfedodd ei farddoniaeth a chafodd ddigon o amser i gyfansoddi. Medrai fwynhau cyfeillgarwch ei gyd-feirdd a chael y cyfle o drafod a dangos ei gynnyrch. Dylanwadodd ar ei deulu agos oherwydd 'roedd llenyddiaeth, y gynghanedd a'r 'pethe' yn rhan o'n bara beunyddiol. Yr englyn oedd ei brif gyfrwng ond medrai greu cywydd neu awdl neu delyneg. Enillodd gadeiriau yn Llanrhystud a Bro Myrddin a daeth yn ail yng Ngŵyl Fawr Aberteifi am ysgrifennu cerddi cynganeddol cymharol hir.

Er ei fod wedi mwynhau ei yrfa ar y môr, hiraethai yn aml am y bywyd teuluol ac am y cyfle a gollodd i gael addysg gynhwysfawr ac i fwynhau cwmni'r gymdeithas werinol Gymreig. Tybed a fyddai wedi mwynhau ffermïo yng nghefn gwlad? Byddai'n llanw swyddogaeth bardd cefn gwlad trwy gyfansoddi beddargraffiadau, englynion priodasol, cyfarchion pen-blwydd neu gerddi am ddigwyddiadau cymdeithasol a hyd yn oed gerddi i blant.

ENGLYN BEDDARGRAFF
Tom a Sarah Williams, Delfryn, Llangrannog

Bu i'r rhyfel eu brifo—a'u rhoi hwy
Ar wahân, ond eto
Bu hir eu hoes yn eu bro
Dau annwyl gadd aduno.

Arferai un ferch fach leol, Heledd Jones, droi'n ôl yn gyson i wynebu 'Nhad yn oedfaon Capel y Wig, ac yntau, wrth gwrs, yn ymateb â gwên gynnes, annwyl. Ysgogodd hyn iddo gyfansoddi englyn.

'Roedd 'Nhad yn storïwr enwog ac yn medru 'ei hagor hi mâs' gydag anogaeth a phorthiant gan y gwrandawyr. Ymysg ei berlau yr oedd y storïau am y crychydd a'r llysywen yn yr Everglades, Florida; y gwragedd o Odessa, Rwsia, yn llanw eu ddillad isaf â siwgr a ddylai fynd i *hold* y llong, a'r Almaenwr a gladdodd yn y Môr Coch. Rhedai elfen ryfygus trwy ei wythiennau ond medrai ei ddisgyblu ei hun yn rhinweddol ac fe'i hadwaenid fel gŵr bonheddig a chwrtais o'r radd flaenaf.

Fe'i canmolwyd droeon gan berchenogion ei longau am ddestlusrwydd a chywirdeb ei gofnodion. Tybed faint o wirionedd sydd yn yr honiad fod yna berthynas agos rhwng Mathemateg, Lladin a chynganedd? Cymerai 'Nhad gryn ddiddordeb yn y farchnad arian a byddai'r *Financial Times* yn cydorwedd gyda'r *Faner*, *Barn* a'r *Cymro*. Cefnogai fasnachau a busnesau lleol ac yn y cyfrwng yma llosgodd ei fysedd yng nghwymp y cwmni teledu W.W.N. a chwmni amaethyddol o gyffiniau Caerfyrddin.

Cyfansoddodd gannoedd o englynion a chipiodd ugeiniau o wobrwyon ond ymysg ffefrynnau'r teulu mae'r englynion i'r 'Llusern', 'Dant y Llew', 'Ceiniog', 'Datganoli', 'Y Galon', 'Dyddiadur', 'Y Mini Metro', 'Eira', 'Cen', 'Carreg Ateb', 'Drudwy' a

GOLEUNI'R HARBWR

Ar y gorwel fe'i gwelaf,—a'r ingoedd
Rhyngom a anghofiaf;
Am ei lewyrch mi lywiaf,
O fewn ei gylch hafan gaf.

Jon Meirion Jones

Edward (Ted) Morgan

Yn ei drydedd gyfrol o hanes Urdd Gobaith Cymru cyfeiria R. E. Griffith at Ted Morgan fel 'un o bennaf gymwynaswyr y gân yng Ngheredigion yn y ganrif hon'.

Ganed Edward Morgan ar 14 Mawrth, 1895 yn Ynys View, Glyn Road, Brynaman, yn un o ddau o blant i Thomas a Hannah Morgan. Mynychodd Ysgol y Banwen nes ei fod yn ddeuddeg oed. Ei dad fu'r achos iddo ddechrau cymryd diddordeb mewn cerddoriaeth. Y peth cyntaf a ddysgodd ei dad iddo oedd sut i eistedd wrth yr harmoniwm. Un prynhawn Sul rhoddodd ef i eistedd o flaen yr offeryn â'i ddwylo ar y nodau. Aeth ei dad i'r Ysgol Sul a phan ddychwelodd 'roedd Ted yn dal i eistedd wrth yr harmoniwm ac yn gwneud ei orau glas i gael sŵn ohoni. Wrth ei weld yn ymdrechu geiriau ei dad oedd: 'Hannah, ma'r crwt 'ma'n mynd i fod yn gerddor.'

Ni chafodd Thomas Morgan y fraint o weld medi ffrwyth yr hadau a heuodd ym meddwl ei fab oherwydd bu farw pan nad oedd 'y crwt' ond wyth oed. Y dylanwad nesaf arno oedd ei ewythr, 'roedd hwnnw yn gerddor ei hun ac yn dysgu eraill. Datblygodd dawn Ted Morgan mor gyflym fel ei fod yn cyfeilio mewn cyfarfodydd cystadleuol yn ddeuddeg oed. Nid oedd y fath beth â cherddoriaeth ar raglen yr ysgol y dyddiau hynny, felly ar ôl llwyddo yn y 'labour exam', arholiad a roddai hawl i ddisgybl adael yr ysgol cyn bod yn bedair ar ddeg oed, aeth Ted i weithio yng ngwaith glo Gwauncaegurwen fel peiriannydd trydan.

Pan oedd yn bymtheg oed cafodd Ted Morgan y profiad mawr o ganu'r piano gyda chôr a cherddorfa Brynaman. Bu'n mynychu ysgol nos ei ewythr Griffith Morgan hefyd, nid i ddysgu cerddoriaeth ond mathemateg; mae'n rhaid fod gwir yr hen ddywediad: 'Good musicians are good mathematicians'.

Chwaraeodd ran bwysig yn y paratodadau ar gyfer Eisteddfod Genedlaethol Rhydaman ym 1922. Bu'n cyfeilio i wahanol gorau ac yn yr eisteddfod honno enillodd y gystadleuaeth datganiad ar yr organ.

Y tu ôl i bob dyn da mae gwraig dda. Ym 1919 priododd Ted Morgan ag Esther Anne (Annie) Davies ac ar achlysur dathlu priodas aur y ddeuddyn rai blynyddoedd yn ôl dyma fel y canodd y Prifardd Dic Jones:

127

Am hanner canrif wrth ei gefn
Yn cadw trefn bu Annie,
I baratoi y bara te
A'i gynnal ef i ganu,
Waeth ni fu gŵr erioed o les
Heb ddynes i'w ddiddanu.

Ganed Mrs Morgan ym Merthyr, ond daeth y teulu i fyw yn ddiweddarach i Awelfa, Ffordd Llandeilo, Brynaman.

Ym 1923 gwelodd Mrs Morgan hysbyseb yn y *Western Mail* yn gofyn am geisiadau am swydd organydd yng Nghapel Seion yr Annibynwyr, Llandysul, am dâl o £40 y flwyddyn. Llwyddodd i berswadio'i gŵr i roi cynnig. Tynnwyd rhestr fer o dri a Mr Morgan yn un ohonynt. Cynigiwyd Sul yr un i'r tri, gyda Ted Morgan i ymddangos ar yr ail Sul. Wedi gwrando arno y Sul hwnnw, ni ofynnwyd i'r trydydd. Yn sicr nid oedd £40 y flwyddyn yn ddigon o gyflog iddo ef a'i briod. Tybed sut gwnaethant oresgyn y broblem? Am gyfnod bu Ted Morgan yn teithio ar ei 'James two stroke' i Landysul ar y Sul, gan ddychwelyd i Frynaman i dreulio gweddill yr wythnos yn dysgu cerddoriaeth. Fel yr âi'r wythnosau heibio deuai rhagor o bobl i'w adnabod yn Llandysul ac yn sgîl hynny câi fwy o waith; fel roedd y gwaith yn cynyddu yn Llandysul roedd yn cwtogi arno ym Mrynaman. Yn y diwedd y canlyniad fu iddo ef a'i briod ddod i fyw i Rhif Un Lewis Street, Llandysul.

Ym 1928 apwyntiwyd ef i ddysgu Cerddoriaeth am un diwrnod yr wythnos yn Ysgol Ramadeg Llandysul am £30 y flwyddyn. Yn y swydd hon cafodd gyfle i ddangos ei ddawn a chyn pen fawr o dro 'roedd Ysgol Llandysul yn enw cyfarwydd yn Eisteddfodau'r Urdd a'r Genedlaethol. Dyma ymddangosodd yn yr *Evening Post* ym 1937 o dan y pennawd 'Llandysul Welcome'.

The explosion of detonators and the shrill whistling of the locomotive train, arriving at Llandysul at 1.30 a.m., conveying the victors in the chief choral competition, heralded their return home in the early hours of Sunday. Immediately after detraining, a torchlight procession nearly half a mile long paraded the streets, and on Richmond Square, addresses of congratulations were made by Revs. D. Rhydderch, B.A., E. Gwilym Evans, B.A., Mr. T. Edgar Davies, M.A., (Headmaster), Mr. D. Lewis, J.P. and Mr. D. G. Williams, J.P. . . .The choir has won the chief trophy, a silver challenge cup, four years in succession at Caerphilly in 1933, Old Colwyn 1934, Carmarthen 1935 and Blaenau Ffestiniog 1936. They also hold the shield for the highest number of marks gained by an 'adran'. On

Saturday they swept the board, winning all the competitions they competed in: chief choral 95 marks; dancing 84 marks; pianoforte duet, pianoforte solo, also the trio—

Record dda!

Ond llwyddiant mawr cyntaf Ted Morgan oedd Iwan Davies o Banteg Cross ger Llandysul a enillodd y wobr gyntaf yn y gystadleuaeth i fechgyn yn Eisteddfod Lerpwl 1929. Ym 1932 cafodd Ted Morgan a Iwan wahoddiad i fynd i Balas Buckingham i ganu o flaen Siôr y Pumed a'i briod. Bu Rhif Un Lewis Street ac yn ddiweddarach Gwawrfryn, Pontweli, Llandysul yn ysgol i gannoedd o blant. Oddi ar 1929 tan ei farw ym 1979 nid aeth yr un Eisteddfod Genedlaethol heibio heb i ddisgybl iddo ennill gwobr.

Bu llwyddiant y canlynol yn lwyddiant personol iddo yntau: Edgar Evans o Gwrtnewydd a dreuliodd ddeng mlynedd ar hugain fel prif denor yng Nghovent Garden; Cecil Davies, Llandysul; Marian Davies, Cwrtnewydd; Gwyn James, Dre-fach, Felindre; Wyn Davies, Pren-gwyn; John Davies, Tan-y-groes; Hubert John o Bencader ac Eirian Lewis o Lanbed.

Yn sgîl llwyddiant y disgyblion hyn cafodd Ted Morgan ragor o waith ac apwyntiwyd ef yn athro Cerddoriaeth ar bedair ysgol— Tregaron, Llanbed, Aberaeron a Llandysul. Treuliai ddau ddiwrnod yr wythnos yn Llandysul a diwrnod ym mhob un o'r lleill. Bu'n athro ar Ifan ac Ifor Lloyd, Aberaeron; Washington James, Cenarth; Berwyn Davies, Aberaeron; Eilir Thomas, Efail-wen a Pat James, Castellnewydd Emlyn ynghyd â llu o rai eraill y llywiodd eu bywyd cerddorol.

Un o brofiadau mwyaf Ted Morgan oedd chwarae'r organ yng Nghapel St John Llandudno ym 1966 yn y perfformiad Cymraeg cyntaf o'r 'Mass' gan Mozart. Ar ddiwedd y perfformiad daeth gwraig i ofyn iddo pam na chanateid curo dwylo ar ddiwedd y perfformiad ac atebodd yntau mai oherwydd i'r perfformiad gael ei gynnal yn Nhŷ Dduw. Meddai'r wraig, 'Buasai Duw wedi curo dwylo gyda ni heno.'

Teithiodd Gymru gyfan yn cyfeilio mewn eisteddfodau. 'Roedd galw mawr am wasanaeth y gŵr hwn oedd â cherddoriaeth yn llifo trwy ei wythiennau. Onid gwir yw geiriau cerdd y Prifardd Dic Jones amdano?

Ymhob eisteddfod lle bu'r brawd
Ni châi unawdydd drwbwl,
Cans am gynghanedd a phob cord
O'r cibord gŵyr y cwbwl
Ac am bob punt a gâi o bae
Ei aberth haeddai ddwbwl.

Trafaelu holl bentrefi'r sir
Yn hir a hwyr drwy'r gaea,
O Aberporth i Grugybar
A'i gân drwy rew ac eira,
A dychwel adre i gyffroi
Y ceiliog o'i gwsg ola.

Ym 1973 cafodd y ceiliog lonydd i gysgu oherwydd rhoddodd
Ted Morgan y gorau i'r gwaith o gyfeilio ar ôl trigain mlynedd.
Trwy ei gyfraniad i gerddoriaeth, gwasanaethodd ef ei gapel, ei
genedl, ei gyd-ddyn a'i Dduw. Fel y dywed Stradivari:

God is the author of music but he needs his Stradivari to call forth the
soul of music and give it to the world. Were my hands to slack I would
rob God of his opportunity to give his sweetest music to the world.

Duw yw awdur pob dawn ond mae angen rhywun i fynegi'r
ddawn honno. Mynegodd Ted Morgan y ddawn gerddorol trwy
ei fysedd ysgafn ar gibord piano ac organ, ac ohonynt daeth
melodi swynol soniarus, melys i'r glust ac yn donic i'r enaid:

Am iddo fod drwy gydol oes
Wrth bethau moes yn ddyfal,
Heb chwennych bri na cheisio clod
Awdurdod yn ei ardal,
Fe bery'r gerdd o fewn ein bro,
A hyn fo'i destimonial.

D. J. Goronwy Evans

131

Lloffion am Jac Oliver
Y Barbwr a'r Bardd

Sul y blodau 1984! Euthum fel arfer ar bererindod at fedd fy rhieni ym mynwent eglwys y plwyf yn Llanbedr Pont Steffan. Nid nepell mae bedd Vera a Jac Oliver, dau na fedrodd ond ergyd angau eu gwahanu ym 1976, ac yn ei amser ei hun, eu cyduno ym 1984.

Yn y flwyddyn 1978 cyflwynodd Jac ei drydedd gyfrol o farddoniaeth, 'Er cof am fy annwyl briod Vera'. Yn y gerdd agoriadol y mae'n mynegi ei deimladau hiraethus. Yn nwyster tawelwch mynwent daeth cwpled olaf ei gerdd 'Noson Dawel' i'r cof:

> Tawel yw'r beddau, a thawel yw'r fan
> Lle cwsg fy anwylyd ym mynwent y Llan.

Daeth adlais o gyfarchiad cyson Jac i'w 'Vera fach', a daeth hefyd y cofion hyfryd am amlygrwydd pendant enw Jac yng ngeirfa Vera, ac am y dyrchafiad arbennig a roddai hi i bawb a oedd yn gwsmeriaid iddo. Hiraethais am y croeso a gawn bob amser ar aelwyd Rhosawel.

Wedi'r ergyd drom o golli Vera ar 9 Mai 1976, ni fu bywyd yr un fath i Jac; 'bod' chwedl ef ac nid 'byw'. Daliodd ati'n ddewr yn wyneb unigrwydd ac afiechyd, a chyfnodau yn ysbyty Bronglais, Aberystwyth. Canodd Mrs Mary Oliver a fu'n byw am flynyddoedd lawer y drws nesaf iddo fel hyn:

> 'R ôl colli Vera, ei briod hoff
> A'r gofal gafodd ganddi
> Gorchfygu'r anawsterau oll
> Wnaeth ef a'i gyfaill 'Mici'.
>
> Afiechyd blin a ddaeth ar dro
> Bu'n gaeth am hir i'w wely.
> Ond meddyg, a chymdogion da
> Fu arno'n ffyddlon weini.

Y gath oedd Mici. Dilynai Jac i bob man a chafodd ofal tyner ganddo. Yr oedd yn reddfol garedig tuag at anifeiliaid. Dros ddeugain mlynedd yn ôl gwelwyd Jac yng ngwisg y fyddin, ond anodd ydoedd meddwl amdano fel milwr. Pan oedd yn was bach yng Nghefn Meurig, tystiai ei feistr mai Jac oedd y saethwr brain mwyaf anobeithiol a welodd erioed! Nid oedd am ladd na gweld lladd aderyn nac anifail. Gwelir hyn yn ei gerdd 'Creulondeb':

Chwi feistr neu feistres, y forwyn neu'r gwas
I greadur diniwed na fyddwch yn gas.
Rhaid cofio mai cariad sy'n trechu bob tro
Boed geffyl neu fochyn, neu ddafad neu lo.

Bu Jac fyw am wyth mlynedd wedi claddu ei briod, ond dihoenodd yn araf, a chiliodd yr hiwmor iach. Edrychai'n aml yn bruddaidd a llesg. Yn unigedd ei aelwyd yn Rhosawel, Stryd Newydd, Llanbedr Pont Steffan, gwelodd garedigrwydd cymdogol eithriadol. Daliodd yr awen yn gwmnïaeth ac yn gysur iddo mewn telyneg a limerig. Lluniodd yn hiraethus:

Â'r blodau brith i ddawnsio
Fel arfer ar y bryn
Ond ni ddaw mam i'm cyfarch
O feddrod oer y glyn.

ac yna yn ei delyneg 'Breuddwyd':

A theimlais y deigryn yn treiglo
Yn araf i lawr dros fy ngwedd
O wybod mai breuddwyd fu'r cyfan
A mam a fy nhad yn y bedd.

Yr oedd yn limrigwr o'i fodd, ac enillodd lu o wobrau mewn eisteddfodau am rai digri' a difrifol:

Roedd Sioni gwas bach fferm y Dolau
Bob tro ar ei feic heb ddim golau
Yn sydyn un nos
Fe syrthiodd i'r ffos
Adnabuwyd ef wrth ei bedolau.

Mewn limerig i 'Ffaldybrenin' daeth â'r arwr Dr Timothy Richards i mewn yn hardd:

Does yno ddim sôn am 'run barbwr
Na thafarn, siop crydd, na siop teilwr
Ond diolch i Dduw
Fod cof eto'n fyw
Am un aeth i China'n waredwr.

Am flynyddoedd meithion bu Jac yn torri gwallt ac eillio'r gwŷr yn Hafan Deg Llanbed, cartref yr henoed:

Mor hyfryd yw gweld yr hen bobol
Yn awr mewn cartrefi dymunol
Bwyd blasus a glân
Teledu a thân
A'r staff yn gweinyddu'n rhagorol.

134

Glynodd Jac yn dynn wrth ei aelwyd a'i hatgofion. Bu raid iddo fynd am driniaeth i ysbyty Bronglais er lleddfu ei loes y llynedd a'r tro hwn ni ddychwelodd. Bu farw yno ddiwedd Rhagfyr 1983.

Ar 3 Ionawr 1984 rhoddwyd ei weddillion i orffwys ym meddrod ei briod. Ffarweliodd Llanbed â chymeriad lliwgar, dawnus, ffraeth, a'i hiwmor yn ddihareb yn y fro. Gŵr unigryw ydoedd yn y siop ac ar y stryd. Gwisgai'n Abseaidd mewn gwasgod amryliw a het Americanaidd. Bu'n sefydliad yn ein plith a phlethwyd ei enw ef â Llanbedr Pont Steffan, ledled y wlad. Enillodd enwogrwydd am ei dair cyfrol o farddoniaeth. Gwerthwyd pum mil o gopïau o'r gyfrol gyntaf. Ymddangosodd ar deledu a bu'n sgwrsio ar y radio. Bu'n fardd cadeiriol ac yn farbwr medrus. Haedda'r gwerinwr a fagwyd yn y dyddiau celyd gynt, a'u diffyg cyfle addysgiadol, glod ei genedl. Adlewyrcha amser ei febyd yn 'Ein Pentref Ni':

> Fy nhad am ddeugain mlynedd fu
>   Yn gweithio'n llwch a gwres y ffas
> Ond daeth yn ôl i'r henfro gu
>   Gan amlwg ddwyn y creithiau cas,
> A chafodd deulu graenus iach
> Drwy lafur trwm a chyflog fach.

Roedd ei siop yn ganolbwynt bywyd y dref—megis efail y gof gynt—ac yno trafodid barddoniaeth a phynciau llosg y dydd, a llawer i lecsiwn leol pan oedd bri a chystadleuaeth ar lecsiyna. Gorchuddid muriau Paris House ac yn ddiweddarach Drover's Road â lluniau ei gyd-Gymry—yn feirdd a llenorion, pregethwyr, gwleidyddion, paffwyr ac arwyr pêl-droed ac ati—a'r rhain i gyd wedi eu torri a'u gosod mewn amynedd artistig. Mae yna doreth o hanes ynghlwm wrthynt. O gylch iddynt yn fuddugoliaethus yn eu coch, yr oedd cannoedd o *rosettes* eisteddfodol.

Ganed Jac Oliver ym Mlaenpentre, ffermdy bychan yn Ffair-rhos, yn y flwyddyn 1904, yn un o chwech o blant, tri brawd a thair chwaer. Ef oedd yr hynaf o'r tri brawd, a'r tair chwaer yn hŷn nag ef. Disgrifir y dyddiau hynny gan y prifardd W. J. Gruffydd yn ei gerdd i Jac—'Wyt ti'n Cofio?':

> Wyt ti'n cofio dringo'r mynydd
>   Gynt yn sŵn y certi mawn.
> Pan oedd tlodi'n ganiataol
>   A phob tŷ a'i aelwyd lawn.

Wyt ti'n cofio'r mamau tirion
Wrth eu gorchwyl gyda'r wawr
Ac yn dod o siop y pentre'
Adre'n llwythog dros Gwm Mawr?

Brawd i fam Jac Oliver ydoedd y Parchedig Dafydd Jones Blaen-
plwyf (1890-1980), neu Dafydd Jones Caradog Tyngraig, fel y
mynnai ardalwyr Ystradmeurig ei alw. O sedd y teulu yn y capel
hwn gellir gweld ei gartref (Y Mount), drwy'r ffenestr. Pan ddaeth
galwad y wladwriaeth safodd gerbron y tribiwnlys yn Nhregaron
fel gwrthwynebwr cydwybodol a chafodd ei gofrestru felly.
Trefnwyd iddo ymuno â'r R A M C. Gwelodd 'beth o'r gwaethaf y
gall rhyfel ei gynhyrchu' yn ystod ei dair blynedd gyda'r Gatrawd
Gymreig ym Macedonia, a Chynan yn un o'i ffrindiau yno. Llun-
iodd nifer o gerddi tra oedd yn Salonica yn mynegi ei gasineb at
ryfel. Enillodd Goron Eisteddfod Abergwaun ym 1936. Dywed ei
gerdd 'Plant Yfory' yn ei gyfrol *Ymwybod a Cherddi Eraill*:

Wyla, fy nghenedl, dros dy blant
A enir iti heddiw
I'w hawlio, enaid blin a chorff
I'w chwalu yfory'n chwilfriw.

Mae'r cwestiynau a ofynnir gan Jac, ei nai, yn ei gerdd 'Y Rhyfel'
yn adlais gyfoes o'i ofidiau yntau hefyd:

Paratoi y mae'r werin yn fwy nag erioed
A gorchwyl sydd heddiw ar gyfer pob oed.
Yn brysur gwneud arfau, o'r bore hyd hwyr
Pa beth fydd y diwedd, Duw'n unig a ŵyr.

A oes rhaid cael rhyfel cyn gellir cael hedd
A mynd cyn ein hamser mewn dinistr i'r bedd
Ai rhaid inni fyned i feysydd y gwaed
I'r gelyn gael sarnu ein cyrff o dan draed.

Bu Jac yn ddisgybl yn Ysgol Elfennol Pontrhydfendigaid nes
cyrraedd ei bedair ar ddeg oed. Datblygodd gwreiddiau cedyrn
pridd Ffair-rhos yn egin barddonol yn ystod ei ddyddiau ysgol.

Bu'n gwasanaethu ar amryw o ffermydd yn yr ardal am rai blyn-
yddoedd cyn mynd i Wauncaegurwen i weithio yn y pyllau glo.
Arhosai yng nghartref barbwr (yn y Waun), a dyna'r adeg y dech-
reuodd ymhel â'r grefft. Bu wrthi yn nyfnderoedd y ddaear yn
cyflawni y gwaith hwnnw am y pris o dair ceiniog y pen.
Gadawodd y pyllau glo a mynd i Lundain. Dychwelodd oddi yno
at Ashley Jones i Aberystwyth i berffeithio ei grefft fel barbwr.

Daeth i Lanbed at y barbwr Jos Jones, ac yno y bu hyd 1932 pryd yr agorodd ei fusnes ei hun a'r slogan amlwg uwchben ei siop:

PUT YOUR HAIR, IN OLIVER'S CARE

Glynai ei gwsmeriaid yn ffyddlon wrtho, er iddynt ambell dro gael y drws ynghlo yn ddirybudd, a Jac ar bererindod i eisteddfod neu i swyddfa'r *Cambrian News* yn Aberystwyth. Canodd y diweddar Tydfor Jones:

> Yn Llanbedr rhannodd fedrus—wasanaeth
> Yn sŵn clipar gwancus.
> Ac â raser ddigreisis
> Iach y croen, ac nid coch crys.

Ie, gyda'i siswrn a'i gliper roedd Jac yn 'dopper'. Dyma farn y Prifardd Dic Jones amdano:

> Ioan Farbwr foi hirben—hoff o wit
> Mewn tri pheth mae'i elfen,
> Trwsio gwallt, raseri gên
> A throi ym mhethau'r awen.

Epitomi fendigedig, onide!

Ymfalchïai Jac yn ei grefft ac edrychai'n broffesiynol yn ei gôt wen—y gôt a bansai Vera gymaint wrthi. Dywed paladr englyn y Prifardd Llew Jones:

> Yr eilliwr mawr ei allu—y clipiwr
> Clopa gorau 'Nghymru.

Pa farbwr a gafodd y fath gynganeddol glod!

Breintiwyd Jac â meddwl chwim. Gallai newid cywair trafodaeth i gynghaneddu â'r ymennydd a guddiai o dan y gwallt y byddai'n ei drafod—troi o stori garlamus i ymadroddi parchus fel y byddai'n addas. Cofir yn hir amdano 'fel bardd y werin ffraeth', fel bardd gwlad, a bardd yn eisteddfodau. Mae ei gerddi'n syml a dealladwy, yn ennyn gwerthfawrogiad pobl gyffredin. Enillodd ryw wyth gant o wobrau eisteddfodol. Cyhoeddodd dair cyfrol o *Cerddi'r Barbwr* ym 1943, 1967 a 1978. Bu gwerthu mawr arnynt a dal yn wyrdd mae ei gerddi byw. Sylfaen tebyg sydd ganddo i bob rhagymadrodd megis:

> Nid wyf yn cyfrif fy hun yn fardd mawr. Syml ydyw'r cerddi. Gwerinol yw eu gwaed, a'u gwisg, a phatrwm gwerin sydd arnynt.

Hoffaf y gyffes hon o'i eiddo:

> Y mae gennyf gymaint o olwg arnynt a thad ar ei blant, ac fe'u cenais, am na fedrwn beidio canu.

Dywed Tydfor eto:

> Mae'r beirddion rai ohonynt—yn niwlog
> Does un a wêl drwyddynt
> Ei emau o, bob tro yn mynd
> Dealladwy oll ydynt.

Gwnaeth Jac Oliver waith aruthrol yn ei 'Golofn y Beirdd' wythnosol yn y *Cambrian News*, a hynny am dros chwarter canrif. Gwelais ef lawer tro yn trafod y pentwr cynnyrch—yn astudio a chywiro a dethol. Nid ar chwarae bach y cynhelir colofn wythnosol. Trwy ei amynedd a'i gariad at y gwaith cafodd aml i fardd ieuanc gyfle, llu o blant flas ar farddoni, a beirdd gwlad y fraint o ganu i ddathliad neu amgylchliad lleol. Bu'r prifeirdd hefyd yn ddigon mawrfrydig i gyfoethogi'r golofn. Mae'r adwy'n amlwg heddiw!

Canodd Martha Phillips, Cilmeri, Talgarreg:

> Hyfrydwch i'r galon
> I lawer yw anfon
> I golofn Jac Olifer ar dro.
> O'r de ac o'r gogledd
> Daw beirddion yn fonedd
> A'u briwsion yn swp iddo fo.

A dyma englyn y Parch. Glenville Jones, Llanybydder:

> Barbwr gwâr anghymarol—ei berlau
> Ddaw o'i barlwr geiriol
> Doed o hyd o'r ddiwyd ddôl
> Ei ogwydd telynegol.

Ysgrifennodd rhywun y geiriau hyn ar dudalen flaen *Y Barcud* yn sôn am bâr ifanc ers talwm yn dod o gyfeiriad Bwlchgwynt Ffair-rhos:

> Gwisgent yn hardd, a cherddent yn gariadus. Sylweddolaf erbyn heddiw fy mod wedi bod yn dyst o ddechrau pennod ogoneddus yn hanes Jac a Vera.

Pan briododd y ddeuddyn ym 1952 cefais y fraint o fod yn forwyn briodas, a hynny am fy mod yn gyfnither agos i Vera. Bu'n blethiad delfrydol, a bu Vera'n symbyliad effro i ddoniau ei gŵr. Breintiwyd ef yn amryfal. Ffurfiodd barti o ddiddanwyr a bu'n arweinydd ffraeth i'w cyngerddau. Cain a bonheddig oedd ei ddwylo. Medrai drwsio cloc a meddai ar y ddawn brin i gyweirio ymbarél.

Yr oedd ganddo arwyr arbennig—ei feddyg Dr John Williams Llanbed, y diweddar Barch. T. R. Morgan, Swyddffynnon a'r diweddar Barch. Giraldus Jones, Ffaldybrenin. Cydnabyddai ei ddyled i'r rhain, yn enwedig yn oriau ei hiraeth. Digwyddais alw yn Rhosawel ryw brynhawn ar ôl i'r Parch. Goronwy Evans ysgrifennu ei deyrnged iddo yn ei golofn yn y *Cambrian News* 'O Dŵr y Dderi'—y deyrnged hedd, tra oedd yr ochr hon i'r bedd. Gwerthfawrogodd hyn yn ddwfn, ond cwynai nad oedd Vera yno i'w gwerthfawrogi hefyd. Yn hanes Jac:

> Clwyf a erys yn ei graith
> A'r galon oedd ei hiraeth.

Dywedodd rhywun pa ddydd ein bod yn byw mewn oes o 'debyg-i-gilyddogrwydd'. Mae cymeriadau ffraeth naturiol yn mynd yn brinnach o flwyddyn i flwyddyn, a neb gwreiddiol yn dod yn eu lle. Collwyd un felly ym marwolaeth Jac Oliver. Etifeddodd gadernid bryniau Ffair-rhos, crud awen a gweledigaeth; cyfoethogodd ei adnabyddiaeth o ddynolryw yng nghwmni glowyr diwylliedig y Waun, profodd ddieithrwch y ddinas bell, cafodd flasu ar gyfle unigolyn mewn tre fach, blasodd fri amlygrwydd, ond yn ei galon, fel yn ei gân, ymhyfrydai o hyd ei fod yn un o fechgyn Ffair-rhos, a'i dystiolaeth i'w bentref genedigol yw:

> Nid oes drwy Gymru bentref
> Fel pentref bach Ffair Rhos
> Na choeden yn yr ardal
> Mor hen â'r onnen dlos.
> Pregethwyr ac adroddwyr
> Sydd yma'n fawr eu bri
> A ble ceir beirdd mwy enwog
> Na beirdd ein pentref ni.

Eiddwen James

Tom Stephens, Talgarreg

Ganed Tom Stephens ar 4 Gorffennaf 1897, ym mhentre' bach Llanllwni, yn yr hen sir Gaerfyrddin. Ef oedd yr hynaf o feibion Dan ac Elizabeth Stephens. Gwehydd oedd ei dad wrth ei alwedigaeth ond cerddoriaeth oedd ei fyd. Ef oedd â gofal am y peiriannau yn y Chestnut Mill—sef ffatri wlân Capel Dewi. Yn ysbeidiol fe fu'r bachgen yn gweithio gyda'i dad yn y ffatri, ac mae'n sicr i Tom Stephens etifeddu dwy ddawn fawr oedd ganddo oddi wrth ei dad—sef ei ddawn gerddorol a'i fedrusrwydd i drin peiriannau o bob math, yn enwedig peiriannau ceir.

Dechreuodd Tom Stephens ddod yn ddylanwad yn yr hen sir Aberteifi pan oedd yn ysgolfeistr ym Mhen-uwch, ond mae'n siŵr mai ar ôl symud oddi yno i fod yn ysgolfeistr Talgarreg y daeth i amlygrwydd cenedlaethol—fel athro disglair, fel cenedlaetholwr a heddychwr di-droi'n-ôl, a hefyd fel cerddor, bardd a llenor. Yr oedd ef wedi bod am flynyddoedd yn ysgolfeistr Talgarreg pan ddeuthum i i gysylltiad ag ef gyntaf erioed, a diwrnod pwysig iawn yn fy hanes i fu'r cyfarfyddiad cyntaf hwnnw. Yr oeddwn i ar y pryd yn athro 'crwydrol' yng Ngheredigion, ac yn ffres allan o'r Coleg, a heb gael amser i fagu fawr o ffydd ynof fy hun fel athro plant. Beth bynnag, fe dderbyniais orchymyn oddi wrth y Cyfarwyddwr Addysg i fynd un bore i ysgol Talgarreg!

Pan gyrhaeddais yr ysgol, nid edrychai'r ysgolfeistr yn falch iawn o'm gweld. Yn wir, fe ddeëllais ymhen tipyn nad oedd ef yn awyddus o gwbwl i'm cael i ar ei staff! Oddi wrth rhyw arwyddion, a pheth siarad, fe ddeëllais beth oedd yn bod. Yr oedd athro ifanc arall yn dysgu yn Nhalgarreg ar y pryd, a byddai'n rhaid i hwnnw symud i wneud lle i mi, a chan fod y prifathro wedi ymserchu yn hwnnw yr oedd yn awyddus i'w gadw. Aeth Tom Stephens i lawr i'r pentre' i ffonio'r Cyfarwyddwr Addysg. Wn i ddim beth fu'r siarad rhyngddynt, ond credaf fod Tom Stephens wedi gofyn iddo fy symud i rywle arall, er mwyn cadw'r bachgen oedd ganddo'n barod! Ond y Cyfarwyddwr gafodd y gair ola'r diwrnod hwnnw, a fi gafodd aros yn Nhalgarreg.

Ac ar ôl rhyw ddechreuad digon anaddawol fel'na, fe ellid tybio na fyddai rhyw lewyrch mawr ar y gyfathrach a fu rhyngom. Ond yn groes i bob argoelion, fe ddaethom yn gyfeillion mynwesol! Fe fu dod i 'nabod Tom Stephens yn ddylanwad mawr arnaf, ac ar

lawer un arall. Fe a'm dysgodd i fod o ddifri ynglŷn â Chymru a'r iaith Gymraeg. Yr oedd ei frwdfrydedd ef dros bopeth Cymraeg a Chymreig yn heintus. Yr oedd yn gymysgedd ryfedd o'r heddychwr a'r 'ymladdwr' dros y 'pethe' oedd yn annwyl ganddo. Gallai fod yn daer a chwbl ddi-ildio os teimlai fod rhywun yn cael cam. Er mai gŵr o gorff gwan ydoedd, meddai ar egni di-ben-draw, a dewrder a'm synnodd i droeon. Pan fu farw fe luniais y soned hon er cof amdano. Cyhoeddaf hi yma gan 'mod i'n credu ei bod yn ddarlun teg ohono.

Y GWLADGARWR

Derbyniodd Gymru yn dreftadaeth dlawd,
A charodd bridd ei daear lwyd, a'i llên,
Ysgwyddodd ei gofidiau er pob gwawd,
Ac aeth i'r gad fel meibion Llywarch Hen.

Safodd yn rhengoedd tenau'r ffyddlon rai,
Bu gadarn ym mhob brwydr gyda hwy:
Ac wedi'i golli ef, bydd un yn llai
I warchod wrth y Rhyd-ym-Morlas mwy.

Gwariodd ei nerth a'i nwyf, heb chwennych elw,
Yn cario'i baner racs o lan i lan;
Bydd Cymru'n dlotach heb ei marchog gwelw, —
Heb argyhoeddiad ei leferydd gwan.
Fe losgai ynddo fflam, a'i lludw sydd
Ym Mhisgah heno dan y pentwr prudd.

Yn y cyfnod pan oedd ef yn cario baner ein cenedlaetholdeb 'o lan i lan', rhaid cofio nad oedd fawr o barch i bobl felly. Yn wir, cyfrifid Tom Stephens, Ffred Jones, Tal-y-bont, J. E. Jones, ac eraill yn y dyddiau hynny yn ddim ond dyrnaid o derfysgwyr a phenboethiaid—rhyw bobol y cyfrifid 'bod rhywbeth yn bod arnyn nhw'! Ond ni hidiai Tom Stephens ronyn am hynny, a bu'n genhadwr pybyr a llwyddiannus dros genedlaetholdeb Cymreig, gan lwyddo i 'achub' llawer o Gymry glastwraidd fel fi, a'n gwneud yn ymwybodol o argyfwng yr iaith a'r genedl. Ni allai ef ddioddef y taeogrwydd, a'r glynu-wrth-Brydeindod a oedd fel clefyd arnom yn y cyfnod hwnnw, a chredai'n gryf yn hawl cenhedloedd bychain i hunanlywodraeth. Mae yna un hanesyn doniol yn aros yn fy nghof sy'n dangos hyn yn glir iawn.

Un prynhawn pan oeddwn i'n athro gydag ef yn Nhalgarreg, fe gyrhaeddodd rhyw ddwsin o ddynion ifainc mor ddu â'r glo—myfyrwyr o'r Traeth Aur (gynt) wedi eu hanfon gan y Cyfarwyddwr Addysg i weld yr ysgol a gwaith y plant. Fe gawsant groeso mawr gan Tom Stephens. Yna, a'r plant wedi cael mynd allan i chwarae, yr oedd rhaid eistedd i lawr yn stafell y prifathro i gael 'paned a sgwrs. Yn fuan iawn yr oedd Tom Stephens ar gefn ei geffyl gwyn yn pregethu dros hawliau'r cenhedloedd bach i hunanlywodraeth. Fe ddywedai bethau mor eithafol am yr Ymerodraeth Brydeinig ac am Imperialaeth nes gwneud i mi geisio rhoi gair i mewn i amddiffyn peth arnynt. Ni wnaeth hynny ddim ond tynnu gwawd ar fy mhen, a gwneud iddo yntau 'i hagor hi ma's fwy fyth!

Yr oedd y deuddeg du wrth eu bodd, ac yn wên o glust i glust! Gallaf weld y rhesi o ddannedd gwynion o flaen fy llygaid y funud yma. Cyn i'r myfyrwyr duon ymadael y diwrnod hwnnw, siarsiodd Tom Stephens hwy i ymladd am eu hawliau, ac am hunanlywodraeth i'w gwlad. Yna aeth y deuddeg ymaith ac yn ôl i'r Traeth Aur.

Rhyw ddwy flynedd neu lai ar ôl hynny clywsom fod pobl y Traeth Aur wedi ennill eu hannibyniaeth, a bod Ghana wedi dod i fodolaeth. Ac rwyf fi'n bendant o'r farn fod peth o'r cyfrifoldeb am hynny yn disgyn yn deg ar ysgwyddau Tom Stephens! Yn aml iawn ar ôl hynny, pan fyddai ef mewn cwmni ac yn taranu yn erbyn yr Ymerodraeth, byddwn yn ei atgoffa o'r hyn a ddigwyddodd yn Ghana, ac am ei ran ef yn y peth, ac wrth gwrs byddai wrth ei fodd!

Ond fe sylweddolodd Tom Stephens yn gynnar iawn mai eiddo'r ifanc oedd y dyfodol—ac o'i gariad tuag at Gymru a'i phlant, fe fu'n llafurio dros fudiad Urdd Gobaith Cymru yn ddiflino ar hyd ei oes. Yn wir, fe ellid dweud ei fod yn un o gymwynaswyr pennaf yr Urdd. Fe redodd dros yr Urdd, fe ymladdodd, fe ymdrechodd mor ddygn nes gwneud i rai ohonom ofni y byddai'n colli ei iechyd yn llwyr. Nid oedd pellter, na'r awr o'r dydd neu'r nos yn tycio dim, os gallai ef wneud rhywbeth dros blant yr Urdd a thros y Mudiad. Yr oedd ganddo, wrth gwrs, yn Nhalgarreg, Aelwyd yr Urdd gyda'r mwyaf llewyrchus yng Nghymru. Meddyliai'r byd ohoni ac o'r bobl ifanc a'i mynychai. Adeilad hen ffatri wedi ei addasu a'i droi'n 'Aelwyd' yng ngwir ystyr y gair, oedd y man cyfarfod; a chofiaf ef yn dweud wrthyf fi un min nos ym mis

Mai, a ninnau'n dau'n cerdded yn araf i fyny o'r pentref ychydig fisoedd cyn ei farw, 'Yr Aelwyd fydd 'y ngharreg fedd i.'

Ac yn sgîl y sôn am ei waith mawr dros, a chyda pobl ifainc, y mae'n rhaid sôn amdano fel athro plant oed cynradd. O gydweithio ag ef am flwyddyn a hanner yn ysgol Talgarreg, fe gefais i gyfle da i ddod i'w 'nabod fel athro. Dysgais fwy gydag ef am blant a dulliau dysgu buddiol nag a ddysgais yn y Coleg Hyfforddi. Yr oeddem ni'n dri ar staff yr ysgol y pryd hynny, a byddai ef yn trafod y plant a'r gwersi gyda ni bob cyfle—yn paratoi cynlluniau, neu'n awgrymu ffyrdd newydd a gwreiddiol o fynd o gwmpas pethau. Yr oedd yn llawn o ddyfeisgarwch ac o frwdfrydedd, ond ni fyddai byth yn ceisio ein gorfodi mewn unrhyw fodd. Deuai rhyw H.M.I. neu'i gilydd byth a hefyd i Dalgarreg i weld gwaith disgyblion Tom Stephens. Weithiau deuai hanner dwsin ohonynt gyda'i gilydd.

Ond caredigrwydd di-ffael Tom Stephens a gofiaf fi o'r cyfnod hwnnw. Yr oeddwn i, fel y dywedais, yn newydd i'r swydd ac yn ffres o'r Coleg. Yr oeddwn hefyd yn ofnus ac yn wan fy ffydd. Cofiaf fel yr arferai ef ganmol unrhyw orchest fach a gyflawnwn i yn y dosbarth. Os gwelai unrhyw arwydd lleiaf o gynnydd, byddai'n ffugio rhyfeddu at y wyrth. Ac mae'n syndod y gwahaniaeth a wnaeth ei eiria ef i mi!

Ef oedd cynrychiolydd yr athrawon ar y Pwyllgor Addysg, ac felly ef oedd y ddolen gyswllt rhwng y cynghorwyr, y Swyddfa Addysg a'r athrawon. Er iddo ennill parch ac ymddiriedaeth y rhai a oedd mewn awdurdod drosom, dyn yr athrawon oedd ef bob amser, ac fe ymladdodd frwydrau lawer dros y rhai a oedd, am wahanol resymau, wedi mynd i drybini. Bu ei ddoethineb a'i dosturi yn foddion i achub swydd llawer athro, ac i achub yr Awdurdod rhag aml i gam gwag. Noddwr defaid cloff ac anffodusion fu ef ar hyd ei oes. Bu'n gyfaill a chymwynaswr mawr i Dewi Emrys pan oedd hi'n gyfyng ar yr hen Brifardd. Dyma ran o lythyr a sgrifennodd Dewi at Tom Stephens ym 1941, pan oedd ef yng nghanol y *blitz* yn Llundain.

> Dyma fi ar fy ffordd i Dalgarreg . . . Pethau'n ofnadwy yn Llundain. Fe orffwys bom o fewn canllath a hanner i ddrws y tŷ, dau arall ymhellach i ffwrdd. Ni chawn fynd yn agos i'm tŷ fy hun ddoe nac echdoe. Llwyddais ar ruthr i lenwi fy mag a phethau angenrheidiol ddeuddydd yn ôl . . .

144

Ac yn Nhalgarreg y cafodd y ffoadur noddfa—ar aelwyd Tŷ'r Ysgol, gyda Tom Stephens a'i wraig Maggie—dau na fu eu caredicach yn y byd. Ymhen tipyn fe gafodd Dewi fwthyn iddo'i hunan ym mhentre' Talgarreg, lle treuliodd lawer o flynyddoedd hapus. Ond ym 1952, sylwodd Tom Stephens yn sydyn nad oedd gan yr hen Brifardd lo yn y tŷ i'w gadw'n gynnes, a sylweddolodd ei bod yn dlawd arno, er i'r creadur gadw'r ffaith iddo'i hunan. Trefnodd Tom Stephens dysteb genedlaethol iddo, ac fe gofiodd beirdd y 'Babell Awen' am yr athro beirdd gorau a welodd Cymru erioed. Bu rhaid tynnu ychydig arian o'r gronfa cyn y cyflwyno swyddogol, er mwyn cael digon i dalu am ddillad parchus, ac ychydig yn ei boced i Dewi allu mynd i'r 'Genedlaethol' yn Aberystwyth ym 1958. Honno oedd ei Steddfod olaf, oherwydd fe fu Dewi farw'n fuan wedyn, a'i gladdu ym Mhisgah, Talgarreg, lle y gorwedd Tom Stephens hefyd.

> Dau enaid mawr dan do mud,
> Hen gewri'n yr un gweryd.

Donald Evans

Bu'n noddi Waldo Williams hefyd, pan oedd hi'n gyfyng ar y bardd mawr hwnnw, a gwn y gall y Prifardd Donald Evans (hen ddisgybl iddo) ddweud yr un peth. Yn bersonol, ni allaf fi fesur fy nyled iddo.

Diolch am gael y fraint o'i 'nabod. Ym meysydd Addysg Gymraeg pedwar a phumdegau'r ganrif hon, ac yn y frwydr dorcalonnus dros yr iaith Gymraeg yn yr un cyfnod—yr oedd Tom Stephens yn ffigur allweddol.

T. Llew Jones

Tydfor

Y llynedd, trwy ddamwain, bu farw un o gymeriadau mwyaf talentog a lliwgar Ceredigion, Tydfor y Gaerwen. Roedd yn ŵr amryddawn—yn ffermwr, diddanwr, bardd a darlledwr—a mawr yw'r bwlch ar ei ôl.

Roedd rhieni Tydfor o'r ddau du yn gymeriadau arbennig, ac nid rhyfedd i'r mab flaguro yn un o'r bodau mwyaf unigryw yn y parthau hyn. Yn un peth, ni chlywsom am neb arall o'r un enw ag ef. Honnai Mr W. R. Jones, ei hen athro Cymraeg yn Ysgol Sir Aberteifi, fel yr oedd y pryd hwnnw, mai rhyw 'throwback' o'r ganrif o'r blaen ydoedd, ac yn wir, yr oedd rhyw nodweddion arallfydol ynddo yn fynych. Ni byddai'n ddim i chwi alw i'w weld ag ef allan ar y tir coch gyda'r ddwy hen gaseg hynny y bu'n ffermio â hwy am flynyddoedd wedi marw'i dad. Ei wylio, drwy'r berth ddrain duon ar bwys y bwlch, yn dod o'r dalar bellaf—'Wo', sydyn ar ganol cae a'r bardd yn tynnu tamaid o bapur, a thamaid llai o bensil o'i boced ac yn taro rhyw bwt o bennill neu'i gilydd ar ei ben-lin, yna'n ymsythu, taro'r pethau'n ôl yn ei boced, a chyda 'Gohêd nawrte,' yn bwrw 'mlaen fel pe na bai dim allan o'r cyffredin wedi digwydd.

Dywedir i'w dad, ryw Sul, pan oedd S. B. yn pregethu yng Nghapel y Wig, eglwys ei fagwraeth, ddewis yr union adeg honno i fynd â'r hwch at y baedd, gan basio'r capel fel yr oedd y dorf yn dod allan. Pan edliwiwyd iddo y dylai fod arno gywilydd o'r fath beth a'i frawd yn gwasanaethu, ateb Siors, mae'n debyg, oedd: 'Heddi yw diwrnod Seimon, a heddi yw diwrnod yr hwch hefyd.' Yn wahanol i'r lleill, eglwyswyr oedd teulu Gaerwen. Ond gŵr teimladwy a thyner iawn oedd Siors yn y bôn, ac yn ôl barn llawer, y telynegwr dwysaf o'r bechgyn i gyd. Daeth ei englyn i'r ci defaid yn agos iawn, iawn i'r brig ym mlwyddyn Tom Richards, Llanfrothen, a diau y buasai'n nes wedyn oni bai i'r beirniad, S. B., ei sbotio a'i fwrw i ebargofiant y trydydd dosbarth o barch i'r rheol na ddylai perthynas i'r beirniad gystadlu.

> Ei gabol ddysg a'i wybod—yn awr hel
>   Y praidd sy'n rhyfeddod,
> Lle'u llechu ŵyr, lle lluwch ôd,
> Hebddo ef ni bydd hafod.

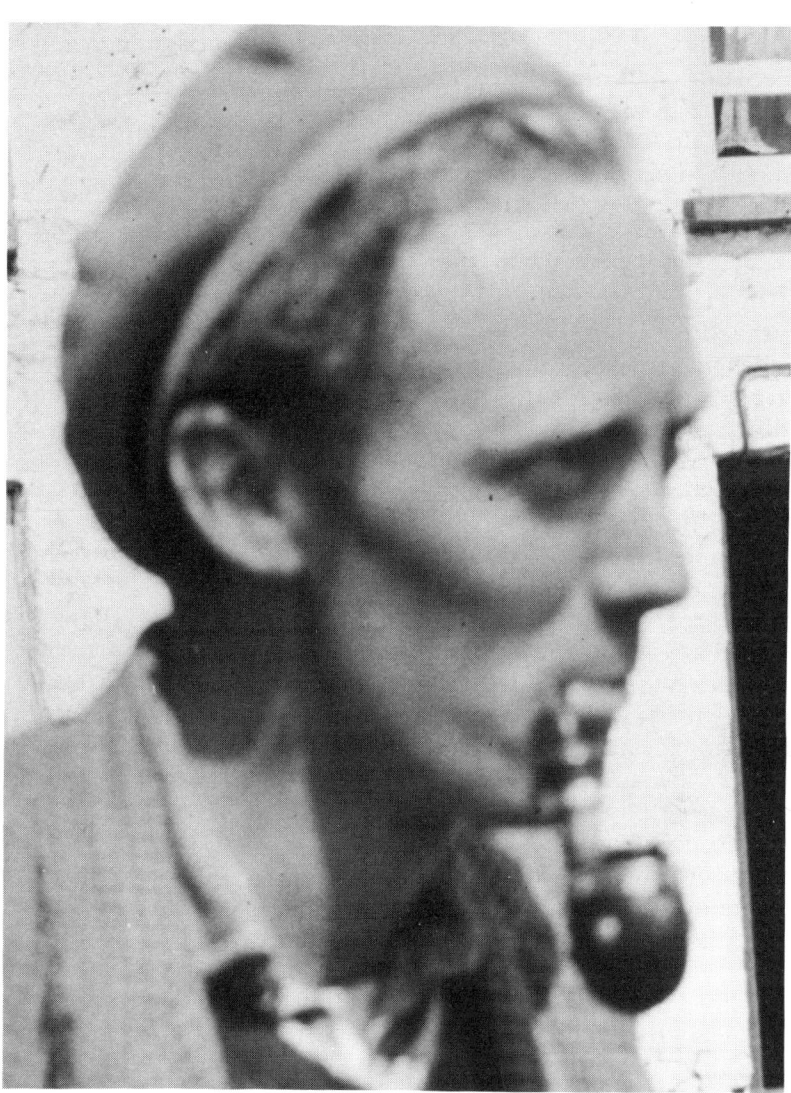

Pe galwai cydnabod i'w weld, yna byddai Tydfor yn 'gillwn' pob gorchwyl, pa mor bwysig bynnag, a'i bwrw hi i'r tŷ i roi'r byd yn ei le. Siors wrth y pentan, Tydfor yn gogyn bach wrth y llall, a'r ymwelydd mewn rhyw gadair gyfleus yn y canol. Pe cynigid sigarét i Siors byddai wrth ei fodd, er nad oedd yn smociwr rheolaidd, a chnoai a gwlychai'r ffag hyd ei hanner gan ofyn yn hanner swil, 'Bachgen, 'sdach chi ddim un iddo fe' ma?' Canlyniad hynny, wrth gwrs, oedd na fu gan Tydfor wahaniaeth pa un ai a smociai ai peidio. Fe wnâi hynny heddiw mewn cwmni, fel rhyw fath o ddefod gymdeithasol, a'i hanghofio 'fory.

Mae pen lôn Gaerwen, lle try oddi ar Lôn y Banc, i'w gweld yn blaen o ddrws y tŷ, rhyw ddau led cae i ffwrdd, ac ni throai neb i fewn i'r lôn na byddai Hettie wedi ei ganfod o hirbell! Erbyn y cyrhaeddai'r drws byddai wedi golchi'r llawr, tacluso cadair i'w dderbyn a hwylio 'tamed i fyta' iddo, naill ai fan'ny ar ei ben-lin yn y gegin fach, neu ar fwrdd y gegin, yn dibynnu ar ba mor aml y galwai. Yma eto, byddai defod y sigarennau'n bwysig, ond nid doeth fyddai gadael y pecyn o fewn ei gafael hi! Dynes wladaidd, briddlyd yn aml, nad oedd ffuantrwydd na rhodres yn yr un croen â hi oedd, ac yn galon i gyd.

Pan aeth adroddwr yr Adar, a fyddai ar aelwyd Gaerwen bron cyn amled â Thydfor ei hunan, ac yn 'ddisgybl annwyl' ganddi, â'i ddarpar wraig, Saesnes o Benarth, i'w gweld (ni feiddiai feddwl am gymryd gwraig heb gael sêl bendith Hettie arni) bu'n gryn ddrama: y ferch ifanc, fodern, na welsai'r fath le erioed o'r blaen yn clwydo ar ymyl cadair galed yng Ngaerwen wledig, ddiarffordd, ac yn teimlo, meddai hi, fel buwch mewn sioe, a Hettie'n eistedd yn sgwâr o'i blaen gan edrych i fyw ei llygaid a gofyn y pethau mwyaf personol iddi, a bodio pob dilledyn o'i heiddo (hyd yn oed y rhai anweledig). Yna ymhen hir a hwyr yn gafael yn dyner yn ei llaw gan ei thywys i fyny'r grisiau i'w chysegr sancteiddiolaf ei hun, i ddangos iddi drysorau ei wardrob hithau. Yr oedd wedi'i derbyn.

Ni welsai Tydfor, felly, ddim ond bod yn hollol fel ef ei hun, ac yr oedd ei ddynoliaeth gyfled â chaniatáu, yn hollol naturiol, yr un hawl i bawb arall. Nid oedd dilyn ffasiwn mewn llên na dim arall, yn golygu dim iddo. Er hynny, ni welwyd ef erioed, er garwed ei wedd a'i ffordd yn fynych, yn methu mewn moesau. Mae'n ddiamau iddo ddewis y gyllell neu'r fforc anghywir mewn ambell ginio swyddogol, ond pa ots os atebai'r teclyn ei bwrpas? Gwelwyd ef yn cwrsio'i bys rownd y plat ac yn sugno'i de yn ddigon barbaraidd ar dro efallai, ond pan ddiolchai ar y diwedd, roedd hynny'n rhywbeth mwy na geiriau gwag confensiwn.

Ryw noson, ymhell wedi hanner nos, a'r adroddwr y soniwyd amdano gynnau a'i wraig ifanc, erbyn hynny, wedi hen fynd i'r gwely, clywsant sŵn rhywun yn graeanu'r ffenest oddi allan ac yn galw. Wedi peth cwnsela, cododd hithau i fynd i weld pwy oedd yno (roedd hi'n berchen dresin gown, meddai'i gŵr, ac nid doeth mynd i ateb y drws yn eich pants wedi nos!). Arhosodd yntau yn ei wâl. Deallodd chwap iawn oddi wrth y clindarddach sosbenni a'r siarad o gyfeiriad y gegin fach mai Tydfor oedd yno, ar ei ffordd adre' o feirniadu rhyw eisteddfod neu'i gilydd, ac eisiau bwyd. Wedi ysbaid ddigonol iddi gwblhau ei gorchwyl, dyma'r gogyddes yn ei hôl i'w gwely a Thydfor yn ei chanlyn â'i blataid yn ei law. Golygfa i'r dychymyg oedd honno, mae'n rhaid—y pâr ifanc yn eu gwely a Thydfor yn eistedd yn y traed yn trafod y byd a'i bethau rhwng cegeidiau o facwn ac ŵy am ddau'r bore fel petai'n ganol dydd golau.

Canodd, nid oes dim dwywaith, gannoedd o benillion a cherddi i achlysuron doniol tebyg, ond mae lle i ofni nad oedd lawn mor werthfawrogol pan droid y gath yn y badell, ag ef ei hun yn destun y gân. Daethai'r newydd, rywdro, iddo dorri'i goes, a'i gyfaill yr adroddwr, er gwaetha'i swydd fel dyn llaeth y pentre', yn methu â chael gwybod yn iawn sut y bu. Roedd rhyw ddirgelwch ynglŷn â'r peth. Felly, dyma alw heibio i edrych hynt y claf ac i gynnig cymorth. Wrth dowlu llygad o gwmpas y clos gwelodd fod twll diogel o faint yn nho asbestos y tŷ llaeth, ac yn uwch i fyny ar grib to'r beudy, nifer o lechi'n eisiau. Bu'n storom go arw o wynt rai dyddiau ynghynt a dyma'r Capstick ynddo yn rhesymu fod Tydfor wedi methu â chael ysgol ddigon hir i drwsio to'r beudy, wedi gwisgo'i sanshws a dringo'r to o'r cefn (roedd y bargod o fewn cyrraedd y fan honno) ac wedi colli ei afael rywle tua'r top a rholio i lawr y to a disgyn drwy'r tŷ cwler. Wedi cyrraedd y tŷ ni soniwyd dim am y ddamwain, na chadarnhau'r ddamcaniaeth nac fel arall, ond roedd y plaster-paris o figwrn Tydfor i'w fforchog yn dystiolaeth ddiymwad o'i heffaith. Wedi gweld fod pethau gystal ag y gellid disgwyl a'r hwyl heb ei difa, yr hwyr a fu a'r bore a fu, a lluniwyd cân fach ddigon cymeradwy o gydym-deimlad ar bwnc dringo toeon a whare gwiwerod ac yn y blaen. Archwyd i'r Post Brenhinol ei chludo yn bersonol i'r bardd clwyfus. Ni chlywyd, ysywaeth, ragor o sôn amdani, a'r distawrwydd llethol o du'r gwrthrych yn brawf pendant nad pethau i chwarae â hwy yw teimladau briw bardd neillgoes.

Bu erioed yn rhyfygus, ac ynddo duedd llawer ffermwr i ddibynnu ar ffydd a chortyn beinder. Yn wir, mae lle i ofni i'r rhyfyg difeddwl hwnnw gyfrannu at ei ddiwedd.

Ymhell cyn iddo wella o'r anaf i'w glun galwasai'r llaethwr ar ei dro, canfod nad oedd y bic-yp i'w gweld ar y clos, a chael ar ddeall gan ei fam fod Tyd wedi bod wrthi drwy'r prynhawn cynt yn ei haddasu ar gyfer gyrrwr anabl, ac wedi bwrw lawr i Flaencelyn ar neges. Gyda hyn, dyma'r cerbyd yn dod i waered o Lôn y Banc, heb neb yn sedd y gyrrwr, a Thydfor yn rhyw ledorwedd ar y sedd arall â'i goes ddiffrwyth ar letraws y ddwy, gan lywio, os llywio hefyd, drwy gymorth cyfres o beipiau copor, weier a chortyn bêls, na wyddai ond ef a'r Bod Mawr sut i'w trafod. Fe ŵyr y cyfarwydd nad hewl i yrrwr ungoes mo'r ffordd o Flaencelyn i Gaerwen; yn wir, yn rhy fynych byddai'n dda pe bai gan ddyn dair.

Hoff ganddo fyddai tywys 'enaid hoff cytûn' i fyny i Fanc Gaerwen, a thros y grib i dordaen yn y rhedyn uwchlaw Pwllmwyn a Chwmbwrddwch:

> . . . sefyll fry uwchben y dwnshwn
> A drichid lawr i hen grochon dwfwn,

a bwrw cerrig i lawr dros y graig a gwrando'u sŵn yn disgyn i'r môr, gannoedd o droedfeddi islaw. Unwaith, o leiaf, wrth fwrw carreg fwy na'i gilydd, bu bron iawn iddo gael ei dynnu i'w chanlyn, gan rolio ar y borfa lithrig hyd ymyl eithaf craig y môr. Llathen arall a byddai wedi bod ar ben arno. Dim ond bonyn eithinen ragluniaethol a'i galluogodd y tro hwnnw i ddringo'n ôl i ddiogelwch i wneud sbort am ben yr arswyd ar wyneb ei gydymaith.

Gyda balchder un yn perthyn y dangosai i chwi'r cylch o feini cyn-oesol a roddasai i'r fferm ei henw, a chyda rhyw arswydus barch y pwyntiai at ddarn o graig fygythiol ei golwg ar oleddf draw uwchlaw'r môr, 'Honco yw'r cythrel, y Gaer Ddu yw honna,' gan roi i'r 'u' y sain led-ogleddol, dywyllach-na'r-cyffredin a ddefnyddiai'r teulu yn ddi-feth wrth sôn am y graig.

Yn gynnar yn y saithdegau, daeth Tydfor yn aelod o Adar y Bryn, parti o ddoniau o ardaloedd y Ferwig, Pen-parc a'r Felin-wynt a dyfasai dan arweiniad Mrs Mona Jones ac a âi o gwmpas i gynnal cyngherddau a nosweithiau llawen at achosion lleol. Doniau oeddynt a feithrinwyd yn bennaf yn yr eisteddfodau a'r cyrddau cystadlu a fu mewn cymaint bri ryw ddegawd ynghynt. Caneuon poblogaidd y dydd wedi eu haddasu i'r Gymraeg, eitemau offerynnol, sgetsys ac yn y blaen, oedd eu deunydd fynychaf. Digon amaturaidd oedd y cyflwyniadau'n aml, yn ôl rhai safonau, ond atebent ofynion y cyfnod a chynrychiolent gangen arbennig o ddiwylliant lleol na ddylid ar unrhyw gyfrif ei hesgeuluso gan haneswyr y dyfodol.

Pan roes Mrs Jones heibio ofal y parti hwn cadwodd Tydfor gnewyllyn ohono gyda'i gilydd i ffurfio Adar Tydfor. Glan Thomas o Flaenannerch a'i frawd Derfel, Stan Griffiths, Cwrcoed ac Eifion Williams, Tŷ-fry, Mari Jones, Cross Inn yn gyfeilyddes iddynt ac Ifor Owen Ifans, y dyn llaeth a'r *general factotum* ar adegau o daro yng Ngaerwen, yn adroddwr. Ac o hynny hyd ei farw, yr Adar a fu prif gyfrwng gweithgarwch creadigol Tydfor. Ef a sgriptiai lawer o'r sgetsys, sgrifennu geiriau'r caneuon, a'r gerddoriaeth, hefyd weithiau (roedd yn ddigon o foi, ys dywedai'i fam), arwain pob cyngerdd ynghyd â chymryd gofal y cyllid a'r cyhoeddiadau. Nid cam â neb fyddai dweud mai ef *oedd* y parti. Ni wyddys a gadwyd cofnod o bob perfformiad ai peidio, ond erbyn ei farw roeddynt yn rhwym o fod yn gannoedd, ledled y wlad, a thros y ffin i Loegr, hefyd. Ychwaneger gwneud recordiau ac ambell ddarllediad ac fe geir rhyw syniad am swm ei brysurdeb.

Roedd yn gas ganddo rodres o bob math, ac weithiau âi allan o'i ffordd i dynnu ambell un, yr aethai ei dipyn swydd i'w ben, i lawr ffon neu ddwy, megis y gwnaeth yn rhywle yn Sir Benfro, lle roedd rhyw bwysigyn o ddoctor yn llywydd y gweithrediadau. Rhyw swydd cadw-mi-gei a fu hi erioed, wrth gwrs, ac aeth y boi hyn ymlaen ac ymlaen ac ymlaen yn ddi-ben-draw ac mor ddiflas â chawl dŵr, gan ddiolch i bawb a phopeth ar ei ffordd. Aeth ymlaen gyhyd nes i Gaerwen ailgychwyn y gyngerdd braidd cyn iddo orffen, a threulio tua phum munud yn dyfalu ar goedd 'Doctor o beth all hwn fod, ŷch chi'n feddwl?', 'Rŷn ni'n lwcus na fu raid i ni gael *second opinion*', a rhyw bethau felly, gan ddiolch i'r gŵr bonheddig tua seithwaith yn huawdl dros ben—am ei gyfraniad ariannol.

Wrth gwrs, cydrannai lwyfan â rhai o enwogion byd adloniant Cymraeg weithiau, a byddai'n gwybod yn lled dda faint y ffi a godai rhai ohonynt, fel y deallodd y trysorydd hwnnw a ddaeth ato ar ddiwedd rhyw gyngerdd a'r cwestiwn bach ticlis hwnnw, 'Nawr 'te, faint sy arnom ni i chi?' mewn tôn sy'n awgrymu'r gobaith fod y paned te a'r danteithion wedi lliniaru peth ar y bil.

'Arhoswch chi'n awr,' mynte Tydfor, 'faint ych chi'n ei dalu i hwn-a-hwn?'

'O, jiw, mae'i ffi e yn drigain punt, cofiwch.'

'O.'

'Wa'th ma' record gydag e' mâs, a mae e' wedi bod ar *Disg a Dawn*.'

'O, fachgen! Wel y . . . y . . . y . . . Sawl un ohonon ni sy 'ma? Y . . . y . . . pedwar, pump, whech. 'Na i chi sics sics thyrti sics. We-e-e-l gwedwch drichant a hanner 'te, i ga'l e' i ben cyfri' (a'r dyn bach yn dechrau gwynnu o gwmpas ei glustiau ac yn gweld yr 'elw sylweddol' yn mynd i bluo nyth yr Adar), 'y . . . y . . . y ac fe gadwn rwbeth at y petrol ac fe rown ni'r gweddill yn ôl—at yr achos.'

Y saithdegau cynnar, hefyd, oedd adeg bri *Penigamp*, ac am rai blynyddoedd, bob rhyw bythefnos, ac yn amlach weithiau, byddai gofyn trafaelu i rhyw dref neu bentre' i recordio honno. Amcanu cyrraedd tua saith o'r gloch i recordio am hanner awr wedi. Byddai Teleri a'r criw, Cassie, Mari a Jacob fynychaf wedi hen gyrraedd, ac wedi clirio'r rhan fwyaf o'r ymborth paratoedig erbyn y deuai'r ddau fardd i'r fei, achos nid oedd prydlondeb yn uchel ar restr blaenoriaethau y naill na'r llall 'ohonynt. Mae'n bosib i Dydfor, beth bynnag, etifeddu ffilosoffi ei ewythr, S. B., yn hynny o beth. Daliai hwnnw fod rhywun ac arno eisiau bwyd yn debycach o'i fwynhau'n well o orfod aros ychydig amdano! Yn wir, âi cyn belled, weithiau, ag aros rhyw filltir o gapel ei gyhoeddiad i ladd amser a thynnu mygyn tan rhyw bum munud i awr benodedig yr oed.

Ni fedrodd Tydfor erioed ddygymod â'r amser wâst, yn ei dyb ef, sydd ynglŷn â gwneud rhaglen deledu, yr aros di-ben-draw o tua dau'r prynhawn, dyweder, tan amser darlledu tua saith. Lawer gwaith yr edliwiwyd iddo wrth gychwyn, o'r diwedd, i'r daith, 'Diawl, boi, fe fydd yn rhaid i ni dasgu, mai gwaith hyn-a-hyn o drafaelu i'r fan-a'r-fan, ac mae'n fel-a'r-fel o'r gloch yn barod.' Ond yr unig ymateb, fynychaf fyddai, 'Peth mae'n olreit, bachan, ddechreuan nhw ddim hebddon ni, gwlei.'

Mae'n bosib, yn y bôn, nad oedd hynny'n ddim ond brafado nerfusrwydd, achos roedd yr adrenalin yn llifo ar y teithiau hynny. Prin y bwytasai ddim y prynhawn hwnnw, gan dwtio rhyw gwpled yn ei feddwl, neu amseru rhyw ergyd neu alw rhyw bennill i gof yr holl ffordd. Yr oedd fel petai'n synhwyro yn nwfn ei enaid mai'r lle gorau iddo guddio'i swildod cynhenid oedd yn llygad y dorf. Er gwaetha'i ymddangosiad di-hîd, allblyg ar lwyfan, ceisiai fyw yr holl beth ymlaen llaw. Gyrrai fel y cythraul, pan fentrid iddo'r olwyn, gan dynnu plet ar bob tro, a rhyw led synnu, 'Bachan, beth wedd yn bod ar hwnna, nawr,' pan seinid corn rhybudd arno weithiau, wedi iddo ddod yn nes at dragwyddoldeb nag arfer. Ond ar y ffordd adref roedd yn ddyn gwahanol, hamddenol (ni byddai'n ddim ganddo droi adref i odro wedi hanner nos, a godro â llaw,—ni bu peiriant ganddo at y gwaith hyd y diwedd). Roedd yn gymeriad difyrrus, doeth, teimladwy, a chanddo'r ddawn i wneud yr holl gwmni'n gyfforddus. Ni theimlai hyd yn oed wraig brin ei Chymraeg o Benarth, yn nathliadau digon amrwd, uniaith, ystafellaid o wladwyr, allan o'i lle yn ei gwmni ef.

Ym 1978, priododd ag Ann, athrawes o Gaernarfon, a oedd ar y pryd yn dysgu yng Nghoed-poeth, a bydd y diwrnod hwnnw yn rhan o lên gwerin ein bro ni am genedlaethau. Digon yw dweud i araith y priodfab fod yn unigryw hyd yn oed yn ôl safonau teulu'r Cilie, teulu y bu'n gymaint o addurn iddo yn ei holl agweddau.

Nid pethau i bendroni a doethinebu yn eu cylch oedd llên a phennill a Chymreictod i Tydfor, roeddent yn rhan ohono, mor reddfol ag anadlu, mor naturiol â'r awyr iach.

Ac ym Mai y llynedd darfu'r cyfan. Cafwyd ei gorff ar bwys Lôn y Banc a'i dractor wedi dymchwel arno, ac nid anodd dychmygu y byddai'n chwerthin yn braf yn rhywle pe gwyddai fod o leiaf un, a fu'n disgwyl amdano ef lawer gwaith, yn hwyr yn cyrraedd ei angladd.

Ifor Owen Ifans a *Dic Jones*

153

D. J. Williams

Mae'n anodd dy gymryd di'n seriws, ŵr triw
Y bwndel carlamus a fu o gwmpas Penrhiw . . .

Yn fochgoch doi atom yn llygaid i gyd
Yn ffraeth dy stori, yn erfyngar 'run pryd.[1]

Ei stori a'n deil, yn wir, a'n meddianna, bob tro y gwrandawn
arno. Yr oedd yn erfyngar oherwydd y credai yn ei ymgyrch ddilys
dros ei genedl a'i wlad. Yr oedd ei lenyddiaeth naturiol a thynged
y cilcyn hwn o ddaear yn anwahanadwy. Hyd y gwn i, D. J.
Williams a fathodd yr ymadrodd, 'y filltir sgwâr'. Ef, yn sicr, a
roes iddo ddimensiwn arbennig ac a'i cyflwynodd i ni, bob un
ohonom sy'n cofio am y fan lle bu dechrau'r daith. Byddai wedi
bod wrth ei fodd yn Steddfod fawr y genedl yn Llanbed yn '84;
bydd rhai ohonom yn siŵr o'i weld, yn enwedig wrth borth y
Babell Lên yn gwrando ar ffraethineb beirniad ac ar yr un pryd yn
rhyw ddisgwyl am gyfaill, boed wladwr o'i gynefin neu rywun
amlwg ym mywyd ei bobl.

Mewn ysgrif Saesneg yn *Wales* (gol. Keidrych Rhys) flynyddoedd
yn ôl, 'Earth Green and Red', rhoes Dr J. Gwyn Griffiths hanesyn
am y ddau Wyddel, Yeats a Synge, yn cyfarfod ym Mharis. Yr
oedd Yeats eisoes wedi ennill ei blwy' ond rhyw lenor ofydd oedd
Synge yn chwilio am gyfle i'w ysbrydoli i gynhyrchu llenyddiaeth.
Dywedodd Yeats wrtho am ei heglu hi oddi yno a mynd yn ôl at ei
bobl ei hun i'r Ynys Werdd, ac yno i wrando ar idiom y bobl ac
ymborthi ar eu dychymyg lliwgar a chyfoethog. Ufuddhaodd
Synge a chafwyd *Riders to the Sea* a *Playboy of the Western World*.
Nid oedd angen cyngor Yeats ar D. J. Williams.

Dywedodd yr Athro W. J. Gruffydd rywbeth tebyg pan dder-
byniodd Fedal y Cymmrodorion ym mis Mai 1946. Yn ei lyfr ar
James Joyce yr oedd Aneirin ap Talfan wedi dweud fod yn rhaid
i'r artist, boed lenor neu gerddor neu arlunydd fyned yn alltud o'i
wlad os mynn gael rhyddid i'w awen ymddatblygu ac ymfynegi fel
y dylai.

Efallai y buasai bardd fel Williams-Parry, dyweder, neu lenor fel D. J.
Williams, ar eu hennill be paent wedi pwysleisio eu hannibyniaeth
cynhenid drwy ymfudo i Baris a chyfranogi yn syniadau a dadleuon y
loteries . . . ond buasai Williams-Parry a D. J. Williams drwy hynny

wedi colli yr un peth sy'n ogoniant iddynt—y llais anniffiniadwy di-efelychiad hwnnw sydd yn eu holl weithiau yn seinio nodau ar is-alaw'r gymdeithas Gymreig.

Both olwyn bywyd D. J. Williams oedd Penrhiw, Aber-nant, Rhydcymerau a rhedai'r adenydd allan i'r cemig; yr oedd yr olwyn yn cylchu Cymru a phopeth yn ymwneud â Chymru—ym mhyllau glo Morgannwg, Ysgol Llanybydder ac Ysgol Joseph Henry, Coleg Aberystwyth, Rhydychen, Abergwaun, Llwyni'r Wermod ac eto, Abergwaun. Mae cyfanrwydd Cymru yn lloci'r cyfan i'w chôl. Ym mharadocs un maniffesto gwleidyddol ar ôl y llall, yn yr agendor rhwng Dafydd 'R Efailfach a byd yr ysgolhaig proffesiynol, odditanynt i gyd yr oedd gan D. J. Williams ddaear gyffredin, daear Cymru.

Cymru ei gynefin oedd ei Gymru ddelfrydol:

> Yr unig beth rwy'n deimlo, heb 'sboniad arno fe, yw bod Cymru yn golygu rhywbeth arbennig iawn i fi er y cof cynta' sy gen i amdano i'n hunan pan own i'n grwt yn yr ysgol.

Dyna a ddywedodd D. J. pan ofynnodd Dr Jac L. Williams iddo beth a'i symbylodd i fod yn genedlaetholwr. Gwyddai D. J. am *ambiance* hamddenol y clas a chanolfannau dysg; gwyddai am hagrwch cymoedd diwydiannol deheubarth Cymru a'r bywyd amrwd a gaed yno. Tybed a oedd modd i'r naill Gymru gymathu'r Gymru arall heb golli'r union beth a roes hunaniaeth i Gymru? Mae D. J. yn darlunio'r Gymru ffyniannus yn ei bamffled ar A. E. a Chymru. Sut mae'r Gymru hon y mae ef yn ei llunio (er iddi ennill hunan-lywodraeth) yn ymdopi mewn Ewrob o wledydd yn benben â'i gilydd, Ewrob a negyddodd ystyr y gair 'cyffredin' ac sy'n methu'n lân â chydnabod y Chwyldro Silicon lle mae mwy yn llai? Mae'n dda na chafodd D. J. brofi siom refferendwm Dydd Gŵyl Dewi 1979 pan sarnwyd cyfle unigryw i wireddu, o leiaf, rai o'i freuddwydion ef ei hun. Buasai ef gyda'r cyntaf i gytuno â'r hyn a ddywedodd aelod seneddol Ynys Môn ar y pryd, yr Arglwydd Cledwyn Hughes o Ben-rhos: 'Mae'n llawer haws dychryn pobl na'u goleuo nhw.' Ffyniant cefn gwlad oedd breuddwyd mawr Gandhi ac yr oedd ef yn rhag-weld trueni ei is-gyfandir pan heigiai'r bobl i'r trefi a'r dinasoedd lle mae'r palmentydd yn ddigroeso, yn unig tu hwnt, er bod yno filoedd, finfin â'i gilydd yn bwrw'r nos. Yn sicr, yr oedd D. J. yn ymwybodol iawn o gyfranc y Rus versus Urbs. Yn ei Gymru ef yr oedd i'r Gymraeg ei phriod le.

> Byddai'n anodd dy gymryd o ddifri'n wir
> Dy wylo a'th chwerthin yn Storïau'r Tir

Oni bai iti gymryd dy filltir sgwâr
A'i hoelio'n galon yng nghanol Shir Gâr. [1]

Ond beth bynnag a ddywedwn am ddyheadau gwleidyddol D. J. mae cofio am ei lafur diflino dros Gymru yn codi cywilydd arnaf. Rhaid cael trefn wleidyddol genedlaethol ac yn sgîl hynny y ffynnai'r iaith, celfyddyd a chrefft, diwydiant a diwylliant: dyna'i weledigaeth ef.

Ymhell cyn i mi gyfarfod D. J. wyneb-yn-wyneb yr oeddwn, fel crwt o Shir Gâr, wedi'i gyfarfod yng nghwmni'r Hen Wynebau. 'Doedd dim mwy na phymtheng milltir o'm cartref i i Benrhiw ac Aber-nant ond yr oedd yn wlad dipyn yn fwy dieithr na Chapernaum, Caersalem a Jericho. Rhyfedd mor bellennig oedd y cymdeithasau gwledig heb odid yr un cyfle i bobl ddod i adnabod ei gilydd ar wahân i farchnad Llandeilo. Ym 1936 (blwyddyn bwysig ym mywyd D. J.) y cefais i fy nghopi o'r Hen Wynebau, yr ail argraffiad. Fe'm bachwyd ganddo. Yr oedd fy nhad yn wrandawr da a dyna bleser oedd darllen y naill hanesyn ar ôl y llall ac yntau'n ymglywed â digrifwch D. J. Bu gormod o ddyfynnu o'r bennod ar Dafydd 'R Efailfach ond, dyna fe, be wnewch chi pan ddowch at wythïen gyfoethog ond turio a thurio am ychwaneg? Un cyffelyb i'r rhai a ddarluniodd oedd D. J. ei hun ond bod gwrtaith ysgol a choleg, chwedl Gwenallt, wedi'i roi wrth ei wreiddyn. Bu D. J. yn ffodus na fu'n rhaid iddo fynd i fynwent Rhydcymerau (fel y bu'n rhaid i Thomas Gray yn Stoke Poges) i ddyfalu am y gymdeithas wladaidd, wledig. Yn ei alargan mae Thomas Gray yn sôn am:

The rude forfathers of the hamlet.

a rhoddi urddas i'r 'rudeness' yna a wna'r bardd gydol y gân. Mae deg darlun yn y gyfrol a Dafydd 'R Efailfach a hawliodd y lle cyntaf. Dyma a ddywedodd Saunders Lewis:

dyma deyrnged y llenor llythrennog i'w batrwm, y llenor anllythrennog; allwedd i'w holl waith, canys Hen Wynebau oedd ei lyfr cyntaf ef.

Dyma a ddywedodd D. J. am ei batrwm:

Gan nad oes gan neb hawl deg i'm hamau ond y sawl a glybu Dafydd ei hun wrthi, mentraf ddweud fy marn onest yma—mai'r llafurwr anllythrennog hwn, cwbl ddiymwybod â'i ddawn, yw'r person mwyaf dethol a gofalus yn ei eiriau ymadrodd o bawb y cefais i'r pleser o wrando arnynt yn ymddiddan erioed. Ofer yw ceisio dychmygu beth a allai ddod o Dafydd pe cawsai fanteision addysg teg.

Efallai fod beirniadaeth gudd yn y frawddeg olaf. Gwn y gallwn ramantu a dychmygu Dafydd yn ben ysgolhaig neu'n ŵr busnes hirben ond ar yr un pryd byddai D. J. a'r filltir sgwâr wedi colli'r mentor nad oedd yn ymwybodol o'r cyfoeth a feddai. Dywedwyd droeon fod y peiriant addysg ffurfiol wedi melltithio Cymru, yn enwedig y Gymru wledig, oherwydd allforion oedd ymron pob disgybl a lwyddodd yn y maes academig. Mae addysg, fel rhyfel, wedi hawlio'r gorau, mewn corff a meddwl, gan eu halltudio am byth o'r fro gynefin. Nid rhyfedd i un prifathro ysgol uwchradd edrych ar restr canlyniadau arholiadau'r haf o flwyddyn i flwyddyn a rhoi i'r rhestrau y pennawd, 'I'w hallforio', gan nodi'r flwyddyn.

Dyfalu'n unig fedrai Thomas Gray ei wneud wrth oedi ymhlith y beddau:

> Ond iddynt hwy erioed ni rannodd Dysg
> O'i thrysor llawn, goludoedd oesoedd fyrdd
> Oer Dlodi gyniweiriodd yn eu mysg
> Gan ddeifio'u henaid yn ei flagur gwyrdd.
>
> Ceir gemau teg ynghudd yn eigion môr
> Yng nghaddug ogofeydd y dyfnder mawr;
> A blodau fyrdd nas gwêl ond llygad Iôr
> Yn ofer berarogli anial lawr. [2]

Cynheiliaid y traddodiad llafar oedd y bobl a ddarluniodd D. J. ac yr ydym yn fawr yn ei ddyled am osod ar gof a chadw y diwylliant hwn, diwylliant a alwn ni yn aml yn 'ddiwylliant Cymreig'. Yr oedd diwylliant tebyg y tu allan i Gymru. Dyma eiriau gan R. T. Jenkins:

> Nid diwylliant *cenedl* mo hwn . . . ond diwylliant *teip cymdeithasol*; diwylliant sy'n ffrwyth *amgylchedd*, nid diwylliant sy'n ffrwyth *tras*— pa ffactorau bynnag yn y pen draw pell iawn a all fod wedi cysylltu'r tras â'r diwylliant . . . Trowch, er enghraifft, at bortread Thomas Hardy o Wessex. [3]

Dywed R. T. Jenkins mai'r un yw cefndir Wessex a chefndir Cymru—yr un yw'r diwylliant, nid o ran gradd ond yr un o ran natur ac elfennau. Hyd at ryw fan yr un bywyd yw—y ddawns werin, y neithior, yr wylnos *(The Return of the Native)*. Ond fe welir y gwahaniaeth wrth gofio am yr *iaith* a'r iaith yn ymylu ar fyd llenyddiaeth. Mae llenyddiaeth Lloegr yn rhagdybio tras a bonedd a'r sgaffaldiau a ddaw yn eu sgîl. Ond nid yw'r cynseiliau hyn mor amlwg yng Nghymru. Mae'n destun rhyfeddod i weld yr hyn a gynhyrchodd pobl ddi-nod. Mae'r emyn Cymraeg, er enghraifft, yn rhyfeddod i mi ac y mae'n ddigon rhesymol nodi hyn gan fod Shir Gâr yn sir emynwyr amlwg. Cofiwn am Johnson yn sôn wrth Boswell am anifail yn dawnsio ar ei draed ôl. Dywedodd Johnson:

It is not well done—*but the wonder is that it is done at all.*

Yn y gorffennol gwnaed rhyw gymariaethau rhyfedd cyd-rhwng llenorion Lloegr a llenorion Cymru, ond fel y sylwodd R. T. Jenkins, mae gennym wir hawl i ymfalchïo yn y *rhyfeddod* fod bardd cefn gwlad (neu lenor llafar o ran hynny) yn enaid sy'n fyw ac yn effro i awelon a chynyrfiadau o'r tu allan i'w lafur beunyddiol ond hefyd mae ganddo *afael ar iaith* a'i galluoga i roi mynegiant (boed garbwl neu beidio) i'w ymdeimlad. Cafodd y Saeson ddysgedigion fel Isaac Watts, Charles Wesley, a William Cowper yn emynwyr gwych. Ond mae Tomos Lewis, y gof o Dalyllychau, ac ysgolfeistr fel Morgan Rhys o Lanfynydd yn ateb ein gofyn.

Mae cymdeithas glòs lle mae'r aelodau fwy neu lai yn gydradd o ran adnoddau materol ac yn byw o dan amodau cyffredin, yn cynhyrchu'i hiaith ei hun. Ffrwyth sylwgarwch, ffrwyth poen a llawenydd a chynnwrf y nwydau lu (gwaeddodd Pantycelyn am eu troi yn gantorion) yw'r eirfa a fathwyd, geirfa amrwd ar dro ond yn gofnod graffig o brofiad. Etifeddais innau lawer o'r rhain. Meddylier, er enghraifft, am wladwr yn gweld y cwpanau gwawn ar y drain ar fore o wanwyn a'u galw'n 'ddrefl yr ych'. Gallwn gymhwyso hyn at iaith odlau'r Cocni—ni wêl e' ddim yn rhyfedd ynddi. Deil geirfa fel hon tra bo cymdeithas yn sefydlog. Ond pan ysgydwir y gymdeithas gan ryfel, gan chwyldro amaethyddol neu ddiwydiannol neu gan fewnlifiad o estroniaid yna daw tranc yr eirfa yn frawychus o sydyn.

Synnwn heddiw at fanylrwydd y cofio a'r ail-fyw; rhyfeddod yw barddoniaeth yr eirfa a'r ffigurau. Mae D. J. wedi llwyddo i daro ar yr union air neu ymadrodd fel y gesyd yn glir ei gymeriadau o'n blaenau. Dyma Dafydd Ifans y Siopwr yn arwain y canu:

. . . ac adenydd ei got yn codi ac yn disgyn fel *eryr mawr yng nghanol y Deml.*

Dyma Jones y Goetre Fawr:

Âi Jones y Goetre Fawr yn fwy-fwy ar led bob tro y gwelwn i ef. Edrychai fel petai braster eithaf Dyffryn Cothi wedi toddi i mewn i'w gorpws anferth a oedd megis casgen aml-gylchog o fenyn ar ddau begwn digon ansicr.

a'r frawddeg glo i'r paragraff:

Collid ei wyneb tua'r gwaelod yn nhonnau llyfnion ei dagellau.

Cofiaf fy nhad yn ddagrau o chwerthin pan ddarllenais y bennod
yna iddo. Eto, dyma Bob yr Hen Gel Glas yn tynnu'r gig a Jones
ynddi:

Codai Bob rhyw ffaden drot fach gan esgus mynd yn llawer cynt nag
yr âi er mwyn esmwytháu meddwl ei feistr . . . Boddodd yr olaf o
deulu'r Goetre ym mwrlwm diball ei optimistiaeth ei hun.

Onid oes arwyddocad i'r gair 'boddodd', gan gofio fod y Goetre
Fawr wedi mynd ar i lawr dros dair cenhedlaeth a'r ddiod yn
bennaf gyfrifol am hynny, neu fel y dywedodd D. J. yng nghyswllt
Dafydd 'R Efailfach—'syched trwm y gelltydd'.

Er iddo feirniadu ei gymeriadau, D. J. fyddai'r cyntaf i achub
cam yr eiddilaf ohonynt. Ni allai lai na'u caru nhw yn ei filltir
sgwâr a'r cariad hwnnw a redodd at Gymru gyfan.

Ar hyd pibell dy fywyd trwy dre Abergwein
Rhed dy gariad at Gymru, sy'n gariad ffein
Fe'i ceraist trwy'r Wermod a cher argae Tryweryn
Lle bynnag bydd gwewyr a chur dy werin. [1]

Mae brawddegau agoriadol y portreadau a'r storïau yn rhan
hanfodol o grefft y storïwr. Byddwn yn cofio llawer o frawddegau
y Beibl; dyna 'Arma virumque cano' gan Fyrsil; dengys Daniel
Owen ei afael ar hyn, ym mhennod gyntaf *Enoc Huws* er engh-
raifft, ac y mae Islwyn Ffowc Elis yn yr un traddodiad iach yn ei
ysgrifau a'i nofelau. Os stori *ar lafar* a gawn, yna mae gan y storïwr
elfennau megis ystum a goslef i gynnal ei eirfa. Ond y gair moel sy
gan ddyn ar bapur ac y mae llwyddiant gweddill y naratif yn
dibynnu ar agoriad sy'n ein cipio a rhaid yw darllen ymlaen. Yn y
geiriau cyntaf y gosodir y llwyfan; down yn fuan at y cymeriad
canolog a bydd sgiliau'r storïwr yn cyflwyno'r gweddill yn eu tro.
Deg gair sy'n agor hanes John Troedrhiw:

John Jones ydoedd ei enw yn ôl cofrestr y plwyf.

Dyna'r hen arfer o roi enw tad neu **dad**-cu ar fab a chadw'r
cyfenw. Ond mae cymaint ohonynt o'r un enw. (Cofiaf am lawer
rhingyll milain ei foes ar fuarthau ymarfer y Lluoedd Arfog yn ein
rhegi am fod pawb yn Ifans, Jones, Dafis, Thomas a Williams.)
Pwrpas enw yw nodi pobl a'u gwahaniaethu ac o ganlyniad i'r
tebygrwydd enwau rhaid dyfeisio dull arall er mwyn hwyluso
bywyd cymdeithas. Byddwn yn nodi'r person wrth gydio enw tad

efallai, a chawn John mowr a John bach, cydio enw lle fel John Trodrhiw, rhoi enw crefft fel John y Saer, rhoi'r enw fam fel John Sara (cf. Twm Siôn Cati) a weithiau, yn angharedig, drwy nodi nam corfforol—dyfais sy'n nodwedd yn y filltir sgwâr sy'n perthyn i ni.

Yn ei wahanol gyfrolau gwnaeth D. J. lawer mwy na darlunio a chofnodi ,ei gydnabod. Canodd gerdd foliant i gymdeithas bro rhwng Teifi a Thywi, cymdeithas ac iddi dras a'i gwreiddiau ar ben afonydd dyfroedd a hefyd ar ddaear lle mae'r graig yn brigo i'r wyneb a lle collir cwlltwr o swch a dannedd oged yn aml oherwydd hyn. Roedd mynd i Lanbed, neu Lanybydder, neu'n bellach fyth, i Landeilo, yn ddigwyddiad i gymdeithas a fodlonai ar:

> fywyd fel yr oedd, yn rhy dda a diddorol i beryglu ei newid am hanner munud am fywyd fel y gallai fod.

Daw stori i'r cof, ac y mae hon yn nhraddodiad D. J., sy'n darlunio'r gymdeithas yn yr un fro, yng nghanol pumdegau'r ganrif hon. Fy nghyfaill ysgol, Hywel Davies (pennaeth BBC Cymru ar un adeg) a hoffai hon.

Yn y flwyddyn honno, 1956, yr oedd Prydain Fawr wedi rhoi'i throed ynddi unwaith yn rhagor, yn yr Aifft y tro hwn, gan ddynwared polisi Palmerston a'r 'Civis Britannicus Sum'. Anfonwyd milwyr yno i ddychryn y diawled. Camlas Swês yn cau a'r cyflenwad olew yn cael ei hercyd heibio Penrhyn Gobaith Da. Petrol Basra yn prinhau. (Be wnâi'r cyfarwydd â hon?) Dyna'r cynfas rhyngwladol. A chan mai 'gwaed' ein cymdeithas olwynog yw petrol rhaid ei rannu'n deg, fel na bo eisiau ar neb. Dogni (fel y gwnaed â bwyd adeg rhyfel) a thocyn dogni i berchnogion moduron—i'r Cymro a'r Sais.

Dyma ŵr yn galw ym mhentref Brechfa ac yn gofyn am alwyn i'w gelwrn.

'Faint ych chi eisie?' mynte gŵr y pwmp.

''Does 'da fi ddim ond tocyn galw'n arna i,' mynte'r teithiwr.

'Faint ych chi eisie, wedes i?' mynte'r gŵr eto.

'Ond, ddyn, 's'da fi ddim ond digon i gael un galwn. Ych chi ddim wedi clywed am Swês a'r dogni?' mynte'r teithiwr.

'D'yn ni ddim yn poeni dim am Swês ym mhentre' Brechfa— ma'n petrol ni i gyd yn dod o Landeilo!'

Llanwyd y celwrn hyd at ei gorn gwddw.

Ysgrifennwyd cryn dipyn am D. J. Williams—llawer mwy nag a gynhyrchodd ef ei hun. Mawr yw ein dyled iddo fel lladmerydd ei

161

fro. Ef yn wir yw'r unig un a ddehonglodd y rhan hon o Shir Gâr yn ei bortreadau, ei storîau a'i gofiannau. Soniodd Llewelyn Williams am ardal yn ymylu ar ardal Rhydcymerau ac y mae W. Leslie Richards wedi portreadu ardal Capel Isaac yn ei farddoniaeth a'i nofelau. Cafwyd cymdeithas yr Wyddgrug gan Daniel Owen a chawsom ddwy ran o Wynedd gan T. Rowland Hughes a Kate Roberts. Cymdeithas wledig a roes Islwyn Ffowc Elis yntau ond cymdeithas sy'n ffermio tir y gororau, (llai cyndyn na Rhydcymerau), y wlad hyfryd honno sy'n gorwedd i'r dwyrain o Lanfair Caereirion, Llanfyllin, Llansanffraid a Glyn Ceiriog. Dyna'r gwastatir a'n cydia wrth y Dref Wen. (Pwy fedr faddau i Harri'r VIII am beidio â chynnwys y wlad gyfoethog hon yng Nghymru yn Neddf 1536?) Yn Saesneg cawsom gymdeithas Merthyr gan Jac Jones a thiroedd y ffin gan Geraint Goodwin.

'Nid yw un darlleniad yn ddigon i werthfawrogi talent y storîwr hwn.' Dyna yw barn Kate Roberts wrth drafod 'Blwyddyn Lwyddiannus'. Mae'r stori hon yn cyffwrdd ag elfennau sy'n gyffredin i'r holl ddynoliaeth a gallesid ei lleoli yn Rhostryfan, yn Ystalyfera (gydag Islwyn Williams), yn Llanrwst (gydag Alun Lewis) ac yng ngwlad Tom Hughes Jones ym mherfeddion Ceredigion. Mae'r dweud cynnil, y cudd-awgrymu yn hanes Rachel a Teimoth, yn amheuthun. Yn yr hyn a welwn ni, yn ein diwylliant *incandescent*, 'does dim awgrymu mwy. Dadlennir y cyfan (*explicit* yw'r epithet) a chawn rybudd weithiau fod ambell olygfa yn debygol o dramgwyddo. A be sy'n well na'r ffrwyth a waherddir!

Yr oedd D. J. yn llythyrwr mawr fel ei arwr, Mazzini. Trysoraf yr ychydig a dderbyniais ganddo a da o beth ei fod wedi eu dyddio yn lle nodi diwrnod yn unig. Mae Telecom bellach wedi ein dysgu i beidio â llythyru fawr o ddim. Ym mhob llythyr o'i eiddo yr oedd y cwrteisi cynhenid, gair o galondid, aniddigrwydd am fod ei genedl mor wasaidd ac anogaeth inni ddal ati.

Mae stori Mazzini yn ysbrydiaeth o hyd: stori dyn a obeithiai'n ddi-ildio ac a weithiai'n ddiflino pan oedd: 'llawer o fydolddoethion yn gwawdio gobaith a gwaith.'

Mae hyn yn wir hefyd am D. J. ei hun. Dylid darllen 'Mazzini—Cenedlaetholwr, Gweledydd, Gwleidydd?' eto a bod yng nghwmni'r alltud yn dychwelyd i'w wlad ar 7 Ebrill 1848 ar ôl cyfnod o ddwy flynedd ar bymtheg. Dyma 'annus mirabilis' Ewrob—1848—blwyddyn fwyaf tyngedfennol Ewrob yn y ganrif ddiwethaf. Fe gafodd D. J. ei 'annus mirabilis' yntau ym 1966, ym mis Gorffennaf (ysigwyd Bastille y Drefn) pan etholwyd Gwynfor

Evans yn aelod seneddol Caerfyrddin. Dyna flwyddyn Steddfod Aberafan, Coron i Ddafydd Jones, Ffair-rhos a Chadair y 'Cynhaeaf' i Dic Jones. Dyna gynhaeaf yn wir. Wedi'r canrifoedd mudan dechreuodd Cymru ar ei hirdaith:

i fynnu cymod â'i theg orffennol hi.

Bu'n rhaid dileu brawddeg fel hon mewn llyfrau hanes: 'Ni fu gan Blaid Cymru aelod yn Nhŷ'r Cyffredin.' Wedi'r cerdded a'r siarad, yn yr amlwg ac yn y dirgel, wedi'r brotest wrth Lyn y Fan (Ionawr '47) ac mewn llawer man arall nid oedd amser i wamalu. Ni fedrodd D. J. fwy na Prosser Rhys, ddianc i Fôr y De oherwydd eu profiad nhw ill dau oedd:

Ond—glynu'n glòs yw 'nhynged
Wrth Gymru fel y mae,
A dewis, er ei blynged
Arddel ei gwarth a'i gwae;
Bydd Cymru byth, waeth beth fo'i rhawd
Ym mêr fy esgyrn i, a'm cnawd.

Mewn ambell gymdeithas o hyd yng Nghymru ar ôl claddu rhyw gydnabod, gofynnir y cwestiwn: 'Faint adawodd e'?' Gadawodd D. J. ffortiwn inni. Aeth yr arian sychion i'w blaid wleidyddol ond nyni sy'n caru llenyddiaeth ein cenedl a gafodd yr etifeddiaeth fawr. Nid yw pob darn o'i dreftadaeth llenyddol yn gyfwerth â'i gilydd ond mae'r mabinogi hyn yn glasur. Er amled y darllenais ei waith, ni flinaf arno. Gwrandewch ar Syr Ifor Williams yn trafod ein hen chwedlau:

Ers deugain mlynedd yr wyf yn ei ddarllen (h.y., llyfr *Pedair Cainc y Mabinogi*) mewn dosbarth yn y Coleg bob yn ail flwyddyn yn gyson a difwlch. Yr wyf yn ei ddarllen eleni (Mawrth 1946) ac yn cael cystal blas arno eleni â'r flwyddyn gyntaf y darllenais ef 'yn ieuenctid y dydd'. Peth felly yw clasur.[4]

Yn y Pedair Cainc mae un nodwedd amlwg iawn sef bod y cyfan yn troi o gwmpas digwyddiadau *rhyfedd*. Mae gweision moch Matholwch yn dweud, 'Arglwydd, mae gennym ni *chwedlau rhyfedd*.' Na, nid digwyddiadau cyffredin. Ac meddai Pwyll wedyn: '*Rhyfeddawd*, da oedd gennyf pes gwelswn.' Do, fe gawsom ni weld dinasyddion Rhydcymerau; syllwn ar droeon eu gyrfa a rhyfeddwn at ddawn yr awdur i lunio panorama o wyneb-au'r fro a'r pethau cyffredin anghyffredin. Diolch iddo am fod mor hael tuag atom.

Mae'r dydd yn siriolach lle bynnag y digwyddwn gyfarfod â D. J. Williams. Y mae'n meddu ar bersonoliaeth arbennig iawn ac ni allwn lai na chredu ei fod ef, Dafydd John, Aber-nant, yn cludo ei olau dydd rhagorach-na'n-heiddo-ni gydag ef lle bynnag yr elo.

Blwyddyn greulon i Gymru oedd 1970. Ym mis Ionawr bu farw D. J., Gwilym Gwalchmai, Trefor Morgan, Cynan a Syr Ifan ab Owen Edwards. Ym mis Mai ar Iau y Dyrchafael collwyd Nan Davies a Jac Jones (o Ferthyr). Ym mis Tachwedd bu farw Huw T. Edwards, Dr Matthew Williams a thros y dŵr, Charles de Gaulle.

Prin y medrwn gredu fod D. J. wedi ein gadael ond rhaid dygymod â'r peth. Dymuniad Gwenallt oedd:

> Cael nodi bedd rhwng plant yr og a'r swch
> A gosod ynot ein terfynol lwch.

Ar brynhawn dydd Iau 8 Ionawr 1970 aed â chorff D. J. at bridd ei filltir sgwâr yn Rhydcymerau. Crisialwyd yr hyn oedd D. J. yn yr adnod ar daflen ei angladd:

> . . . yn gymeradwy ym mysg lliaws ei frodyr; yn ceisio daioni i'w bobl ac yn dywedyd am heddwch i'w holl hiliogaeth (Esther x3).

> Cadwodd y ffydd, gwnaeth y pethau bychain
> Bu'n llawen iawn, ac nid gweddus ei fwrnio.
> Ein dagrau, dagrau ydyn nhw o ryfeddod at y bywyd crwn . . .[5]

Glyn Ifans

CYFEIRIADAU

[1] 'Y Doethur D. J. Williams', R. Gerallt Jones. *Cynhaeaf Cymysg*, gol. Gloria Davies. Llyfrau'r Faner (1975).

[2] Marwnad. Cyfieithiad Dr T. Ifor Rees o 'Elegy Written in a Country Churchyard'. Thomas Gray. Cyfieithwyd ag argraffwyd yn Ninas Mecsico (1942).

[3] 'Y Bardd a'i Gefndir'. Dr R. T. Jenkins. *Trafodion Anrhydeddus Gymdeithas y Cymmrodorion* (1948).

[4] 'Hen Chwedlau', Syr Ifor Williams. *Trafodion Anrhydeddus Gymdeithas y Cymmrodorion* (1948).

[5] 'Cadwodd y Ffydd', Margaret Bowen Rees. *Y Faner* (15.1.70).

Evan James (Desin) Williams

Lluniodd y Prifardd Cledlyn Davies yr englyn canlynol i blwyf ei enedigaeth, sef Llanwenog:

> Plwy' Gwenog, pa le gwynnach?—a pha blwy'
> A phobl well, neu ffeinach?
> Ambell gawr, ambell gorrach:
> Gwŷr o nod: a gwerin iach.

O blith y werin iach hon y cododd un o fawrion y byd, y gwyddonydd enwog hwnnw, Evan James Williams. Ymhyfrydaf yn y ffaith, nid imi gael eistedd wrth draed Gamaliel ond imi, pan oeddwn yn blentyn, eistedd droeon yng nghôl y Gamaliel hwn. O blwyf a fagodd lu o enwogion erys Evan James (Desin) ben ac ysgwydd uwchben y lleill i gyd. Bu farw yn fachgen ifanc dwy a deugain oed, a bu mawrion y byd gwyddonol yn fawr eu clod yn eu teyrngedau iddo. Dywed Mr O. E. Roberts yn ei gyfrol *Gwyddonwyr o Gymry*:

> Cyfrifid E. J. Williams yn un o ffisegwyr blaenaf y ganrif. Nid yn aml y cyfunir y damcaniaethwr a'r arbrofwr yn yr un dyn, ond yr oedd ef yn un o'r ychydig hynny, er mai fel damcaniaethwr yr enwogodd ei hun. Yr oedd ganddo amgyffred glir o broblemau ffiseg a llwyddai i ddadansoddi'r problemau hynny heb ond ychydig o fathemateg.

Tystiai W. Idris Jones i nifer o Gymry ennill enwogrwydd mewn ffiseg:

> ond heb amheuaeth Evan James Williams oedd un o ffisegwyr disgleiriaf y ganrif bresennol.

Mewn teyrnged iddo yn yr *Adastra* (1945), cylchgrawn Ysgol Ramadeg Llandysul, dywed Dr E. T. Davies, cyd-ddisgybl i E. J. Williams:

> It is a pity that I cannot tell you even the very little I know of his contribution to victory while attached to the Admirality. It has already been stated publicly that when the whole story is told, it will be found that no individual contributed more to the defeat of the U-boat than he did.

Honna R. M. Davies, Aberystwth:

> He was, without doubt one of the most brilliant physicists of our time and generation . . . As a physicist he had the rare gift of penetrating right to the heart of a problem and his intuition seldom led him astray.

Yn y *Dragon* (cyfrol XLV111 No. 1. 1945) dywed I. C. Jones amdano:

> . . . The College has suffered a loss the magnitude and tragedy of which is, as yet, only dimly realised. He was one of the ablest scientists of his time, whose work was already internationally known: one of the gifted few whose genius leads them to venture into the unknown, and so to expand the sum total of human knowledge and understanding of the material world . . . He was gifted with immense physical strength, powers of concentration and endurance beyond average . . .

Nid anghofiodd ei fro a'i wreiddiau fel y tystia I. C. Jones ymhellach:

> To his intimate friends and companions of his youth, he was not the eminent man of science, but a vivid and yet humble and unspoilt personality, who, in spite of his academic distinction and many external contacts, remained deeply rooted in the life and traditions of his remote country home.

Mewn erthygl ar y cyd, gan Dr Ben Thomas a Dr J. E. Aubrey, yn y *Western Mail* ar 29 Medi, 1971, darllenir y canlynol:

> Under a small memorial stone in a village churchyard in West Wales lie the remains of a man who must surely rank as one of the greatest intellects Wales has produced this century . . . his claim to fame scientific achievements of rare brilliance and a vital contribution to our country's victory in World War II.

Mab oedd Evan James Williams i'r diweddar Jim a Bess Williams, Brynawel, Cwmsychbant. Saer maen oedd ei dad wrth ei alwedigaeth ac yn gryn dipyn o fardd hefyd. Dyma englyn o'i waith ar y testun 'Pregeth Radio':

> Efengyl lân ar adanedd—y chwa
> Daw'n chwim i bob annedd;
> Dwg i'r claf ryw haf o hedd
> Ar y Sul, er ei saledd.

Ganed i Bess a Jim Williams dri o feibion, Dafydd, John ac Evan James. Ni bu mwy o ymroddiad i addysg yn unman nag ar aelwyd Brynawel. Yng nghegin y cartref roedd yna hen sampler o waith y fam, a luniwyd ganddi pan nad oedd ond llances ac arno'r geiriau: 'Gwell dysg na golud'. Bu'r geiriau yn arwyddair i'r aelwyd. Roedd brawd hyna' E. J. Williams, Dr David Williams, yn un o brif awdurdodau'r byd ar dechneg llunio a chynllunio awyrennau. Oherwydd breuder iechyd bu raid i Jac setlo ar fod yn optegydd ond un llwyddiannus iawn er hynny.

'Roedd Evan James yn fwy adnabyddus i'w gyfoedion fel 'Desin'. Dyma, medd rhai, enw anwes y teulu a'i gyfeillion arno—ei ffordd ef o ddweud yr enw 'deryn' pan oedd yn blentyn. Yn wir, nid oedd yr enw Desin, gan gofio'i darddiad, yn amhriodol o gwbl, oherwydd ni bu neb mwy direidus ei ffordd nag ef.

Dywed eraill iddo gael yr enw Desin oherwydd ei fod mor fach nes iddo gael yr enw 'Decimal' gan ei gyd-ddisgyblion yn yr ail ddosbarth yn Ysgol Ramadeg Llandysul, a hynny am ei fod yn bencampwr ar y symiau hynny, a Desin fu i bawb ar ôl hynny.

Pwtyn byr sgwâr pryd tywyll ydoedd, a gwên siriol bob amser yn llanw'i wyneb. Roedd Desin yn llawn direidi; hoffai yn ei galon dynnu coes, roedd yn bersonoliaeth fentrus ac anturiaethus ac wrth ei fodd yn ymgodymu â'r hyn oedd yn amhosibl yng ngolwg eraill. Teithiai ar draws y wlad yn ei gar drwy luwchfeydd eira ar ôl i bawb ei rybuddio y byddai'r daith yn amhosibl. Yr un oedd Desin yn ei waith ac allan ohono, fel y tystia P. M. S. Blackett:

> . . . he had a passion for cricket and a propensity for practical jokes and escapades. This latter characteristic he retained all his life. There is not a laboratory in which he worked where 'E. J. Ynns' are not still told, often relating to motor cars, of which he was a wild driver with a complete disregard of the laws of dynamics.

Ganed ef ar 8 Mehefin, 1903. Addysgwyd ef yn Ysgol Gynradd Llanwenog ac yn Ysgol Ramadeg Llandysul. Synhwyrai pobl yr ardal o'i ddyddiau cynnar ei fod yn wahanol i blant eraill, a cheir ei hen ysgolfeistr yn yr ysgol gynradd yn proffwydo bod pethau mawr yn sicr o ddilyn y bachgen yma. Yr oedd yn datrys problemau mathemategol dyrys cyn iddo fynd yn agos i Ysgol Ramadeg Llandysul. Cwblhaodd y cwrs yno sy'n cymryd o gylch saith mlynedd i blentyn cyffredin mewn pedair blynedd. Wrth rodio ryw brynhawn gyda dau gyfaill iddo sef yr Athro E. T. Davies a Mr Tysul Jones fe ddywedodd Desin yn chwareus wrthynt, ''Rwy'n gweld seren o 'mlaen a chyn fy mod yn ddeugain oed fe fyddaf yn Gymrawd o Goleg Cymru, yn Ddoethur mewn Gwyddoniaeth ac yn F.R.S.' Cyflawnodd hyn oll a mwy ac ym 1938 yn 35 oed yr oedd yn cael ei ethol i Gadair Ffiseg Coleg y Brifysgol, Aberystwyth.

Ar ôl iddo adael Ysgol Ramadeg Llandysul gwelodd Desin hysbyseb am arholiad ysgoloriaeth i Goleg Technegol Abertawe mewn papur newydd un dydd, ond gwaetha'r modd 'roedd y trên ola' am Abertawe wedi gadael gorsaf Llanybydder—diflastod mawr o golli'r cyfle. Ond yn y man dyma'i frawd Jack yn dod adref ar ei foto beic a chyn pen chwinciad ffwrdd â Desin ar sgîl hwnnw a llwyddo yn yr arholiad trannoeth heb ymdrech yn y byd.

Yn hydref 1920 agorodd Coleg y Brifysgol Abertawe a symudodd Desin i'r Coleg newydd, lle gwnaeth gwrs mewn ffiseg. Graddiodd gydag Anrhydedd yn y Dosbarth Cyntaf ym 1923, a'r arholwr allanol y flwyddyn honno yn dweud na welodd yn ystod ei brofiad hir fel arholwr i Brifysgolion Caergrawnt a Chaeredin bapurau mor ddisglair ag eiddo E. J. Williams. Y flwyddyn ganlynol enillodd radd M.Sc. Cymru a'i ethol i Gymrodoriaeth Prifysgol Cymru.

Dilynodd blynyddoedd wedyn o weithio o dan wyddonwyr enwog megis yr Athro Bragg, yr Arglwydd Rutherford, yr Athro Neils Bohr a'r Athro Chadwick. Yn y blynyddoedd hyn enillodd raddau Ph.D. (Manceinion a Chaergrawnt) a D.Sc. Cymru.

Cysylltir ei enw hefyd â'r ddamcaniaeth 'Bragg-Williams' ynglŷn â natur aloeon (*alloys*) ac ef mae'n debyg a fu'n gyfrifol am ochr fathemategol y ddamcaniaeth gan na fedrai Bragg ymgiprys â chymhlethdod yr esboniadau sumbolig.

Ym 1938 dewiswyd E. J. Williams yn Athro Ffiseg yng Ngholeg Aberystwyth a'r flwyddyn ganlynol, ac yntau'n dri deg chwech oed, fe'i hanrhydeddwyd â'r anrhydedd uchaf a all ddod i ran gwyddonydd, ei ethol yn Gymrawd o'r Gymdeithas Frenhinol, yr F.R.S. Cyfrifid ef yn un o ffisegwyr blaenaf y ganrif. Ym 1940 galwyd ef i swydd yn Farnborough dan y Weinyddiaeth Awyr, ac ar ôl hynny penodwyd ef yn Bennaeth Adran Ymchwil y Coastal Command, lle bu'n gweithio ar broblemau cysylltiedig ag ymosod ar longau tanfor o'r awyr. Gyda'i fedr sicr, ei feddwl clir a chraff, ei sylwadaeth fanwl ar yr arfau a ddefnyddid, a'i feistrolaeth ar fathemateg, profodd y suddid y *depth charges* bedair gwaith yn rhy ddwfn ac y llwyddid i ddinistrio teirgwaith mwy o'r llongau tanfor pe gosodid hwynt lle y dywedai ef. Bu'r newid mor effeithiol nes tybio o bawb fod ffordd newydd o ymosod wedi cael ei darganfod. Yn wir bu mor llwyddiannus nes y cyfrifid y Cymro hwn yn un o'r prif ymenyddion y tu ôl i waith y Coastal Command a galwyd ef o flaen y Cabinet droeon. Adroddir amdano'n dychryn y cudd-swyddogion trwy drafod problemau dirgel ar y ffôn mewn iaith na ddeallent mohoni—siarad â Chymro arall a wnâi ar y pryd!

Cof plentyn sydd gennyf amdano ac yn arbennig iawn am fisoedd olaf ei fywyd yn ei gartref ym Mrynawel yng nghwmni ei rieni, yn ei lusgo'i hun hyd y diwrnod olaf ar fraich ei fam o ymyl y tân at y bwrdd o flaen y ffenest i orffen erthygl bwysig o'i eiddo. Beth oedd yr erthygl bwysig yma? Cawn yr ateb yn y *Western Mail* 29 Medi, 1961:

> The last weeks were spent at his parents' home in an heroic attempt to write a paper for an issue of an American Scientific Journal published in honour of Niels Bohr's 60th birthday.
>
> His fellow contributors included the world's leading physicists, W. Pauli, Albert Einstein, P. A. M. Dirac and Max Born, all Nobel Prize winners.
>
> Sitting at an open window of the house at Cwmsychbant with his writing materials before him he would jot down a few words when the pain allowed him to do so and would then gaze at the peaceful scenery outside until enough strength returned to continue writing . . .

Trwy ymdrech fawr ar ei ran cwblhawyd y gwaith.

Gwyddai Desin iddo ddod adref i farw; roedd ganddo syniad go dda hefyd faint o ddyddiau oedd ganddo i fyw. Bu farw fore Sadwrn 29 Medi, 1945, yn ŵr ifanc dwy a deugain oed, a chladdwyd ei weddillion ym mynwent Capel y Cwm Cwmsychbant, am y ffordd â'i gartref ac yng ngholwg ffenest y gegin, fel y gallai ei rieni weld ei fedd.

Erys tri chof gennyf am wythnosau olaf E. J. Williams—y wedd welw wael oedd ar ei wyneb, ond yng nghanol ei boenau a'i afiechyd blin, ei ddewrder di-ben-draw. Erys dagrau hiraeth Jim a Bess Williams, ei rieni, ar ôl colli mab annwyl, disglair. Mae'r cof am yr angladd yn fyw iawn—dynion yn unig. 'Roedd y ffordd fawr, sgwâr y pentref, y fynwent ac o gylch y capel yn ddu gan ddynion, yn 'wŷr o nod a gwerin iach'. Fel y dywedodd un o'i gyd-weithwyr:

> Symboleiddwyd ei fywyd yn ei angladd yn y capel bach pentrefol syml yng nghanol ardal wledig Gymraeg ac ym mhresenoldeb ei deulu, un o enillwyr Gwobr Nobel, cynrychiolwyr y Cymdeithasau dysgedig, swyddogion o reng uchaf y gwasanaethau milwrol, ei gyd-weithwyr a'r pentrefwyr.

Ni chlywid Desin erioed yn ymffrostio yn ei addysg, a gwae'r sawl a gyfeiriai ato fel 'Mr'. Yr oedd wrth ei fodd yn cael prynhawn o bitsio gwair a chymysgu â hen gyfeillion a mwynhau eu triciau a'u straeon. Trasiedi oedd colli gwyddonydd fel Desin mor gynnar mewn bywyd ac fel dywedodd ei ffrind E. T. Davies Southampton amdano:

170

When fortune smiled on him he certainly was a great scientist. But when tragedy overtook him in its most horrible form, he proved that he was not only a great scientist but also a great man.

Beth sy'n gyfrifol am ryfeddod o ddyn fel hwn yn codi mewn pentre di-nod yng nghanol y wlad, ac yn fab i grefftwr a'i wraig na welodd nemor ddim o ryfeddodau'r byd tu hwnt i ffiniau'r plwy'? Pobl gyffredin fel llawer o bobl gyffredin Cymru oeddynt, ond rhaid cofio fod y fam yn un o'r cyff rhyfedd hwnnw o Lwydiaid bro Gwenog sy'n bwrw canghennau rhyfeddol o bryd i'w gilydd. Dyma deulu'r gŵr enwog o bensaer a aeth fel seren wib drwy'r ffurfafen, Frank Lloyd Wright a'r hen weinidog hwnnw a fu'n frenin ar Chicago, Jenkin Lloyd Jones a Dafydd Llwyd, Brynllefrith, y bardd a'r areithiwr mawr.

I fynwent Capel y Cwm yn flynyddol daw degau o bobl i sefyll wrth fedd 'yr athro godidog blodeuog ei ddysg' hwn, Evan James (Desin) Williams—y gwyddonydd ifanc byd-enwog.

D. J. Goronwy Evans

Griffith John Williams

Addas iawn ym mlwyddyn ymweliad yr Eisteddfod Genedlaethol
â thref Llanbedr Pont Steffan yw cofio'r ysgolhaig disglair o
Gellan, Dr Griffith John, a'i frawd Dr D. Mathew Williams. Meib-
ion oeddynt i John ac Ann Williams a magwyd hwy yng Nghellan
—pentref rhyw ddwy filltir a hanner o Lanbedr, ar lan afon Teifi ar
y ffordd i Llanddewibrefi. Enw'r cartref oedd Cellan Cwrt—enw a
roed iddo pan oedd capten gwaith mwyn Llanfair Clydogau yn
byw ynddo. Roedd yr enw hwn yn wahanol iawn i'r hen enw ar y
tŷ, sef 'Lluest y Broga'. Ond yn Rhyd-y-deri yr oedd eu mam yn
byw pan ddeuthum i i Gapel-yr-Erw'n weinidog yn y pedwar-
degau.

Deuai'r ddau frawd yn aml i aros gyda'u mam oedrannus, a
thrwy hynny cefais lawer seiat gyda hwy. Teimlaf fy mod yn
annigonol iawn i sgrifennu amdanynt ar sail y seiadau hynny, ond
gwnaf fy ngorau i roddi portread teg ohonynt yma.

Gof oedd John Williams, y tad, ac efe hefyd oedd postfeistr y
pentref. Yr oedd rhyw bum cyfer o dir yn perthyn i'r tŷ a
chadwent fuwch neu ddwy fel y rhan fwyaf o dyddynnod bryd
hynny. Gan fod John yn bostfeistr ac yn of, ar ei wraig Ann y
dibynnai ffyniant y tyddyn.

Clywais y ddau frawd yn sôn lawer gwaith am bwysigrwydd
gwreiddiau, ac ymhyfrydent ym mro eu mebyd, eu magwraeth yn
y capel ac ym myd crefftwyr cefn gwlad. Cyn ei farw bu Dr
Mathew yn olrhain gwreiddiau'r teulu a dyledus iawn ydwyf i'w
ferch, Mrs. Elenid Jones Caergrawnt, am gael defnyddio ffrwyth
ymchwil ei thad.

GWREIDDIAU

Roedd y tad, John Williams, wedi ei eni yng Nghellan ac wedi
byw yno gydol ei oes. Crefftwyr oedd ei gyndeidiau, gofaint ar
ochr ei dad, a seiri ar ochr ei fam:

Disgynnai ei dad [tad John Williams] o deulu o ofaint yn nyffryn
Aeron ac enw hen-dad-cu Griffith John Williams a D. Mathew
Williams oedd William Davies. Pan ymfudodd ei fab ef, John Davies, i
Gellan oherwydd fod gormod o ofaint yn nyffryn Aeron ac ymsefydlu
mewn efail ym Mrynmaen, Cellan, darganfu bod gof arall yn yr ardal,

D. Mathew Williams

Griffith John Williams

a oedd yn stampio offer-awch o'i waith â llythrennau cyntaf ei enw, J. D. Felly er mwyn cael llythrennau eraill ar ei offer-awch ef, penderfynodd newid ei gyfenw a chymryd enw bedydd ei dad yn gyfenw ac fel John Williams yr adweinid ef yn yr ardal. [Y gŵr hwn oedd tad-cu Griffith John Williams a'i frawd.]

Ym 1835 priododd â Mary Thomas, chwaer i dri saer o'r ardal, aelodau o deulu Cnwc-y-fallen. (Roedd y tri yn ddigon o grefftwyr ac yn ddigon cerddorol i wneud tri offeryn cerdd, ffidil, fiola a soddgrwth, a dysgu'r ffordd i chwarae'r tri. Bu'r triawd yn chwarae am rai blynyddoedd yng Nghapel yr Erw, capel to gwellt a adeiladwyd ym 1811, ac yng nghapeli eraill yr ardal. Ymfudodd y tri i'r gweithfeydd a mab un ohonynt oedd Mathew Thomas a fu'n ysgolfeistr mor llwyddiannus am flynyddoedd yng Nghapel Isaac.) Y mae hanes neithior Mary Thomas ar glawr o hyd yn cofnodi'r llu o fân roddion a gafodd y noson honno. Ganwyd pump o blant i John a Mary Williams: tri mab, William, John a Mathew, a dwy ferch Elizabeth a Dorothy. Fel y gellid disgwyl, yr oeddynt yn deulu cerddorol ac yn chwarae rhan amlwg yng ngweithgareddau diwylliannol yr ardal. Cafodd William ddamwain ddrwg pan oedd yn brentis mewn siop 'ironmonger' yn Llanbed. Wrth dynnu ergyd allan o bistol fe ffrwydrodd ac aeth y bwled trwy ei arddwrn, a bu'n rhaid torri ei law i ffwrdd. Oherwydd hyn, gwnaed ymdrech arbennig i roi addysg iddo, a rhaid ei fod yn dysgu'n rhwydd oherwydd cafodd swydd prifathro ysgol yn Llanrwst yn fuan. Ceir ei hanes yn dod â'r sol-ffa i Lanrwst yng nghyfrol gyntaf *Atgofion Tri Chwarter Canrif*, J. Lloyd Williams, ynghyd â theyrnged i'r gwaith cerddorol a wnaeth yn yr ardal yn ystod y pum mlynedd y bu yno. Symudodd i Lerpwl a bu'n codi canu yng nghapel Princess Road am flynyddoedd lawer. Ei fab oedd y Parch J. Lloyd Williams a fu'n brifathro Ysgol Clynnog am ysbaid hir cyn cymryd gofal eglwys Gymraeg ym Manceinion.

Bwriadai Mathew, y mab ieuengaf, fynd yn weinidog, ond pan oedd ar ei gwrs yng Ngholeg Presbyteraidd Caerfyrddin cafodd rhyw fath o dwymyn ar yr ymennydd, 'meningitis' mae'n debyg, a bu farw ym mlodau ei ieuenctid. Efe, yn ôl yr hanes, oedd y cerddor gorau o'r teulu, ac yn fachgen eithriadol o alluog. Ar ei garreg fedd yn ymyl drws Capel yr Erw mae englyn iddo o waith Dewi Arfon:

> Gŵr ifanc gloyw'i grefydd, oedd Williams,
>   Dduwiolaf efrydydd:
> A dwys iawn ofidio sydd—am ei ddwyn
> Ar fore gwanwyn ei ddirfawr gynnydd.

Bu Elizabeth a Dorothy fyw yn yr ardal drwy eu hoes a dysgodd John, [tad G. J. a Mathew Williams] grefft ei dad yn efail Brynmaen. Cafodd ddau chwarter o Ysgol yn Llanbed a dechreuodd weithio yn yr efail yn ifanc iawn. Aeth yr efail yn rhy fach a symudwyd i efail a oedd ar dir

Trebannau ac aeth y teulu i fyw i'r Erw Uchaf. Wedi marw ei rieni aeth John i fyw i Gellan Cwrt. Oherwydd anghydfod rhyngddo ef a'i feistr tir mentrodd adeiladu efail llawer mwy i'w gynllun ef ei hun ar ddarn o dir cyfagos, a bu'n gweithio yn hon nes iddo gyrraedd ei bedwar ugain oed. Cododd dŷ iddo'i hun yn nesaf at yr efail flynyddoedd wedi iddo briodi a chael teulu. Enwyd y tŷ yn Rhyd-y-deri, ac erbyn heddiw gwnaed yr efail a'r tŷ yn un a'u moderneiddio.

Bu John Williams yn arwain canu yng Nghapel yr Erw am dros hanner can mlynedd, ac oherwydd ei ddiddordeb bu'n cynnal ysgolion canu a dosbarthiadau sol-ffa yn yr ardaloedd cyfagos. Cyflwynwyd tysteb iddo ar 17 Ionawr 1881 gan Gapel yr Erw a'r cylch. Dywedir yn y rhestr o'r rhai a gyfrannodd bod y dysteb 'fel ychydig gydnabyddiaeth iddo am ei lafur caled a'i sêl ddiflino gyda chanu cynulleidfaol yn yr ardal', a bod y dysteb 'yn gynwysedig o ''harmonium'' a darlun mewn olew o John Williams ei hun'. Yr oedd ei gefnder, Mathew Thomas o Gapel Isaac, yno noson y cyflwyno i roi datganiad ar yr harmoniwm, y tro cyntaf i lawer o'r trigolion glywed offeryn o'i fath. Cyflwynwyd tysteb arall iddo ym 1924, oriawr aur ac 'illuminated address' pan ymddeolodd o fod yn ysgrifennydd Capel yr Erw. Bu farw ym 1931 yn 88 mlwydd oed.

Dywedodd Dr Iorwerth Peate fod y Parch. Tom Davies, Horeb a Bwlch-y-groes, yn edmygydd mawr o John Williams. Edmygai ei unplygrwydd, ei onestrwydd barn a'i argyhoeddiad. Ar ei garreg fedd yng Nghapel-yr-Erw y mae'r geiriau:

Yn ei holl waith y rhoddes efe glodforedd i'r hwn sydd sanctaidd, ac â'i holl galon y canodd Efe ganiadau.

Un o ddyffryn Aeron oedd ei briod Ann, mam Griffith John Williams a D. Mathew Williams, merch John ac Elizabeth Griffiths, Caericed, tyddyn nid nepell o Dal-y-sarn, yng ngolwg y ffordd sy'n arwain dros Drichrug i Lanrhystud.

Yr oedd hi'n cofio gweld y goetsh fawr yn mynd bob dydd i Aberystwyth cyn dyfod y rheilffordd. Gwelir felly fod dau dad-cu ac un fam-gu i'r ddau frawd yn dod o ddyffryn Aeron, ardal dra gwahanol ei thraddodiad i Ddyffryn Teifi. Yr oedd tai 'Y Gwŷr Mawr', Llan-llŷr, Cilie Aeron a Mynachty, yn cael dylanwad cryf ar yr ardal. Yr eglwys yn Nhrefilan ac eglwys y Methodistiaid Calfinaidd yn Abermeurig oedd y sefydliadau pwysig yn y rhan hon o Ddyffryn Aeron er bod anghydffurfiaeth wedi ennill tir yn rhan isaf y dyffryn.

Traddodiad radical ac annibynnol oedd yng Nghellan yn wahanol i geidwadaeth Dyffryn Aeron. Clywais y diweddar feddyg, Dr Evan Evans, Llanbed, yn dweud nad oedd dim un ardal mor danbaid ryddfrydol a gwrth-Doriaidd â Chellan.

Roedd yn y pentref ffatri wlân, melin, a theilwriaid a chryddion. Deuai'r crefftwyr i Lanbed i gyfarfodydd politicaidd a deuai rhai â nodwyddau gyda hwy! Clywais Griffith John Williams yn dweud fwy nag unwaith fod ardaloedd Dyffryn Teifi yn fywiog iawn yn feddyliol. Peth o'r esboniad am hyn oedd bodolaeth y gweithdai. Yn y gweithdy roedd trafod ar bynciau'r dydd. Roeddynt yn gynefin yng Nghellan â dadleuon diwinyddol, ac yn gyfarwydd â geiriau fel Ariaeth, Arminiaeth ac Undodiaeth. Onid oedd carfan wedi mynd allan o Gaeronnen i sefydlu achos yng Nghapel-yr-Erw? Yr oedd Ann yn fwy ceidwadol a Chalfinaidd na'i gŵr o gryn dipyn.

Mae'n debyg fod Elizabeth Griffiths, [mam Ann] wedi prydyddu llawer: nid oes dim o'i gwaith ar gael heddiw ond hi oedd yr unig un ymysg hynafiaid Griffith John Williams a D. Mathew Williams y ceir sôn ei bod yn ymddiddori mewn llenydda. Cerddoriaeth a aeth â bryd eu hynafiaid yng Nghellan. Ond yr oedd llyfrgell fechan a fu'n eiddo i ryw dyddynnwr llengar o'r enw Rhys Rees, Ffosdygariad, wedi'i phrynu gan John Williams—llyfrau yn cynnwys *Y Gwyddoniadur, Hanes y Brutaniaid a'r Cymry, Hanes Crefyddau'r Byd, Cannwyll y Cymry* a llu o gyfrolau o'r *Diwygiwr,* a'r *Cennad Hedd* wedi'u rhwymo. Ymysg y llyfrau roedd llyfryn yn rhoi hanes Twm Siôn Cati—llyfr a oedd yn wahanol iawn i'r gweddill, ac yn boblogaidd iawn gyda Griffith John Williams a D. Mathew Williams.

Pan ddeuthum i adnabod Mrs Ann W. Williams yr oedd mewn gwth o oedran a'i golygon yn pylu. Credai yn y bywyd syml, noswylio'n gynnar ac ymwrthod yn llwyr â phob gwaith ar y Sul, a mynd i'r capel i bob oedfa. Bu farw ym 1945 yn 88 mlwydd oed.

Yn ei hangladd yng Nghapel-yr-Erw siaradodd Dyfnallt gan sôn amdani fel gwir Fam yn Israel. Cyflwynodd hi a'i phriod etifeddiaeth dda i'w plant a'u cenhedlaeth.

Dr GRIFFITH JOHN WILLIAMS, 1892-1963

Cofiaf yn dda'r tro cyntaf i mi gyfarfod Dr a Mrs Griffith John Williams. Haf 1940 ydoedd a minnau'n fyfyriwr yng Ngholeg Bala-Bangor, ar fy mlwyddyn olaf ac yn barod i dderbyn galwad. Dyna'r rheswm paham yr oeddwn yn gwasanaethu y Sul hwnnw yng Nghapel-yr-Erw, Cellan a Chapel Mair, Llanfair Clydogau. Yn ystod y Sul cefais gyfle i gael peth o gwmni Dr Griffith John Williams a Mrs Williams. Holai Mrs Williams am yr Athro J. E.

Daniel a gwyddwn ar unwaith lle roedd ei theyrngarwch gwleid-
yddol. Roedd yn amlwg fod ganddi ofal calon am Gymru a'r iaith
Gymraeg. Roedd yn dda gennyf ddeall ei bod hi o'r gogledd, o
Gerrigydrudion, gan fy mod innau'n un o Wynedd. Yn y Coleg yn
Aberystwyth y daeth ei gŵr â hithau i adnabod ei gilydd a phriodi.
Drannoeth, cefais fynd gyda hwy i Aberystwyth yn y modur. Awr
ddiddorol oedd yr awr o deithio drwy ddyffryn Aeron.

Bid sicr, gwyddwn am waith ysgolheigaidd Griffith John
Williams a'i lafur rhyfeddol ar Iolo Morganwg, a gwyddwn am ei
ddwy delyneg yn *Y Flodeugerdd Gymraeg*, 'Yr Henwyr' a 'Gwladus
Ddu'. Soniai yn 'Gwladus Ddu' am y 'memrwn melyn, hen', a
chyda'r memrynau a'r llawysgrifau y treuliodd ei flynyddoedd
disglair.

Ganed ef ym 1892 yng Nghellan Cwrt. Mae'n debyg nad oedd
yn gryf iawn o ran iechyd yn ei fachgendod. Roedd yn syndod i
lawer o'i gydnabod yng Nghellan fod ei iechyd wedi dal cystal ac
yntau wedi gweithio mor ddygn ac ymroddedig hyd ei farw yn
Ionawr 1963.

Dechreuodd ei addysg yn Ysgol Cellan, ac wedyn yn yr Ysgol Sir
yn Nhregaron. Yno y dechreuodd werthfawrogi llenyddiaeth
Saesneg, a buan y daeth yn hyddysg yng ngweithiau Byron,
Shelley, Keats a G. K. Chesterton. Mae'n ddiau mai S. M. Powell a
greodd ynddo ef ac eraill hoffter arbennig at farddoniaeth. Llun-
iai S. M. Powell ddramâu yn seiliedig ar hanes a thraddodiadau'r
fro, megis 'Twm Siôn Cati' ac 'I Blas Gogerddan'. Sgrifennodd
Griffith John Williams ddrama i'w chwarae ar ddydd gwobrwyo'r
ysgol: ac ar Ŵyl Ddewi un flwyddyn lluniodd gerdd ar 'Owain
Glyn Dŵr'.

O'r Ysgol Sir aeth G. J. Williams i Goleg y Brifysgol, Aberys-
twyth ac ymroi i fywyd diwylliannol y myfyrwyr yn ogystal â'r
bywyd academaidd. Roedd yn aelod o bwyllgor *Y Wawr*, cylch-
grawn Cymraeg y myfyrwyr, a bu'n gynheiliad y cyfnodolyn trwy
ddŵr a thân. Ymddangosodd ynddo ysgrif ganddo ar 'Y Delyneg
yng Nghymru'. Daeth nifer o'i gyd-efrydwyr yn wŷr amlwg ym
mywyd y genedl. Roedd cenedlaetholdeb Gymreig fodern yn
dechrau egino ymysg myfyrwyr y genhedlaeth hon yn Aber, rhai
fel Ambrose Bebb, D. J. Williams a Cassie Davies.

Astudiaethau Celtaidd a ddewisodd yn gwrs, er y gallasai fod
wedi dewis Gwyddoniaeth neu Fathemateg. Ei athro oedd Syr
Edward Anwyl, ac yr oedd T. H. Parry-Williams ar staff yr adran.
Wedi graddio aeth i wneud gwaith ymchwil. Cafodd gynnig mwy

nag un pwnc, ond dewisodd astudio 'Traddodiad Llenyddol Morgannwg', a chytunai'r Prifathro J. H. Davies iddo ddewis yn dda. Ym 1921 dewiswyd ef yn ddarlithydd yn yr Adran Geltaidd yng Ngholeg y Brifysgol, Caerdydd. Pennaeth yr Adran oedd W. J. Gruffydd, a bu cydweithio a chyd-ddeall rhyngddynt—W. J. Gruffydd a'i ddawn fflachiadol yn fardd a llenor, a Griffith John Williams a'i ddawn yn llosgi'n gyson dawel.

Aeth ei ymchwil ag ef i astudio llawysgrifau Llanofer a buan y daeth wyneb yn wyneb â Iolo Morganwg, a bu'n ymwneud â'r gŵr rhyfedd, athrylithgar hwnnw am dros ddeugain mlynedd. Dywed rhai cymwys i farnu nad gormodiaith yw dweud mai Iolo a luniodd yrfa Griffith John Williams. Daeth i'w adnabod fel athrylith â thro yn ei feddwl. Gwelodd fod ganddo ddau bwnc i'w drafod; yn gyntaf, gwir draddodiad llenyddol Morgannwg fel y gwelir ef wrth astudio hen lawysgrifau'r dalaith, ac yn ail y traddodiad fel y syniai Iolo amdano. Cyhoeddodd lyfr ar y cyntaf ym 1948, sef *Traddodiad Llenyddol Morgannwg*; gwelodd na allai drafod yr ail bwnc ond fel rhan o hanes Iolo ei hun, a daeth cyfrol gyntaf cofiant i Iolo o'i law ym 1956. Roedd eisiau athrylith o ysgolhaig i ddeall Iolo a dyna a gafwyd yn Griffith John Williams.

Mae ei gyfrolau a'i erthyglau'n tystio i fanylder rhyfeddol ei ymchwiliadau, a huawdl yw clod ysgolheigion i'w orchestion. Roedd yn ŵr o ddysg anghyffredin: nid dysg farw oedd yr eiddo ef ond dysg yn perthyn i ddiwylliant byw. Yn ei waith roedd yn llym ei safonau, a chadarn ei farn. Tystia'i ddisgyblion i drylwyredd ei holl waith. Mynn rhai mai ef oedd yr ysgolhaig Cymraeg mwyaf ers Syr John Morris Jones. Cofier hefyd am ehangder ei ddysg: darlithiai ar Ieitheg Gymharol, Gaeleg a Hen Wyddeleg. Ymhyfrydai mewn olrhain ystyr a thras geiriau. Roedd ganddo ddawn i wneud Ieitheg yn ddiddorol.

Cafodd ddylanwad mawr ar y naill do ar ôl y llall o fyfyrwyr. Meddai un, 'Fe'm meddiannwyd i, gorff ac enaid.' Newidiodd gwrs bywyd rhai gan gymaint oedd ei ddylanwad, ei ynni a'i afiaith. Yr oedd yn hynod ei gymorth a'i anogaeth i fyfyrwyr yn gwneud ymchwil.

Mewn pethau diwylliannol yn fwy na gwleidyddol yr oedd ei ddiddordeb, ond gan ei fod yn caru Cymru a'r Gymraeg yn angerddol, gwelodd mai problem wleidyddol oedd achub yr iaith Gymraeg. Bu'n aelod o Blaid Cymru, fel y gelwir hi'n awr, am flynyddoedd lawer. Bu'n gadeirydd cangen Caerdydd a'r ysgrifennydd oedd ei gyfaill Dr Iorwerth Peate. Roedd yn anghytuno â bwriad y Blaid i gyhoeddi papur Saesneg. Gwelai berygl i'r Gymraeg gael ei bradychu trwy ddefnyddio'r Saesneg i ddadlau dros hawliau Cymru. Credai nad oedd obaith i Gymru oni ellid sefydlu gwladwriaeth a'r Gymraeg yn unig iaith swyddogol iddi. Ni chytunai â 'dwyieithrwydd'. Gwelai ddwyieithrwydd fel gelyn y Gymraeg. Yn wir, barnai mai cymhleth y taeog a waeddai am yr angen am ddwy iaith. Cytunai â'i gyfaill Dr Iorwerth Peate a ddywedodd na wyddai am unrhyw werin ddwyieithog. Ym marn Iorwerth Peate a Griffith John Williams, un famiaith sydd gan y gwerinwr: 'Os yw'r werin am fod yn "werin ffraeth" rhaid iddi wrth un iaith'. Pan geisir dwy iaith i'r werin gwyddom yn dda yng Nghymru mai mudandod affwysol a ddisgyn arni. Cofiaf yn dda i Griffith John Williams, mewn cyfarfod ym Mhontypridd i sefydlu Ysgol Gymraeg yn y dref, roi pwyslais ar *un* iaith a pherygl y syniad o ddwyieithrwydd.

Mynn rhai i Gymru golli bardd o'r radd flaenaf pan ymrôdd Griffith John Williams mor llwyr i ysgolheictod a beirniadaeth. Ateb Iorwerth Peate i hyn oedd dadlau na lesteiriwyd yr awen gan lafur beunyddiol ond hytrach ei choethi a'i phuro. Ni chollodd ddawn y bardd: y mae Griffith John Williams yn awenyddol ei ryddiaith.

Gwyddys iddo gyfansoddi barddoniaeth ym 1919 ar gyfer Eisteddfod Genedlaethol Corwen. Enillodd ar y tair telyneg, soned a phenillion telyn. Efallai'i fod yn syndod i lawer i'w frawd D. Mathew Williams ennill yn yr un eisteddfod ar 'ddarn barddonol'.

A chofio'r gwobrwyon hyn a ddaeth i Gellan, a hefyd mai dyn heb fod ymhell iawn o Gellan oedd Cledlyn a enillodd y Gadair a chystadleuaeth y cywydd yn yr Eisteddfod, hawdd deall fod amryw ar faes yr Eisteddfod yn dweud mai Eisteddfod Cellan ac nid Eisteddfod Corwen ydoedd!

Yn ei bennod, 'Iolo Morganwg y Breuddwydiwr a'r Damcaniaethwr' dyfynna Griffith John Williams o lyfr Iolo, *Trioedd Beirdd Ynys Prydain*:

Tri pheth y dylai Cymro eu caru o flaen dim, cenedl y Cymry, defodau a moesau Cymru, ac iaith y Cymry . . .

Gellir cymhwyso'r tri pheth at Griffith John Williams ei hun. Meddai Gwilym R. Jones amdano:

Un mawr aeth at y meirwon,
Homer iaith y Gymru hon.

179

Yn sicr, 'un mawr aeth at y meirwon', a da yw cofio iddo gael doethuriaeth gan Brifysgol Cymru am ei waith rhyfeddol. Ac wedi ei farw sefydlwyd Gwobr Goffa Griffith John Williams gan yr Academi Gymreig i goffáu un o'i haelodau disgleiriaf, ac un o ysgolheigion mwyaf Cymru.

Da y dywedodd Gwilym R. Jones amdano:

Hwn wnaeth haidd yr heniaith hon
Yn saig i dywysogion . . .
Rhannodd wawl lusern ei ddysg
Yn waddol i'r anhyddysg.

Morlais Jones

T. Oswald Williams

Pan dderbyniais alwad ym 1964 i fynd yn weinidog ar eglwysi Undodaidd Caeronnen yng Nghellan a Brondeifi, Llanbed, dywedodd rhywun wrthyf: 'Wyt ti'n mynd i Lanbed yn weinidog 'te? Fe fydd yn waith caled i ti lanw 'sgidie y Parchedig Oswald Williams.' 'Gwrando,' meddwn i, 'dwy i ddim yn bwriadu llanw'i 'sgidie fe—'rwy'n mynd i lanw'n 'sgidie'n hunan!' Yn wir, onid dyna mae pob gweinidog a phawb arall ym mhob cylch o fywyd yn ceisio'i wneud, 'llanw 'i 'sgidie ei hunan'? All neb lanw 'sgidie neb arall; mae gan bawb ei ffordd a'i arddull ei hun. Cyflawnodd Oswald Williams weinidogaeth lawn ac amlochrog yn ei ddull a'i ffordd ddihafal ef ei hun.

Yn blentyn yn Ysgol Sul Capel y Cwm, Cwmsychbant y deuthum o hyd i'r enw Oswald Williams am y waith gyntaf—dysgu rhyw ddarn bach o'i waith:

> Diolchwn iti, Nefol Dad,
> Am olau haul ar liwiau'r wlad,
> A gwelwn beunydd mai Tydi
> Sy'n llunio ei phrydferthwch hi.
>
> Rho inni'r nerth i dyfu'n hardd
> Fel blodau'r maes a blodau'r ardd;
> Yn deg o liw, yn gain o lun,
> Fel gwaith dy ddwylo di dy hun.

Ni wyddwn yr adeg honno iddo gael ei eni a'i fagu nid nepell o'm cartref, yn yr un plwyf, ac iddo fod yn weinidog ar Gapel y Cwm am rai misoedd. Ond gyda threigl amser, gwelais yr enw'n amlach, wrth emynau yn y *Perlau Moliant*, a'r emyn cyntaf a ddysgais o'i waith, sy'n berl o emyn:

> Melys rhodio'n nglas y Gwanwyn
>   Melys gwrando'i anthem gref,
> Ond melysach gwrando'r Iesu
>   Rhodio 'nôl ei eiriau Ef.

Darllenais yn ddiweddarach erthyglau o'i waith yn *Yr Ymofynnydd*, cylchgrawn yr enwad, ac yn gyson o wythnos i wythnos gweld ei enw yn nhudalennau'r *Welsh Gazette* yn siarad ar faterion yn ymwneud â'r Sir ac â Llanbed.

Wel, pwy oedd y Parchedig Oswald Williams, neu'r T.O.W. yma? Ganed ef yn Gwarnant, ger Cwrtnewydd, Plwyf Llanwenog ar Fai 10, 1888, yn fab i Rachel a Gwarnant Williams ac yn frawd hefyd i'r diweddar Henadur Meredydd Gwarnant Williams, Alltyblaca. Nid yw'n rhyfedd i Oswald Williams ymddiddori mewn barddoniaeth a throi ei olygon tua'r weinidogaeth a'r bywyd cyhoeddus. Dylanwad y capel a barodd iddo wneud, mae'n sicr; roedd ei dad yn fardd crefftus ac yn englynwr medrus ac yn ŵr cyhoeddus, a'r teulu yn ffyddlon a theyrngar i Gapel y Bryn, Cwrtnewydd.

> Tyfaist ar lannau'r Teifi
> o wehelyth ac aelwyd
> a garodd ddiwylliant gwerin;
> Derbyniaist a sugnaist egni
> o fro'r enedigaeth fraint.

Addysgwyd ef yn Ysgol Cwrtnewydd, lle bu yn ddisgybl-athro yn ddiweddarach, a hefyd yn ysgol y Parchedig Dafydd Evans o Gribyn. Aeth i Goleg Prifysgol Cymru, Aberystwyth, gan arbenigo yn y Gymraeg o dan yr Athro Anwyl a graddio yn B.A. (anrhydedd dosbarth cyntaf), ym 1915. Daeth i amlygrwydd fel bardd a llenor yn y Coleg; enillodd Gadair Eisteddfodau'r Colegau ddwywaith. Ym 1904 dewiswyd ef i fod yn olygydd Y Wawr am 1905 ac yn yr un flwyddyn enillodd Ysgoloriaeth Cynddelw, gwerth £20 y flwyddyn, ysgoloriaeth a oedd yn agored i holl fyfyrwyr y Coleg. Fe'i rhestrwyd yn uchel yng nghystadleuaeth y Gadair a'r Goron fwy nag unwaith yn yr Eisteddfod Genedlaethol ac enillodd ar y cywydd droeon.

Ni bu mewn Coleg Diwinyddol erioed, a phe bai wedi bod, rwy'n amau a fyddai'r profiad hwnnw wedi ei wneud yn well dyn; nid diwinyddiaeth oedd crefydd iddo ond daioni. Nid yw'n syndod felly iddo droi ei olygon tua'r weinidogaeth, gyda dylanwad y cartref, y capel a'r fro lle'i codwyd yn drwm arno. Clywais i rywun ofyn i ryw hen weinidog un tro beth a gyfrifai fod cynifer o bregethwyr wedi eu codi yn ei ardal. 'Fertile soil, 'machgen i,' oedd yr ateb. Magwyd Oswald Williams mewn tir da. Hanai o deulu diwylliedig ym mhlwyf Llanwenog—ardal Jenkin Jones, Pantycreuddyn; Dr Charles Lloyd; Gwilym Gwenog; yr Athro D. L. Evans; Dr John Bowen Jones; Jenkin Lloyd Jones, Chicago; Dafydd Llwyd, Brynllefrith; Dr Gwenogfryn Evans a'r Prifardd Cledlyn. Gwir yw'r geiriau a ganodd Dafis, Castell Hywel:

Llawn iawn yw Llanwenog o ddynion oedd enwog
Athrawon blodeuog, godidog eu dysg.

Ac un o'r rheiny oedd Thomas Oswald Williams. Yn y tir da hwn y gwreiddiodd a thyfu yn bren hardd. Lledodd ei ganghennau dros eglwysi Brondeifi a Chaeronnen a thref Llanbed ym 1915 a thaflodd ffrwyth toreithiog yn flynyddol am yn agos i hanner can mlynedd. Ym 1921 priododd Mary Annie Margaret (Daisy) Thomas, merch y diweddar Mr a Mrs J. D. Thomas, Buckingham House, Llanbed. Ganed iddynt ddwy o ferched, Nancy a Nanna.

Roedd yn gawr o ddyn ym mhob ystyr, yn gorfforol ac o ran athrylith. Enillodd radd M.A. ym 1923. Cofiaf amdanaf yn grwtyn ifanc, yn gwrando arno'n pregethu o bulpud Capel y Cwm a'r chwys yn byrlymu o'i dalcen, ond nid ar yr wyneb y berwai'r teimladau. Cynhyrfwyd gwaelodion y galon i gyd, traddodai gydag angerdd ac argyhoeddiad. Ymhlith ei bregethau mawr roedd honno o lyfr Eseia: 'Estyn dy raffau a gyr adref yr hoelion'.

Cymharai fywyd i babell. Diben y rhaffau oedd estyn y babell, a gwaith yr hoelion oedd ei sicrhau. Dyna oedd Undodiaeth iddo—efengyl lydan, ond rhaid oedd wrth hoelion yr argyhoeddiadau personol i'w diogelu. Adeiladwaith ar batrwm arbennig bob amser oedd ei bregethu a rhaid oedd gosod y nwyddau gorau i mewn. Cofiaf amdano yn pregethu mewn Cyfarfod Diolchgarwch yng Nghapel y Cwm; mae testun y bregeth wedi aros yn y cof, 'Allor Duw ar y llawr dyrnu'. Adnod gwta, gofiadwy a blas y pridd a'r cynhaeaf arni. Ffitiai ei destun i'w bregeth gan amlaf, ac nid ei bregeth i'w destun. Meddai ar ddawn i lunio testun iddo'i hun, gan aralleirio yn ei ffordd ddigymar ei hun. Pregethai â'i holl egni, a'i weledigaeth yn glir, a'i neges yn syml. Credai yng ngeiriau John Watson: 'Your best work in the pulpit has been to put heart into men for the coming week', ac o'r pulpud, gellid dweud amdano fel y dywedodd rhywun am Dr Alexander White: 'Nobody ever heard from his lips any cold truth'.

Hoffai feddwl amdano'i hun fel rebel. Ni fynnai gael ei glymu gan unrhyw awdurdod. Fel rebel yr âi weithiau i gyfarfodydd Cymdeithas Undodaidd Deheudir Cymru gan osod pethau ar dân. Ond perthynai iddo hefyd dynerwch di-ben-draw. Deuai'r ochr honno i'w gymeriad i'r golwg wrth weddïo ar lan bedd ar 'Ein Tad sydd yn Gariad i gyd, Tad y trugareddau a Duw pob diddanwch . . .' Carai ryddid â'i holl enaid, ac iddo ef Undodiaeth oedd cael bod yn rhydd i feddwl drosto'i hun a bod yn deyrngar i'r Goleuni Mewnol'. Yn y cyfeiriad hwn ef, yn anad neb arall efallai, oedd yn nhraddodiad Gwilym Marles a'r Undodiaeth Newydd.

Daeth y rebel i'r golwg hefyd yn ei ysgrifau, a chyda'r 'Injan 'Sgwennu', chwedl Puleston Jones, yr oedd yn ŵr galluog. Gwelir toreth o'r ysgrifau yng nghyfrolau *Yr Ymofynnydd* o dan ei enw ei hun a ffugenwau fel E.W.O., N ac N, a T.O.W., a phob ysgrif yn mynegi ei ysgolheictod. Trwy ei ysgrifennu cododd aml i wrychyn ond ni hidiai flewyn; mynnai ddweud y gwir yn 'blwmp ac yn blaen', chwedl yntau. Gwnaeth gymwynas fawr â'r enwad trwy roi ei bensil ar bapur; cafwyd perl o lyfr ar hanes capeli'r enwad yng Ngheredigion, ond ei gymwynas fwyaf oedd ei lyfr *Undodiaeth a Rhyddid Meddwl* ym 1963. Ffrwyth ymchwil ddyfal am gyfnod hir a geir yn y llyfr hwn. Cyfansoddodd emynau di-rif. Nid oes gennyf gof ei glywed yn canu nodyn ond fe fydd ei emynau yn canu drosto yng nghapeli'r enwad a thu allan am flynyddoedd i ddod. Un o'r rheiny fydd 'Cariad Duw' ar y dôn 'Panteg':

> Canwn mewn gorfoledd calon
>   Am gariad Duw—
> Cariad bery byth yn ffyddlon
>   Yw cariad Duw.
> Ac ar waethaf grym y gwyntoedd,
> Llid y môr a gwg y nefoedd;
> Byw a fyddwn yn oes oesoedd
>   Drwy gariad Duw.
>
> Yn ein gwaed y cedwir bywyd
>   Trwy gariad Duw,
> A thu ôl i'r cread hefyd
>   Mae cariad Duw:
> Byw mewn cariad ydyw crefydd,
> Rheol Iesu, caru'n gilydd;
> Nefoedd heddiw a'n dragywydd
>   Sy 'nghariad Duw.

Bu'n darlithio o dro i dro ar destunau fel: 'Hanes Undodiaeth yng Nghymru', 'Yr Emyn Cymraeg', 'Cip ar Lên Cymru drwy'r Canrifoedd', a 'Heddwch'. Lluniodd un ddrama dair act— 'Gwyntoedd Croes'—hanes safiad Gwilym Marles dros ei argyhoeddiadau. Perfformiwyd hi yn Neuadd Buddug yn Llanbed a'r lle'n orlawn. Yr awdur fu'n dethol ei actorion o Gapel Brondeifi ac yn eu trwytho.

Bu'n olygydd *Yr Ymofynnydd*, cylchgrawn yr enwad, o 1926 tan 1933. Credaf i Prosser Rhys wrth dalu teyrnged iddo yn nhudalennau'r *Faner* ar achlysur ei ymddiswyddiad fel golygydd, atgoffa'r enwad a thynnu sylw'r genedl at ei ddoniau a'i allu, trwy ddweud:

> Blin gennyf weled bod y Parch. T. Oswald Williams, M.A., Llanbedr Pont Steffan, yn torri ei gysylltiad â chylchgrawn Cymdeithas Undodaidd Cymru *Yr Ymofynnydd*—un o'r cylchgronau enwadol gorau oll a gyhoeddir yn Gymraeg. Bu yn Olygydd am wyth mlynedd, a disgwyl yr oeddwn y byddai ef wrth y llyw am ei oes, gan ei fod yn un o brif lenorion a beirdd ei enwad, os nad y pennaf oll. Dylai fod cyn hyn wedi ennill y gadair a'r goron genedlaethol; y mae ynddo ddigon o awen a chrefft. Ac y mae'n gryn gampwr ar yr *Essay* . . . Ofnaf nad yw gwŷr blaenaf Yr Undodiaid wedi sylweddoli gwerth y llenor gloyw hwn, a thra'n dymuno'n dda i'w olynydd, credaf o hyd mai swydd Y Parch. Oswald Williams a ddylai golygu'r *Ymofynnydd* fod.

Hyd y diwedd, cymerodd ddiddordeb ym mhethau'r enwad ac yn enwedig gyda'r llyfr emynau newydd, yn dethol a didoli, fel Abraham gynt, yn ei hen ddyddiau yn plannu coed er mwyn yr oes a ddêl.

Perthynai i Oswald Williams 'amryw ddoniau, eithr un ysbryd', a hwnnw oedd ysbryd gwasanaeth. Rhoddodd wasanaeth diflino i'w gapeli a'i enwad am yn agos i hanner can mlynedd ac am hynny gwnaed ef yn aelod anrhydeddus o Gymanfa Gyffredinol yr Undodiaid. Bu cyfryngau ei wasanaeth cymdeithasol yn amrywiol a ffrwythlon. Bu'n aelod o Gyngor Bwrdeistref Llanbed yn ddi-dor o 1934 tan 1963, a bu'n Faer y Fwrdeistref bedair o weithiau, ac am ei wasanaeth i'r dref rhoddwyd iddo yr anrhydedd o 'Ryddfraint y Fwrdeistref' ym 1954.

Cyfeirid yn y dref at y gweinidogion cyfoes iddo fel Evans Soar, Davies Shiloh a Jones Noddfa, ond ei deitl ef oedd nid Williams Brondeifi ond Oswald Williams—y gŵr a wasanaethai'r cyhoedd ac a gynorthwyai unrhyw un a ofynnai am gymorth. Bu'n darian i'r werin. Mewn cyfres o limrigau am y dref a'i phobol disgrifiwyd Oswald Williams fel hyn:

> Bu ef y Parchedig T.O.
> Yn gawr ar hyd llwybrau y fro,
>   Ei ddawn anghyffredin
>   Fu'n llusern i'r werin
> A'i barch at gyfiawnder bob tro.

Treuliwyd arwynebedd grisiau Bryn Llewelyn gan gerddediad llu o bererinion, rhai yn afiach, rhai yn dlawd, rhai yn ddi-waith. Gŵr tyner oedd y 'cawr' ar ei aelwyd a meddai ar agosatrwydd a oedd yn olew i'r trueiniaid a'u hamryfal gwynion. Bu'n dirion wrth weddwon, plant amddifaid a'r henoed ar hyd ei oes. Oswald Williams a fyddai'n cael yr anrhydedd o arwyddo'r ffurflen am lyfr pensiwn newydd i lawer, beth bynnag oedd eu henwad.

Soniwyd unwaith y byddai ei enw yn mynd gerbron 'Sanhedrin y Sosialwyr' yn y Sir fel ymgeisydd am Sant Steffan. Ni ddaeth hynny i ben. Yr oedd yn gamster mewn etholiad, yn lecsiynwr o'i fodd, a chredaf pe byddai'r cyfle wedi dod, y byddai T. O. yn gamster fel aelod seneddol hefyd.

Clywais i Miss Eiddwen James a'r diweddar Miss Sali Davies alw noson cyn etholiad trefol ym Mryn Llewelyn i ddymuno'n dda i Oswald Williams. Aethant drwy restr etholwyr y dref i gael amcangyfrif o'r pleidleisiau y byddai yn debygol o'u cael trannoeth. Roedd yn hollol siŵr o'i ffrindiau a'i gefnogwyr; cafodd ddwy bleidlais yn fwy yn y dyfarniad swyddogol na'r cyfrif y noson cynt i Miss James a Miss Davies. Daeth allan yn 'dop y pôl'. Gŵr praff oedd yn adnabod ei bobl.

Clywais amdano yn canfasio mewn un tŷ yn y dref. Eglwyswyr oedd y bobl. Meddai gwraig y tŷ wrtho, 'I don't like your religion, I don't particularly like your politics, but those things aside you will have my vote, because I like the man'. Fel y dywed Shakespeare yn ei ddrama *Julius Caesar*:

> His life was gentle and the elements
> So mixed in him that Nature might stand up
> And say to all the world, 'This was a man'.

Gwerthwyd stad un o blasau'r dref a rhoddwyd cyfle i'r tenantiaid brynu eu hanheddau. Oswald Williams a ofalodd am chwarae teg i'r prynwyr cyffredin a pherchid ef am ei allu a'i ddaliadau gan ŵr y plas a'i swyddogion. Aeth â dysgeidiaeth ei Feistr i'r meysydd eraill yr ymddiddorai ynddynt. Ble bynnag yr âi, cynaeafai'r fro a'i phobl fendithion amlwg oddi wrtho. Bu ei grefydd gadarn yn ffordd o fyw iddo ac erys perarogl ei wasanaeth ar ei sir enedigol ac ar dref Llanbed lle llafuriodd fel gweinidog ffyddlon i Iesu Grist.

Etholwyd ef yn gynrychiolydd y dref ar Gyngor Sir Aberteifi ym 1951, ond yr oedd wedi ei gyfethol yn aelod o Bwyllgor Addysg y Sir ymhell cyn hynny. Fel aelod o'r Cyngor Sir gwasanaethodd fel

Cadeirydd amryw o bwyllgorau am flynyddoedd gan gynnwys Pwyllgorau Cynllunio Cylch Aberaeron a Llanbed, Pwyllgor Cynllunio Ceredigion, Pwyllgor Lles Ceredigion, Pwyllgor Gwirfoddol yr Henoed, Pwyllgor Ariannol a phwrpasau eraill, ynghyd â Rheolwyr Ysgol Uwchradd Llanbed. Cofir iddo gynnig bod 'Ysgolion Uwchradd Ceredigion yn dysgu pob testun drwy gyfrwng y Gymraeg'. Ei waith pennaf efallai oedd hybu lles yr henoed a sefydlu 'Hafan Deg', cartref hwylus i henoed y sir, sydd erbyn hyn yn aros yn golofn iddo yn y dref.

> Cymydog ysgwydd-lydan
> Ar gylch ei nwyfus rawd,
> A'i fywyd yn llawn trydan
> O blaid hynafgwr tlawd;
> Poenodd ei dref hynafol
> A'i deiliaid hoffus, rhydd,
> Hyd fynnu troi o'r dafol
> Yn Hafan Deg i'w dydd.

Drwy'r holl weithgarwch, ei serch pennaf yn ei eiriau ei hun oedd 'bod yn weinidog da i Iesu Grist'. Traddododd ei bregeth ola' yng Nghyrddau Cymdeithas Undodaidd Deheudir Cymru, yng Nghapel y Graig, Llandysul, ym 1960, bum mlynedd cyn ei farw. Testun ei bregeth oedd, 'Iesu, Ffrind Pechadur'. Yn y bregeth honno gwelwyd dyfnderau ei enaid; yr ysbryd tanllyd, beiddgar, mentrus wedi dofi, y llais a floeddiodd gynt wedi tyneru, a'r chwysu mawr wedi peidio. Yr oedd yr afon a redodd gynt yn ei rhuthr rhwng y creigiau yn drochion gwynion, yn awr yn dyfnhau wrth fynd tua'r môr, ac yntau yn ei gwch yn dod adre' at ei Dad heb yr un ofn na'r un amheuaeth yn ei galon.

Mae'r geiriau a ysgrifennwyd ar garreg goffa'r Parchedig Tom Nefyn Williams yr un mor wir am y Parchedig T. Oswald Williams:

> Ac o'i bregethau i gyd
> Y fwyaf oedd ei fywyd.

Y bywyd hwn oedd â gwasanaeth yn ei wead, cymeriad yn ei batrwm a gwydnwch gorau dyn yn ei stwff. Fel y canodd y Parchedig Gwyn Evans, Tal-y-bont, iddo yn ei bryddest goffa fuddugol yn Eisteddfod Capel y Bryn, Cwrtnewydd, ym 1966:

> . . . Gwelaist ddysgedig olud
> a thrywydd yr hen athrawon,
> a rhoddaist dy fedr iddynt
> i ddilyn eu meddyliau.

A daethost o'r diwyd weithio
Yn ŵr gradd a chenhadwr i Grist
a diflin yr ymdeflaist
i'r gwaith o gyhoeddi'r gwir . . .

. . . Anogaeth oedd dy neges
i roi ffydd wrth ddatguddio'r ffordd
i'r Saint yng nghynulleidfa'r Sul.
Ddaeth drwy d'eiriau dethol
i wybod am y gobaith
a rhoi eu cred yng ngair y Crist . . .

. . . Asiwr coeth mesurau cain
o haeddiant y meistri oeddit;
gwyddit y frawddeg addas
a'r praff ansoddeiriau prin . . .

Buost yn anian bywyd
hen dref dy gynefin dras,
a dysgaist weledigaeth
i undonedd Senedd Sir

Ymhob pwyllgor cyngor cael
a roddaist yn ddewr iddynt,
a thynnaist â doethineb
dy reswm bawb o'r dryswch.

Yn dy waith nid ofnaist wg,
ni chwenychaist un awr
deg eiriau na gwenau gwŷr.

Ysgwyddaist yn osgeiddig
haeddiant dy anrhydeddau
a rhoddaist yn gymeradwy
dy hanes ymhlith dynion
Ag urddas mynnaist gerdded
hyd y bedd yn fawr dy barch . . .

. . . Dyfod i erw Brondeifi
a wnaethost, a thrist ddwthwn
i'r wlad oedd yr alwad ola',
wedi'r wŷs erys yr hiraeth
A'i frath am it fynd o'th fro.

Hir fydd y cofio a byw yr atgofion o fewn ac oddi allan i'r enwad
a'r dref am y pregethwr huawdl, yr ysgolhaig disglair, yr
hanesydd manwl a'r gweithiwr cymdeithasol.

D. J. Goronwy Evans

Beirdd y Mynydd Bach,
ac
Ifan Jenkins Ffair-rhos

Dringodd Ifan Jenkins, Dafydd Jones a minnau dros lwybr Waun Penwern Hir ar ein taith luddedig adref o oedfa'r prynhawn yng Ngharmel. Yn y gwres llethol gwrandawn ar fy nau gyfaill yn sôn am eu trefniadau i fynd i Eisteddfod Genedlaethol Machynlleth. Wedi dod i olwg Ffair-rhos eisteddasom yn ymyl sticil Bwlch y Gwynt i fwynhau'r olygfa gyfareddol dros Gors Caron i gyfeiriad y Mynydd Bach. Gwasgodd Ifan ei drwyn â'i fys a'i fawd fel y gwnâi bob amser cyn doethinebu. Yr oeddwn yn ei adnabod yn ddigon da i wybod ei fod ar fin datgelu cyfrinach bwysig. Ehedai brân uwchben i gyfeiriad y gorllewin.

'Welwch chi'r frân 'co, bois?'

Disgwyliais yn eiddgar am yr hyn oedd ganddo i'w ddweud.

'Pe bai'r frân yna yn mynd yn ei blaen heb ddisgyn nes cyrraedd glan y môr fe fydde hi'n hedfan uwchben hen gartre' bardd Coron Machynlleth.'

Edrychodd Dafydd a minnau ar ein gilydd cyn dilyn hynt y frân nes iddi ddiflannu o'n golwg.

'Peidiwch gofyn rhagor,' meddai Ifan.

Gwyddem ein dau mai ofer holi'r bardd rhyfedd y caem y fraint o fod yn ei gwmni yn ysbeidiol yn seiadau gweithdy'r crydd. Codasom i ailgychwyn.

Ymwahanasom ar gyrion y pentre'. Aeth Ifan i'w hynt dros y ffordd isa' a cherddodd Dafydd a minnau dros ffordd y mynydd heibio i Gaersalem.

Dyfalasom.

'Un o feirdd y Mynydd Bach sy' â'r Goron.'

'B. T. Hopkins.'

'Na. Dyw e byth yn cystadlu.'

'Prosser Rhys.'

'Na. Fydd Prosser byth yn cystadlu chwaith.'

Safodd Dafydd. Edrychodd arnaf fel gŵr yn gweld gweledigaethau.

'Gei di weld ma' J. M. yw e. Dyna pam y soniodd Ifan am y frân yn hedfan i lan y môr. Ma' Llanrhystud yn ymyl y môr, a ma' J. M. o Lanrhystud.'

Y dydd Mawrth canlynol rhedasom ein dau o ganol y cynhaeaf gwair i wrando ar seremoni'r coroni yn llifo o'r Cossor gyntefig yng nghegin Tynfron. Gwrandawsom yn astud ar y feirniadaeth.

'Dyma ni'n dod at yr Allt Lwyd,' meddai'r beirniad.

'J. M. yw e,' ychwanegodd Dafydd.

Edrychais allan drwy'r ffenestr. Yr oedd yr awyr yn cymylu, a'r gwair ar led yn y caeau. Ond dim ond unwaith y flwyddyn y ceid coroni bardd yn y Genedlaethol. Ni fynnem adael y gegin cyn clywed enw'r bardd buddugol, ac fe'i cawsom. Ie, J. M. Edwards. Rhaid bod y frân wedi hedfan mor bell â glan y môr. Glaw neu beidio, yr oeddwn i yn llanc deunaw oed wedi dod o hyd i un o gyfrinachau mawr y flwyddyn. Bu hyn yn obsesiwn i mi drwy'r blynyddoedd. Haws yw dyfalu enw bardd y Gadair neu'r Goron na phroffwydo pa geffyl fydd yn ennill y Derby.

Beth bynnag daeth pryddest 'Y Pentref' i'n dwylo, a deil y llinellau agoriadol i ganu yn y cof:

Filltir neu fwy o'r môr
Lle'r egyr porth y dyffryn cul i lawr
Yn fras wastadedd tua'r morfa maith
Y saif y syber—lonydd yn eu lle
Ei glwstwr bach o dai.

Prin ddeuddeg rhes
I gyd, a'r meini o'u cynefin dir
Yn gwisgo agwedd eu boddhad, fel sydd
Rhwng hen gyfeillach tai.

Cofiaf fel y dotiwn ar 'hen gyfeillach tai' oedd yn ddarlun teg o'r gymdeithas wâr yn Llanrhystud, Ffair-rhos, a'r Mynydd Bach. Ac megis yn Ffair-rhos yr oedd trindod o feirdd ar lethrau'r Mynydd Bach, sef J. M. Edwards, Prosser Rhys a B. T. Hopkins. Yn ei gerdd i Prosser sonia J. M. am B. T.:

A chofio, ar lawer hwyrnos glaear
Disgwyl ei ddyfod o'i Ros Helyg y trydydd
Ohonom, tua'r cylch, amaethwr swil o brydydd,
Cynheiliad llên traddodiad hen y ddaear.

Mwy pryfoclyd oedd disgrifiad Prosser:

Eisteddem, dri ohonom wrth y tân,
A thrymder Tachwedd ar hyd maes a stryd,
Eisteddem, wedi blino ar lyfrau'n lân,
A sgwrsio am 'ddeniadau cnawd a byd.'

Soniasom am y pethau ffôl na ŵyr
Ond llanciau gaffael ynddynt liw na gwres,
Y pethau a gerdd ar lanw eu gwaed fin hwyr,
A phorthi heb borthi'n blys; a'u tynnu'n nes,
Ym mhen y sgwrs addefais innau'r modd
Y pechais i tan drais cywreinrwydd poeth;
Gofynnais a bechasent hwy? . . . A throdd
Y ddau, a brolio eu hymatal doeth!
Ac yno, wrth y tân, yn un o dri,
Gwelais nad oedd bechadur ond myfi.

O fodd, neu o anfodd, arhosodd B. T. o fewn terfynau ei filltir sgwâr, i flaenori yng nghapel Blaenafon a phregethu yn achlysurol yn nhai cwrdd yr hwndrwd. 'Ni frysia yr hwn a gredo,' oedd ei arwyddair, ond mewn ymryson gallai lunio cwpled neu linell gynganeddol gyda'r fath gyflymdra nes ein llorio. Pinacl ei gynnyrch llenyddol yw 'Rhos Helyg', ac ni fedr ond diflaniad yr iaith Gymraeg ddifodi'r cywydd gloyw hwn.

Alltud oedd J. M. yn y Barri, ond mewn afiechyd neu bruddglwyf yr oedd balm ar aelwyd B. T. a'i deulu ym Mrynwichell.

I mi y mae'r Barri'n bell—a'r awel
Rywiog yma'n ddeuwell:
'Roeddwn wael, 'rwy'i heddiw'n well,
Mae rhin iach ym Mrynwichell.

Nid mewn cynghanedd yn unig yr oedd 'rhin iach ym Mrynwichell'. Am wn i nad oedd J. M. yn eiddigeddus iawn o B. T. Meddai yn ei soned iddo yn *Cerddi'r Daith*:

Ni'th flinir gan y byd a'i dwrf a'i straen,—
Erys dy fywyd yn ogoniant plaen.

Yr oedd J. M. yn llenor greddfol. Dyma fe yn disgrifio rhai o gymeriadau bro ei febyd:

Ymrithiant ar fy nhraws allan o'r niwlen frith-atgofus honno a'u ceidw megis ysbrydion na ellir yn llwyr gael ymwared â hwy. Dyna'r hen Ddafydd Pen-ddôl . . . gyda'i ffon a'i sbectol dywyll, y diymhongar a'r syml hwnnw a adroddai wrthyf straeon rhamantus ei deithiau môr mewn llong hwyliau. Jâms y Ffatri gyda'i lais dwfn, cryglyd a ymguddiai'n gyfriniol yn ei weithdy a'i ryfedd weithgareddau. Wiliam y Sadler ddiniwed a gerddai heibio bob hwyrnos wedi llafur y dydd gyda'i ffedog wedi'i rhowlio'n strapen wen am ei ganol.

Mae stamp y llenor ar y 'strapen wen'.

Yn ei gerdd 'Bywyd a Byw' a ymddangosodd yn *Y Llenor* (Gaeaf 1925) canfu B. T. Hopkins ifanc fywyd yn ei burdeb yn sylwedd a chrëwr pob mwynhad:

192

Ac yno yn y grug ac yn y brwyn
Rhwng creigiau noeth neu lwyni'r eithin aur,
Y'th gerais yn dy burdeb mawr a'th swyn
A gweld dy olud ymhob machlud claer.

Ond ar ymylon bywyd y mae'r 'Anwylaf Wen', cariadferch beirdd
y canrifoedd. Nid yw B. T. mor fentrus â Phrosser ym Mhonty-
pŵl: Ofni'r sgandal a wna:

Arswydo, gwylio rhag llychwino'r aur
A roddes Nuw yn nyfnder calon merch,
A'r golud mawr roes Ef i lawenhau'r
Meddwl aflonydd sydd yn mynnu serch;

Cans odid, ddydd a ddaw, na fydd y lli
Sy'n ffrydio yn ein mynwes dwym yn awr,
Yn cario'r cwbl a fedd ein henaid ni
I gnawd ac esgyrn y dyfodol mawr.

Mae sail y byd ar gariad:

Erys y pridd yn fyw er crino o'r gwellt,
    O'r had a syrthiodd fe ddaw eto gnwd;
Bydd Duw o hyd yn cynnau'r tân a'r mellt
Sydd heno'n twymo fy ymennydd brwd.

Yn Ffair-rhos yr oedd gan Ifan Jenkins, ein pennaeth yn academi
lenyddol gweithdy'r crydd, ei lais arbennig ei hun. Cryfder ei
ganu telynegol oedd ei foelni, gydag ambell flodyn prin o ansodd-
air, megis yn y delyneg 'Beddargraff Hen Ffermwr':

Ar faen, lle mae'r meini'n cynyddu
Ers oesau dan gysgod y bryn,
At enw a dyddiad, rhyw nyddu
Ychydig a garwn fel hyn.

Hen ffermwr sydd yma yn bwrw
Hir hun, am ba hyd pwy a ŵyr?
Fe wyddai fod rhagrith a chwrw
Yn drysu'r meddyliau yn llwyr.

Mae Duw, fel rhyw glerc ysgrifennu,
Â'i gronicl yn gywir bob rhes
Ni chredodd; a chadd ei absennu
Ond pan fyddai angen ei bres.

Ei deulu a'i dda oedd ei gysur,
Fe weithiodd, fe garodd yn gu;
Trwy gydol ei einioes rhy brysur
I bechu rhyw lawer a fu.

Gwyddai'r seiadwyr yn iawn at bwy y cyfeiriai'r bardd. Yr oedd y portread yn berffaith.

Fel ei gymrodyr ar lethrau'r Mynydd Bach gwnâi Ifan ddefnydd helaeth o'i wybodaeth Feiblaidd. Cawsai mab Tomos Jenkins, y piwritan a'r diacon, ei drwytho yn nosbarthiadau Ysgol Sul Caersalem nad oedd ond ychydig dros ergyd carreg o'i gartref. Meddai am Adda:

> Hir oes yn fyr o asen—a wybu
> Wedi trwbwl Eden.

Ei ddisgrfiad o Samson oedd:

> Anffodus o serchus ŵr
> A Rob Roy o Hebrëwr.

Nid doethineb Solomon a genfydd:

> Teyrn digymar ei harem,
> Mawr ei gais am aur a gem.

Pe bai Paul yn fyw heddiw:

> Yn ŵr brwd yr âi heb rus
> I Mosco'n lle Damascus.

Pen elwais heibio iddo rai misoedd cyn ei farw annisgwyliadwy yr oedd yn y pruddglwyf. Ymbiliais arno i roi ei gynhyrchion llenyddol i'r Llyfrgell Genedlaethol fel y gwnaethai ei gyfaill, Isgarn.

'Pwff. Ma' gwell lle na hynny ar 'u cyfer nhw.'

'Ble?' gofynnais.

'Fe fydd 'ma ddiawl o dân 'fory.'

Trannoeth, pwyswn ar lidiart Bwlch y Lôn, hanner milltir i ffwrdd, pan welais y mwg euog yn stelcian yn ymarhous rhwng Pen Maen Gwyn ac Esgair Garn. Teimlais yn drist. Gwyddwn fod trysorau yn cael eu difa gan y fflam.

Trwy drugaredd cyhoeddwyd *Cerddi Ffair Rhos* a olygwyd gan y Prifardd T. Llew Jones. Ysgrifennodd y bardd ei hun ragair byr i'w gyfrol:

Dymunaf ddiolch i Cynan a Chyngor yr Eisteddfod Genedlaethol am eu cwrteisi yn rhoddi imi'r hawl i gyhoeddi llawer o gynnwys y llyfr hwn. Hefyd i'r cyfeillion, y Parch David Jones, Blaenplwyf; David Jones, Ffair Rhos; David Jones (Glanygors); Evan Jones, Aberystwyth ac eraill am roddi benthyg caneuon o'm gwaith nad oedd gennyf gopi ohonynt. Yn arbennig, diolchaf i'r Prifardd T. Llew Jones am ei holl lafur yn eu golygu a'u trefnu, ac am ei ffydd y byddai i rywrai yn sicr brynu a darllen y llyfr.

Yr un mor sicr nid oedd gan Ifan Jenkins ffydd yn ei waith, ac er iddo gipio llawer gwobr yn yr Eisteddfod Genedlaethol nid oedd ganddo ddigon o hyder i ymgeisio am y Gadair na'r Goron.

Yr oedd yn gynganeddwr crefftus, fel y dengys ei englyn i 'Gawod Mai':

> Diod win y dadeni,—o'i dyfod
>   Afiaith sy'n y llwyni,
>   Ymlid ofn â'i mil defni,
>   Ac ail oes sy'n ei glaw hi.

A braint nad â'n angof oedd gweld y crydd yn chwifio'i forthwyl o gwmpas ei ben wrth adrodd englyn Ifan i 'Gledd Arthur':

> Arf Arthur Fawr, uthr ei fin,—I ba lyw
>   Y bu laif mor iesin?
>   A drawai ef yn y drin
>   Nid âi'r eildro i'r heldrin.

Yn ei delyneg 'Ystrad Fflur' llwyddodd i led-guddio'r gynghanedd ond gall clust a llygad y cyfarwydd ei ddarganfod:

> Wrth feini llwyd y porth a fu'n llydan
> Bob tro 'rwy'n cofio ei mawredd cyfan.
>
> A chofio'r mynach a fu i'r meini,
> Ei lyfr, ei waddol, ei Fair, a'i weddi.
>
> I ludded ei faes o wledd defosiwn
> Rhodiai â'i fendith ar dwf ei wndwn.
>
> Bu'n lle o heddwch i boen a lludded;
> Hyder y galon oedd draw ei gweled.
>
> Heb iddo sêl i fod mwy'n rhyfelwr
> Abaty mawl oedd ysbyty milwr.
>
> Bu'n gartref i'r hen yn eu trueni
> A thaer ei aidd y dôi'r crythor iddi.
>
> A bu i deyrn rhag y byd a'i wyrni
> Dawel Afallon wrth afon Teifi.
>
> Ystrad Fflur, os briw dy furiau
> Molaf lân heddwch mil o flynyddau.
>
> A thry hiraeth i'r erwau, oherwydd
> Cysegredigrwydd cwsg oer a dagrau.

Ifan oedd ein llysgennad i 33 Rhodfa'r Gogledd, Aberystwyth lle cyrchai pawb o bwys llenyddol yng Nghymru i ymweld â Phrosser frenin. Yno, ar drothwy'r Eisteddfod Genedlaethol ceid gwybodaethau na wyddai'r byd amdanynt, a deuai ambell awgrym gwerthfawr i glustiau Dafydd a minnau ar lethrau Ffair-rhos. Ond, flynyddoedd wedi marw Prosser, ymddangosodd rhannau o 'Ffenestri', a dadansoddiad ohoni, yn yr *Herald Cymraeg* ar brynhawn y Coroni, a chyn i rai swyddogion y Cyngor gael gafael ynof i'm croesholi yr oeddent wedi mynd ar drywydd Caradog Prichard. Cefais yr hanes i gyd gan y Parchedig Gwilym Owen a chyngor doeth, yn ei dyb ef, i beidio â bod yn rhy gyfeill-gar â gwŷr y Wasg.

Ysgrifennodd Rhisiart Hincks, Sais o Gaerlŷr a ddysgodd Gym-raeg yn drwyadl, gofiant teilwng i Prosser Rhys, a chyd-ddig-wyddiad diddorol yw'r ffaith iddo lunio'r traethawd, a fu'n sylfaen i'r cofiant, yn 33 Rhodfa'r Gogledd, hen gartref Prosser. Yno hefyd ar hyn o bryd y mae Islwyn Edwards, un o feirdd Ffair-rhos yn lletya, yntau yn gwneud gwaith ymchwil ar feirdd tir yr ymylon. Mae rhyw rin o gwmpas y lle.

Yn Chwefror 1950 cyhoeddwyd *Cerddi Prosser Rhys*, 'wedi'u dethol, gyda rhagymadrodd gan J. M. Edwards.' Priodol yw cynnwys y rhagymadrodd, gyda chaniatâd caredig Gwasg Gee, Dinbych.

'Gartref, yn ei fro ei hun, bro'r Mynydd Bach a Llyn Eiddwen yng Nghanolbarth Ceredigion, yno y dymunaf i'n bennaf gofio am Edward Prosser Rhys. Gorwedd y darn gwlad hwn ryw hanner y ffordd rhwng Llanrhystud, a saif mewn dyffryn cysgodol yn ymyl y bae, a Thregaron. Ardal o gorsydd brwynog, gweddol wastad ydyw, ac oddiarni gwelir y wlad yn ymestyn tua'r dwyrain hyd at wastadedd Cors Caron. Rhwng y Mynydd Bach a Thregaron, bron yn union gyda'ch bod yn graddol ddisgyn yr ochr arall, y gorwedd cymdogaeth Blaenpennal, ardal o fân dyddynnod ac amaethdai.

'Ar ganol cors diffaith y Mynydd Bach hwn y safai'r Morfa Du, cartref Prosser, a thuag yno y cyrchwn i o ben isaf y fro, a B. T. Hopkins o'i pen uchaf, i gynnal ein seiadau llenyddol yn gyson dros nifer o flynyddoedd. Y mae'n wir nad ni ein tri oedd unig gynheiliaid y traddodiad llenyddol yn yr ardal honno, ond fe gadwasom ni'n weddol agos at ein gilydd nes dyfod amgylchiad-au a barodd ein gwahanu dros ysbeidiau hir.

'Clywswn, yn hogyn ysgol, ryw sôn fod yna brydydd ifanc, newydd yn ysgrifennu telynegion i fyny ar y bryniau yn rhywle, ond yr adeg honno nid oedd yn ddim ond enw imi. Disgwyliwn y cyfle cyntaf i fanteisio ar ddod o hyd iddo a'i adnabod. Yna, mewn cyfarfod croeso yn ei gapel ef ei hun i un o fechgyn y fro a ddychwelasai o'r rhyfel y gwelais i ef gyntaf. Yr oedd hynny tua diwedd 1917, ac yntau ychydig dros ei un ar bymtheg oed. Ni chofiaf fawr a ddigwyddodd yn y cyfarfod hwnnw, oherwydd rhyngof a'r cyfan erys o hyd yr olwg gyntaf honno a gefais arno. Ei wyneb llyfngroen, bachgennaidd a tharawiadol, a hwnnw'n grwn a gwelw o dan gnwd o wallt gloywddu,—du iawn, a'r sbectol rimyn-melyn honno yn bachu am ei drwyn. Adroddodd ei ddarn, ac ar y diwedd llithrodd allan i'r nos drwy ganol y dorf gan godi coler ei gôt fawr, ac i mi, gyda gwe o ramant breuddwydiol amdano.

'Mewn eisteddfod (hwyr fel arfer) y gwelais i ef wedyn, a daethom yn gyfeillion o'r funud honno ymlaen. Carai eisteddfodau bychain y wlad yn angerddol, cystadleuai lawer ynddynt yn llanc, ac ymhyfrydai yn eu hwyl a'u cwmnïaeth. Gwahoddodd fi i fyned i'w gartref pryd y mynnwn, a buan aeth yr ymweliadau hynny yn llawer mwy cyson,—yn unwaith neu ddwywaith bob mis o leiaf. Y trydydd seiadwr, fel y cyfeiriwyd, oedd B. T. Hopkins, a gyrhaeddai atom wedi gorffen ohono waith y dydd ar ei fferm. Yna, yn aroglau cartrefol y brigau a'r mawn, fe ddechreuid â thelyneg neu soned newydd gan un ohonom; yn union, dôi'r llall, ac wedyn feirniadaeth neu drafodaeth nes gwella'r cynnyrch i foddhad. Edrychem ni'n dau arno yr adeg honno fel math o ddolen gydiol rhyngom a digwyddiadau a dylanwadau pwysig y byd llenyddol, nid yn unig yng Nghymru, ond yn Lloegr hefyd. Oherwydd yr oedd ef yn nes na ni at galon pethau, a'i gymwynas fawr â ni oedd ein cyflwyno, fel tae, i'r pethau hynny ym myd llên a oedd yn cyfrif, ac y gwyddem ei fod ef drwy ryw reddf gyfrin yn deall eu harwyddocâd. Ac un o'r pethau y synnem atynt yn wastad oedd ei ddawn feirniadol gref.

'Yr oedd yn drwm dan gyfaredd gweithiau Joyce, Lawrence a Housman yr amser hwnnw, ac y mae ôl dylanwad y ddau olaf yn amlwg ar ei delynegion cynnar. Onid ar y gors unig honno ar hafnos o Fehefin y tynnodd o'i boced gopi o *Shropshire Lad*, a mynd drwyddo, gân ar ôl cân, nes meddwi ohonom wrth sipio'r gwin prydyddol hwnnw am y tro cyntaf? Ie, gwych o beth i feirdd a llenorion ifainc yw ymgyfathrachu a thrafod eu gweithiau a gwahanol agweddau ar eu celfyddyd gyda'i gilydd fel hyn.

'Ond wedi iddo fwrw o ddifrif i'w orchwylion amryfal eraill, megis newyddiaduriaeth a chyhoeddi, collodd yntau lawer cyfle i hamddena a phlesera fel cynt. Ac er i nifer o'i gyfeillion diweddarach brofi o'i hwyl a'i gwmni yn ei swyddfa,—eto, credaf ei fod yn hiraethu'n aml am yr hen gwmnïaeth ddi-wenwyn honno yng nghefn gwlad. Soniodd fwy nag unwaith am 'y rhywbeth hwnnw sy'n gwneuthur imi awyddu am adnewyddu'r hen gymdeithas â'r cyfeillion prydyddol yn y wlad, a hiraeth am adeg pan oeddwn hyd sicrwydd yn byw'n llai arwynebol ac yn llai rhagrithiol os yn eiddilach fy nghorff a gwacach fy mhoced.' Maddeuer i minnau os mai cyfaredd yr un hiraeth a'm gorfododd i sôn cymaint am y cyfnod cynnar hwnnw.

'Yn 1923, cyd-gyhoeddodd ef a J. T. Jones gyfrol o'u caneuon cynnar sef Gwaed Ifanc, cyfrol a dynnodd gryn sylw ac a ddygodd hefyd nodyn newydd, mentrus i fyd barddoniaeth Gymraeg y cyfnod, a pheth yr oedd angen dybryd amdano. Ond cyn cyhoeddi Gwaed Ifanc yr oedd wedi bod wrthi ers blynyddoedd yn cyfansoddi a chystadlu llawer mewn mân eisteddfodau. Enillodd ar delynegion, caneuon a phryddestau mewn amryw fannau, ond wrth edrych dros y llawysgrifau hyn cawn mai dyma mewn gwirionedd dymor ei brentisiaeth, ac nid oes fawr o ddim yn eu plith ag y carai ef ei hun weld ei gyhoeddi heddiw.

'Yna, yn Eisteddfod Genedlaethol Pont-y-pŵl yn 1924, cofir iddo ennill y goron am ei bryddest 'Atgof', cerdd feiddgar a greodd lawer o gyffro ac a ganmolwyd gan rai er ei damnio gan eraill. Nodwedd dristaf yr holl amgylchiad oedd ei fod yn adlewyrchu agwedd ar feddwl yng Nghymru ag sy'n rhy barod i farnu gwerthoedd byd celfyddyd wrth safonau anghywir. Beth bynnag a ddywedir amdani, rhaid ei chyfrif bellach fel un o bryddestau mwyaf arbennig hanner cyntaf ein canrif ni, a dweud y lleiaf. Er nad ydyw, mae'n wir, yn gwbl aeddfed ym mhob ystyr,—ni ellid disgwyl iddi fod, rhyfeddod nid bychan oedd i fardd ifanc allu llunio cerdd mor gywrain yn ei gwead a medrus ei chrefft.

'Cynhwysir 'Atgof' yn y gyfrol hon, ac o'i blaen ddetholiad gweddol helaeth o gerddi'r Gwaed Ifanc, yn un rheswm am fod cenedlaeth yn codi erbyn hyn ag y mae'r gweithiau pur nodedig a diddorol yma yn ddieithr iddi. Hefyd, bydd yn gymorth i sylwi ar nodweddion ei ganu ifanc a datblygiad ei ddawn a'i feddwl yng ngoleuni gwaith cyfnod diweddarach. Am fod ei fagwraeth wledig y cyfryw ag ydoedd, nid oedd modd gadael allan gerdd fel 'Y Gof', er enghraifft, sy'n deyrnged hyfryd i'w rieni syml ac hefyd yn taflu goleuni ar gefndir a chymeriad ei ddyddiau bore. Am ei bryddest 'Y Tloty',—cerdd dra gwahanol i rediad cyffredin pryddestau'r cyfnod, ni ddylai ei rhannau adleisiol ac efelychiadol ein rhwystro rhag gwerthfawrogi'r uchelgais a'r hyder personol a ddechreuai nodweddu ei ddawn brydyddol yr adeg yma, heb sôn am y miwsig a'r medr i drin geiriau a geir ynddi.

'Ond efallai mai uchafbwynt ei gyfran ef o *Gwaed Ifanc*, er hynny, ydyw'r ddwy soned, 'Y Pechadur' a 'Duw Mudan'. Telynegol oedd ei dant hyd yma, ac nid cyn cyrraedd y sonedau hyn y cawn arwyddion pendant o'r grefft sicr a'r mynegiant cadarn a oedd i rymuso ei ganiadau diweddarach.

'Rhwng 1924 a 1939 ni chyfansoddodd ail i ddim o brydyddiaeth, ar wahân i ambell soned a ymddangosodd mewn cylchgrawn neu ddau. Rhaid cynnig, fel un o'r prif resymau efallai am y tawelwch hwn, ei brysurdeb eithriadol gyda'i waith fel golygydd ac amryw o oruchwylion eraill, a chlywais ef yn dweud fod hynny'n aml yn ei yrru i deimlo fod ffynnon ei awen wedi sychu'n llwyr. Ni allwn heddiw ond dychmygu beth a allasai'r addewid ddigamsyniol a greodd 'Atgof' fod wedi ei gyflawni ym mlynyddoedd aeddfetach ei ddawn, a pha golled a gafodd llenyddiaeth Cymru o'r herwydd. Ond yn y cysylltiad yma, rhaid cofio am ei ryddiaith a dylid cael cyfrol arall,—o'i ysgrifau, yn fuan.

'Ond yna, yn hollol sydyn, ym mlynyddoedd cyntaf Rhyfel 1939, cawsom eilwaith o'i law nifer fechan o gerddi byrion a ddangosai feddwl praff, crefft gwbl orffenedig ac argyhoeddiad cadarn. Cyrhaeddodd yr agwedd hon ar ei waith ei mynegiant mwyaf cofiadwy yn y gerdd 'Cymru'. Gellir bod yn weddol sicr mai enbydrwydd yr amserau a'i ofal a'i bryder am fywyd a dyfodol ei wlad a gyffrôdd ei awen yn ei flynyddoedd olaf.

'Byddaf i'n synio amdano fel bardd yn meddwl ei fater yn drwyadl, yn treiddio at yr hanfodion ac yn chwilio bob amser, hyd y gallai, am fynegiant a gydweddai â'i fyfyrdod llwythog, a hyn, hwyrach, a gyfrif am ei hoffter o'r soned. Er na ellir ei osod ymhlith rheng flaenaf un beirdd ei gyfnod, eto, bu ei gyfraniad o bwys, ac nid y lleiaf o'i nodweddion oedd dewrder a gonestrwydd personol, a beiddiodd ganu â'i lais ei hun ei gân ei hun.'

Bron saith mlynedd ar hugain yn ddiweddarach cawn J. M. yn ysgrifennu cyflwyniad i gyfrol o farddoniaeth B. T. Fe'i dyfynnir trwy garedigrwydd Cyhoeddiadau Modern Cymreig.

'Ganed B. T. Hopkins yn 1897 mewn tyddyn bychan o'r enw Waunhelyg gerllaw pentref Lledrod, tua hanner y ffordd rhwng Tregaron ac Aberystwyth. Collodd ei fam yn gynnar iawn ac aethpwyd ag ef i'w fagu gan ei fodryb a'i ewythr yn ffermdy'r Triael, Blaenpennal, rhyw wyth milltir i ffwrdd. Yn ffinio â'r Triael y mae fferm llawer ehangach Brynwichell, ac yn 1937 symudodd yntau i fyw yno wedi iddo briodi merch y diweddar John Phillips, pennaeth patriarchaidd y fferm honno. Ar ôl ymddeol o'i waith fel amaethwr aeth ef a Mrs. Hopkins i fyw i Faes-y-wawr, tŷ a saif yng nghesail y mynydd ac yn is i lawr yn y dyffryn ar y ffordd i gyfeiriad Llanrystud. Ac yno y maent yn cartrefu bellach.

'Carai ymhyfrydu mewn barddoniaeth yn ifanc iawn, a phan gafodd afael ar *Yr Ysgol Farddol* ac *Ymadawiad Arthur a Chaniadau eraill*, symbylodd hynny ef fwyfwy i fynnu dysgu a meistroli'r cynganeddion. Yn fuan wedyn daeth i adnabod Prosser Rhys yn dda, llanc ifanc llengar oedd yn byw yn y Morfa Du rhyw dair neu bedair milltir i ffwrdd ar ganol rhostir moel Trefenter dros grib y Mynydd Bach. Dygai Prosser iddo yn ei gartref anghysbell bob llyfr newydd a fedrai ei gael, a phan ddaeth ag awdlau Williams-Parry a T. H. Parry-Williams iddo, ymaflodd y bardd ifanc ynddynt yn awchus gan ddysgu darnau meithion ar ei gof. Gall adrodd y rheiny'n rhugl hyd heddiw ar drothwy ei bedwar ugain oed.

'Digwyddodd hyn i gyd cyn i mi ddod i'w adnabod. Yna, tua 1917, cwrddais innau â Prosser mewn eisteddfod leol, a dyna gychwyn f'ymweliadau innau, i gyfeiriad arall, sef Llanrhystud, â'r Morfa Du. Parhaodd y seiadau hyn am gyfnod gweddol hir. Byddai Prosser yn arfer agor ein llygaid ar feysydd llên Cymru a Lloegr, a chyfrifai B. T. ei hunan yr adeg honno, yn ôl ei eiriau ef ei hun, yn 'un o blant y breintiau mawr'. 'Roedd Cynan ar frig ton ei lwyddiannau eisteddfodol bryd hynny a darllenai Prosser inni, â'i lais peraidd a chyfoethog, rannau meithion o 'Fab y Bwthyn' a'r 'Ynys Unig' nes ein gyrru i stad lesmeiriol. Gwrandawem ar awdl 'Yr Haf' a sonedau cynnar Williams-Parry, oherwydd y soned oedd ei fesur hoffaf yntau Prosser, fel y gwelwyd yn ei hanes ef ei hun yn ddiweddarach. Os byddai gennym ninnau'n dau ryw gynnyrch newydd i'w gyflwyno i'r seiad, yna byddai trin a thrafod maith, a beirniadaeth hefyd yn aml, os byddai angen. Nid oedd eisiau gwell cyfarwyddyd ar brentisiaid unrhyw athrofa i'w rhoi ar ben eu ffordd. Rhyfeddem at y ddawn feirniadol gref, ond hynod ddiogel, a ddatblygodd Prosser mor gynnar, ac nid oedd ball ar ei ganmoliaeth lle teilyngid hynny; ond byddai'n llym a gonest dro arall, fel ar y sawl a gollfarnai bryddest 'Y Ddinas'. Gwelsai ogoniant honno bryd hynny.

'Glynodd yn y cof yn fyw iawn y noson y darllenodd Ben ei gywydd 'Rhos Helyg', nes inni sylweddoli bod yma rywbeth allan o'r cyffredin ac a allai ei anfarwoli ef yn llenyddiaeth ei wlad. Gyda llaw, ynglŷn â'r cywydd hwnnw, dywedodd B. T. wrthyf lawer tro am y fangre arbennig ar y mynydd a'i hysbrydolodd ef i'w gyfansoddi. Mae'r ddwy linell gyntaf yn lleoli'r union fan yn bendant gerllaw ei gartref gynt. Mae'r darn, er hynny, yn rhywbeth llawer iawn mwy na disgrifiad graffig o lain o dir diffaith; y mae'n ddarlun byw o'r hyn sy wedi digwydd dros hir flynyddoedd ar yr ucheldir yma, sef cripio o amser gyda'i ddwylo dreiniog dros erddi a chaeau'r hen furddunod a'r tai unnos a frithai'r bronnydd a'r mawndir ar un adeg. Gydag hynny, wrth gwrs, dyna ddiflaniad ffordd arbennig a Chymreig o fyw. Ond mae murmur yr afon yn dal yno o hyd.

'Carodd ac astudiodd B. T. y bywyd syml oedd beunydd o'i gwmpas, a sylwodd â chraffter siwr ar dreigl y tymhorau a roes iddo gyfran mor helaeth o ddoethineb y pridd a daear y greadigaeth, ac a rymusodd ruddin ei greadigaethau yntau. Gŵr eangfrydig ei chwaeth ydyw, yn yr ystyr fod cynnyrch llawer maes, ar wahân i lenyddiaeth, yn rhoi maeth i'w ysbryd a dyfnhau ei ddiwylliant. Ceir ar ei silffoedd gyflenwad dethol o gyfrolau a gasglodd o bryd i'w gilydd, a hefyd lawer o'r llyfrau diweddaraf, yn Gymraeg a Saesneg, ar lu o wahanol bynciau. Ni bu neb ffyddlonach nag ef yn cwrdd â'r fen-lyfrau o Lyfrgell y Sir er mwyn cyfoethogi ei feddwl eiddgar am wybodaeth. Mae'r gwasanaeth yma a rydd y llyfrgell, a'i chyfraniad i gynorthwyo diwylliant cefn gwlad, yn gofyn am deyrnged haeddiannol.

'Ychwanegwn air neu ddau, yn fyr, am ei grefft farddol. O'r ffurfiau byrrach yr arferodd fwyaf arnynt efallai mai'r englyn, y cywydd byr a'r soned, heb anghofio'r hir-a-thoddaid y daeth mor gywrain ynddo, a roddodd y cyfle gorau i'w arddull ddatblygu'n gryf a chlasurol, ac nid oes well mesurau at y pwrpas hwnnw yn ein hiaith ni. Bardd myfyrgar ydyw gyda thueddfryd athronyddol i'w feddwl, ond nid yw'r agwedd hon yn rhy ymwthgar yn ei

201

waith gorau am ei bod yn gydled ag apêl y farddoniaeth ei hun, a rhaid wrth rym emosiynol disgybledig a chryf i gyflawni hynny'n llwyddiannus.

'Gan iddo ennill ei feistrolaeth gyntaf ar ei fynegiant drwy'r patrymau caeth, traddodiadol a mwy neu lai rheolaidd, nid anturiodd nac arbrofi fawr, gan mai trwyddynt hwy y gallai ef fod ffyddlonaf i'w ddawn a'i arddulliau ef ei hun. Mae'n gwestiwn diddorol faint o ddewis bwriadol a ddigwyddodd wrth ddefnyddio'r gwahanol fesurau hyn. Yn un peth, yr oeddent yn ffurfiau confensiynol iddo ef o'r dechrau, ac mewn ystyr, y mesurau yma oedd yn eu cynnig eu hunain barotaf iddo ac addasaf i'w ddeunydd. A phwy sydd i feio unrhyw fardd am hynny? Os na sylweddolir hyn, synnwn i ddim na ddaw ambell un heibio a'i alw'n hen-ffasiwn. Peth peryglus fyddai hyn, oherwydd yn ôl holl hanes datblygiad llenyddiaeth, fe erys gorau-bethau pob cyfnod i oroesi ffasiwn ac ystumiau munud awr. Peth arall, y mae yna un dosbarth o feirniaid nad ffafriol iawn ganddynt mo'r cerddi hir neu'r pryddestau hynny a gais ymgodymu'n fyfyriol ac ar ganfas eang â phroblemau bywyd a byw, natur bodolaeth, tynged einioes dyn a gormes amser. Ac os bydd ychydig o naws metaffisegol ar y canu, tueddent i ddianc rhagddo. Ond mae llawer o farddoniaeth orau'r gwledydd erioed wedi bod o'r natur yma.

'Er mai cynnyrch ei waith gorau yn unig a geir yn y gyfrol hon, y mae dwy agwedd arall ar ei gymeriad y gweddai inni eu crybwyll. Un yw parodrwydd ei awen lafar ac adloniadol, oherwydd fe ddaw adre o daith yn y maes weithiau ag englyn digri neu gwpled syfrdanol o sydyn, a fflachia hwnnw eilwaith pan fydd y seiadau gyda'r hwyr yn eu hanterth. Gŵyr mynychwyr Pabell Lên yr Eisteddfod am ei gyfraniad i hwyl a diddanwch honno. Bydd yn llinach yr hen gyfarwyddion pan yn adrodd hanesion trwstan a straeon am gymeriadau cefn gwlad a gofia pan oedd yn ifanc. Ac yn hyn y mae'n debyg i Prosser, oherwydd nid oedd dim yn well ganddo yntau i ysgafnhau noson o siarad na thraethu a gwrando hanesion cyffelyb. Ond y ffaith arall y dylid ei chofio yw fel y bu B. T. drwy gydol ei oes yn gefn ac yn golofn i weithgareddau ei fro a'i gyd-ardalwyr, yn gymdeithasol a chrefyddol. Mae ei ofal a'i ffyddlondeb i'r cynulliad bychan yng nghapel Blaenafon yn dal yn ddi-dor dros y blynyddoedd a bydd galw arno'n aml i fynd â'i genadwri ar y Suliau i bob rhan o'r sir. Fel y gellid disgwyl, y mae'n ddiwinydd cadarn ond bydd yn meddwl ei bethau allan yn glir a chroyw ar ôl eu gwyntyllu yn awelon iach pen y mynydd. Ac am fod ei gof yn ddiderfyn ni bydd byth yn dibynnu ar nodiadau.'

Yn y gyfrol *Rhos Helyg a Cherddi eraill* ceir cyfarchion i J. M.:

Y bardd angerddol, aml ei gyfrolau,
Myfyriodd, treiddiodd i fyd dirweddau
Oni ffrydiodd y dwys gyffroadau
Yn lli o rymus, bleserus eiriau;
Pa ryw hoen sydd yn parhau—mewn bardd ffraeth
Mawr ei ddewiniaeth, amryw ei ddoniau.

a gwahoddiad wedyn i J. M. a Tydfil, ei wraig, o'r Barri:

Hyfryd eich cofio yn troi i'n bröydd
O fwg Morgannwg i dramwy'r gweunydd
Ar lethrau hyd lannau'r Fanod lonydd—
Mannau o fwyniant rhwng mân afonydd;
Eich dau, pan ddaw tecach dydd—dewch eto
O'r dre i droedio ar dir ehedydd.

Bardd eisteddfodol oedd Ifan Jenkins hyd ei flynyddoedd olaf. Nid felly J. M. Edwards. Ynglŷn â chystadlu, dywed ef yn *Y Genhinen* (rhifyn 27/2):

Pe gofynnai rhywun i awdur yr ysgrif hon am ei farn derfynol, byddai raid iddo fod yn wyliadwrus cyn ateb. Y gorau a all wneud yw dweud iddo gael llawer o foddhad a budd ym mlynyddoedd cynnar ei yrfa drwy gystadlu cryn dipyn (mwy efallai nag a ystyria'n ddoeth erbyn hyn) ond nad anfonodd linell i gystadleuaeth bellach ers dros ddeng mlynedd ar hugain.

Ac o sôn am Prosser Rhys, er iddo gystadlu tipyn yn ei ddyddiau bore, ni chyfrifai ef ei hun yn gystadleuydd awyddus iawn am gasglu cadeiriau a phethau felly.

Cofiwn fod Prosser wedi ennill Coron yr Eisteddfod Genedlaethol ym 1924, ac i J. M. ei hennill deirgwaith: ym 1937, 1941 a 1944. Ni chystadleuodd B. T. yn y Genedlaethol, ond gallai orffwys ar ei rwyfau, er nad oedd ef ei hun yn ymwybodol o hynny, ar ôl iddo lunio ei gywydd gorchestol i Ros Helyg. Yn y cywydd hwnnw y mae ateb i gŵyn y galon a gâr hedd diddiwedd daear pob Rhos Helyg.

Wrth edrych yn ôl gallaf gofio'r adeg pan oedd mwy o feirdd na moduron yn tramwyo ffyrdd troellog cefn gwlad o gwmpas Cors Caron. Nid oedd pob un ohonynt yn dilyn y ffordd fawr tuag adref o'i goncwest eisteddfodol, oblegid gwelais Isgarn ar nos olau leuad fel rhyw Atlas cyhyrog yn cludo'i gadair dderi ar ei gefn o Bontrhydfendigaid i Flaencaron gan droi yn ymyl yr Hen Fyn-achlog i dorri'r byrra' dros y bryniau. Golygai hynny, hyd yn oed, dair milltir o daith afrosgo i ymgiprys â'r wawr. Ar yr awr annaearol honno brysiai rhyw grwt o'i hynt garwriaethol ar Ros Gelli Gron. Yn ei ddychryn taflodd ei feic dros y clawdd, a dihang-odd am ei fywyd. Ni ddaeth ato'i hun am ddyddiau lawer.

Nid yw Prosser, J. M. a B. T., Kitchener nac Ifan Jenkins, y pennaf o feirdd Ffair-rhos, gyda ni mwyach. Ond gadawsant ar eu hôl waddol o gerddi sy'n canu yn y cof.

> Canmolwn yn awr y gwŷr enwog. Hwy a geisiasant allan felystra cerdd, ac a draethasant ganiadau ysgrifenedig.

Brodor o Llain, Llwynpiod oedd James Kitchener Davies. Fe'i ganwyd ym 1902 a bu farw ym 1952. Derbyniodd ei addysg yn Ysgol Sir Tregaron a Choleg Prifysgol Cymru Aberystwyth; wedi graddio yno aeth yn athro i Gwm Rhondda lle'r arhosodd am weddill ei oes. Bu ei gyfraniad i fywyd diwylliadol a politicaidd y Rhondda yn amhrisiadwy. Bu'n ymgeisydd Plaid Cymru yno ym 1945, 1950 a 1951. Daeth enw Kitchener Davies i'r amlwg gyntaf fel dramodydd. Ym 1935 lluniodd ei ddrama dair act 'Cwm Glo', ym 1938 'Susanna' ac yn yr un flwyddyn 'Y Tri Dyn Dieithr' ac ym 1944 enillodd ei ddrama fer 'Meini Gwagedd' wobr yn yr Eistedd-fod Genedlaethol. Ond ei gampwaith yw 'Sŵn y Gwynt sy'n Chwythu' a gyfansoddwyd ganddo yn yr ysbyty rhwng dwy driniaeth lawfeddygol. Darn o farddoniaeth a gomisiynwyd gan Aneurin Talfan Davies i'w ddarlledu yng ngaeaf 1951-1952 oedd. Ychydig fisoedd wedi darlledu'r gerdd bu farw'r awdur a'i gladdu yn Llethr Du yn y Rhondda. Dyma ran o deyrnged Aneurin Talfan Davies iddo:

> Cynnyrch y Seiat Brofiad oedd Kitchener. Mae'r gerdd 'Sŵn y Gwynt sy'n Chwythu' yn gynnyrch ymholi trylwyr a di-ofn . . . Siaradai'n ddwys am grefydd ac am y frwydr i geisio'i chadw'n fyw yng nghapeli gweigion Cwm Rhondda. Iddo ef, yr oedd y frwydr dros yr iaith a chenedlaetholdeb yn un . . . 'Roedd Kitchener Davies yn enaid mawr, ac ar un olwg mae'n drasiedi iddo dreulio gymaint o'i amser ar y bocs sebon, ac nid yn ei fyfyrgell. Ond ni allai wneud yn amgen. Yr oedd y gwaith yn rhan o'i alwedigaeth fel Cristion . . .
> Brwydrodd yn anialwch y Rhondda. Gorymdeithiodd ei strydoedd dan faner y Ddraig Goch . . . Rhan o ardd Cymru oedd Cwm Rhondda iddo ef, ac ymdrechodd i'w chadw yn lân; . . . Mynnai 'gadw Cwm Rhondda i'r genedl, a'r genedl hithau yn ardd gan ffrwythlondeb.'

Ac yn yr ardd dwt honno o flaen ei gartref, Aeron, ar y Brithweinydd yn y Rhondda, y gwelodd ddarlun o'i deulu bach yntau, yn ynys o Gymreigrwydd ynghanol môr o Seisnigrwydd—yr unig wely heb ei ddifa yn yr ardd—'fy aelwyd, fy mhriod a'r tair croten fach'.

Ni welaf debyg i Kitchener fyth mwy.
Arwr yn ei fyw a gwron yn ei farw.

Brwydrodd a syrthiodd yn y gad dros yr unig beth a oedd, yn ei olwg ef, yn werth ymladd drosto. Ond er iddo frwydro, er iddo ymladd yn ddi-flino, nid anobeithiodd, ac ni chwerwodd.

Yn Kitchener Davies collodd Cymru wlatgarwr ac artist diffuant; ni all Cymru fforddio colli ei debyg.

W. J. Gruffydd